우리 아이
12년 공부계획

우리 아이 12년 공부 계획
'착한' 부모들을 위한 따뜻하고 현실적인 조언

초판 1쇄 발행 2014년 1월 5일 **초판 2쇄 발행** 2014년 5월 20일
지은이 유영호 **펴낸이** 이영선 **편집 이사** 강영선 **주간** 김선정 **편집장** 김문정
편집 허승 임경훈 김종훈 김경란 **디자인** 오성희 당승근 안희정
마케팅 김일신 이호석 이주리 **관리** 박정래 손미경

펴낸곳 서해문집 **출판등록** 1989년 3월 16일(제406-2005-000047호)
주소 경기도 파주시 광인사길 217(파주출판도시) **전화** (031)955-7470 **팩스** (031)955-7469
홈페이지 www.booksea.co.kr **이메일** shmj21@hanmail.net

ⓒ 유영호, 2014
ISBN 978-89-7483-631-3 13370
값 16,000원

이 도서의 국립중앙도서관 출판시도서목록(CIP)은 e-CIP 홈페이지(http://www.nl.go.kr/ecip)에서 이용하실 수 있습니다.(CIP제어번호: CIP2013027083)

'착한' 부모들을 위한 따뜻하고 현실적인 조언

우리 아이
12년 공부 계획

유영호 지음

서해문집

Prologue

요즘 아이들이 공부하는 것을 보면 참 안쓰럽습니다. 늦게까지 공부하는 것도 안됐고, 그렇다고 성적이 잘 나오는가 하면 꼭 그렇지도 않으니 더욱 안타깝습니다. 이유 없이 반항하는 아이부터 무기력한 아이, 부모에게 눈을 치뜨는 아이, 부모와 눈도 안 마주치고 말도 하지 않는 아이까지, 어찌해야 할지 참으로 난감합니다.

부모들도 마찬가지입니다. 주변 분위기에 무리하게 사교육을 시키느라 부작용이 많습니다. 돈도 돈이지만, 부모도 아이들 눈치 보느라 힘이 듭니다. 아이들이 집에 있으면 편하게 쉴 수도 없고, 부모 일정대로 여행도 못 갑니다. 부모도 아이들 공부 때문에 스트레스를 받습니다. 잘못하면 부모-자녀 관계 또는 부부 사이까지 안 좋은 쪽으로 치닫습니다.

여기에 분명한 해답은 없습니다. 뚜렷한 방향을 모르겠으니 그럴수록 단기 효과에 집착합니다. 미래 환경도 불투명하고 아이도 어떻게 변할지 모르겠으니, 그렇다면 지금 현재의 모습, 성적만이 확실하다고 믿는 듯합니다.

하지만 당장의 성적을 중시하고 단기 효과를 노리는 방법을 사용하느라 아이들은 학년이 올라갈수록 지치게 됩니다. 기초나 바탕이 없는 상태에서 시험공부를 하느라 힘이 듭니다. 요즘 아이들이 공부하는 모양을 집짓기에 비유해보면 이렇습니다. 돈이나 시간이 부족할지 몰라 일단 1층을 짓습니다. 그리고 여유가 생기면 다시 2층을 올립니다. 그러고는 이런 저런 보강을 하거나 다시 3층을 올리지요. 하지만 처음부터 기초와 토대를 계획하지 않았으니 한 층씩 올릴 때마다 시간과 돈이 더 듭니다. 또 언제 무너질지 불안합니다.

처음부터 10층을 올리겠다고 계획하면 이런 문제는 없습니다. 다만 기초를 쌓는 데 시간과 노력이 많이 들겠지요. 아이들 공부도 마찬가지입니다. 처음부터 장기 계획을 세워야 합니다. 12년을 지치지 않고 공부하려면 체력이 필요하고, 지금보다 성적을 높이기 위해서는 기초 학습 능력이 올라가야 합니다. 중간에 좌절하거나 저항하지 않으려면 주변 관계가 원활해야 합니다. 청소년기에는 공부 외에 진로나 미래에 대해서도 생각해야 하고, 다양한 친구관계에 대해서도 고민해야 합니다. 효율적인 공부 방법을 활용해야 그럴 여유를 만들 수 있습니다.

장기 계획을 세우려면 학교 등 주변 환경을 먼저 분석합니다. 우리나라 학교 교육은 아이들을 성장시키는 이상적인 교육이 아니라, 성적 등으로 평가하면서 아이들을 서열화하는 현실적인 교육입니다. 유명 학원이나 학습지 등 사교육은 부모들의 불안 심리를 이용해 단기 결과에 집착하도록 재촉합니다. 학교나 교사는 아이들의 다양한 성향이나 관심을 폭넓게 받아들이지 못합니다. 어떤 아이들은 적응하는 것조차 힘이 듭니다.

이런 분석을 바탕으로 현재 성적의 원인을 찾습니다. 즉 성적이 잘 나오는지 안 나오는지를 아이의 능력이나 노력과 비교해서 검토하고, 또 성적이 어떻게 변하는지 추세를 살핍니다.

요즘 아이들은 아는 정보는 많지만 바탕이 매우 부족합니다. 예체능에서 체력과 기본 기술이 필수이듯이, 공부에도 학습 능력과 기본 공부 방법이 필수입니다. 그런데 공교육·사교육에서는 지식만 가르치고 있지요. 교사들은 힘들게 가르치고 있지만 아이들이 흡수하는 지식은 매우 적을뿐더러 성취감도 느끼지 못합니다. 많은 아이들이 공부하는 시간과 노력에 비해 효과를 보지 못하는 것은, 학습 능력이 부족한 상태에서 자기 조건에 맞는 방법을 적절하게 활용하지 못하기 때문입니다.

1부에서는 현재 아이들이 어떻게 공부하고 있는지 여러 각도로 살펴봅니다. 영어·수학 등 과목별 공부뿐 아니라 수업 현장에서 놓치는 것이 무엇인지, 아이들은 어떤 공부 전략을 쓰고 있는지 나눠서 생각해봅니다.

2부에서는 12년 학교생활을 여섯 단계로 나눠서 그 특징을 살펴보고, 미래의 변화에 맞춰 개인적으로 또는 사회적으로 어떻게 대안을 세울 것인지를 생각해봅니다.

3부는 실전편입니다. 아이가 좋아하거나 성적이 좋은 과목을 통해 아이가 어떻게 공부하는지, 또 성적이 어떻게 변하는지 추세를 살피면서 어떤 점을 보완할 것인지 검토합니다.

이렇게 정리하고 나니 책이 제법 두꺼워졌습니다. 독서 또는 학습 관련 강연을 다니면서 부모들의 질문과 요구사항을 하나씩 고민하고 정리하다 보니 이렇게 방대해졌네요. 예전에는 지금처럼 정리도 되지 않은 상태로 강연했다고 생각하니 부끄럽습니다만, 그때 강연을 들은 부모들의 절실함 덕분에 이런 모양의 책이 나올 수 있었습니다. 당시에 좀 더 친절하게 질문에 답할 걸 하는 후회가 들기도 합니다.

처음에는 막연하게 어떤 방향성만 가지고 있었는데도 이를 믿고 따라준 제 아이들과 아내에게 크게 감사하고 있습니다. 요즘 가족끼리 서로 대화하는 모습을 보면 속으로 뿌듯합니다. '가족'을 느낄 수 있어서 좋습니다. 또 자녀의 공부 문제만이 아닌 일상의 이면까지 드러내면서 같이 고민하고 제가 제안한 방향대로 실천한 우리 스키마언어교육연구소 연구원들이 무척 고맙습니다. 연구원들과 같이 고민하고 실천하는 과정에서 '12년 공부 계획'의 확신이 생겼습니다. '연구소 가족캠프' 등을 통해 공동체 비슷한 희망을 가질 수 있다는 생각에 좀 더 여유를 가질 수 있게 되었습니다. 이런 절망의 시대에도 가족과 연구소를 통해 미래에 대한 희망을 품고 살아갈 수 있다는 사실이 어떨 때는 믿기지 않을 정도입니다.

 이 책을 읽는 분들도 비록 저와는 방향이 다르더라도 장기 계획을 세워서 자녀 공부에 대응하기를 바랍니다. 그래서 성적으로 갈등을 겪고 스트레스에 지치기보다는, 문제를 해결하는 시행착오를 거치면서 뜻을 같이하는 사람들과 함께 '희망 공동체'를 만들면 좋겠습니다.

 많은 부모와 아이들의 고민과 갈등을 해결해보고자 정리한 결과물이기는 하지만 어쩌면 저와 우리 연구소만의 입장이 아닐까 염려스럽기도 합니다. 원고를 여러 차례 읽고 어색하거나 잘못된 부분을 지적해준 남윤정 연구원에게 감사합니다. 또 이런 제안을 흔쾌히 받아들여 번듯한 책으로 출판해주신 서해문집에게도 감사드립니다.

유영호

prologue ● 5

Part 1
지금 우리 아이들은 어떻게 공부하고 있나?

chapter 1 아, 우리 아이들! ● 16
어디까지 정상인가? : ADHD
나도 나를 믿지 못한다 : 모든 아이 내면에 숨어 있는 '왕따'
소통 능력이 떨어지고 있다 : 스마트폰 문자 소통
학원 가방, 부모에 대한 예의 표시?
공부를 해도 성적이 오르지 않는다 : 재수생을 보며
그래도 포기할 수는 없다

chapter 2 아이들의 겉모습에 흔들린다 ● 33
혹시 영재인가?
전략인가, 잔머리인가?
무기력, 소극적 저항은 아닐까?
개성인가, 하류 지향인가?
키즈 마케팅 대상인가, 소비 주체인가?
헛똑똑이, 글 뜻은 아는데 뜻하는 바가 무엇인지 모른다

chapter 3 아이들의 실제 공부를 뜯어보면 ● 50
수학 때문에 무기력해진다면?
영어처럼 다른 과목도 공부한다면?
국어 점수와 책읽기는 반비례?
사회·과학은 배경지식으로 선점할 수 있나?
체험학습과 실험 교육의 한계
시험공부의 진짜 목표는?
'평소 공부'는 어디로 갔나?

chapter 4 수업 현장에서 놓치는 것들 ● 71

공교육은 무시해도 좋은가?
사교육은 단기 효과만 노린다?
학습지 때문에 '계모'가 나타났다?
공교육과 사교육의 경계에서 : 방과후수업과 인터넷 강의
최고의 교사가 따로 있나?
엄마표 공부 : 공부보다 무조건적인 사랑이 중요하다
우리 아이한테 맞는 교재가 있을까?

chapter 5 요즘 아이들의 다양한 공부 전략들 ● 91

시간 최대, 분량 최대의 전략
선행 학습, 할 수만 있다면 좋은 건가?
최신 정보만이 살 길인가?
영재인가, '인적 자원'인가?
동기 부여는 가능할까?
최선의 공부 방법은?
자기주도 학습은 누가 주도하는가?
학습 능력, 어떻게 키우나? : 기억력, 사고력, 독해력

Part 2
우리 아이의 12년 공부 계획

chapter 6 12년의 마스터플랜을 짜라 ● 116

유치원과 초등 저학년 : 부모의 가치를 분명히 하고 천천히 기다린다
초등 중·고학년 : 성과를 빠르게 요구하지 않는다
중1학년 : 아이들 세계에서 사회적 지위를 정할 때, 한 템포 늦춘다
중2~3학년 : 사춘기를 거치면서 무기력에 빠지는 시기
고1~2학년 : 부모의 손을 뿌리치는 시기
고3학년 : 손에서 책을 놓고도 공부하라
12년 공부 계획, 길게 생각하고 준비하라

학습 능력을 기르기 위한 Tip! ● 142

chapter 7 부모 세대의 미래가 아닌 아이들의 미래를 보라 ● 144

장점 한 가지로 버틸 수 있나?
명문 학교가 날 보증할 수 있나?
지금의 유망 학과가 앞으로도 유망할까?
문과/이과, 적성에 맞는 학과
입시 선택은 집안 배경 맞춰서 해야
성형수술에 대하여
사회에서 성공한다는 것의 의미

chapter 8 개인은 무엇을 목표로 공부하면 좋을까? ● 165

집중은 공부의 시작과 끝
중독에서 벗어나기 : 즐거움을 내가 만든다
공부하는 데 자존심은 버려도 괜찮은가?
상상력과 사고력, 미래와 현재에 필요한 능력
읽기·듣기 능력 : 읽기에도 단계가 있다

읽기의 단계 Tip! ● 183

chapter 9 사회적 차원에서 함께 노력할 것들 ● 184

대안교육 운동 : 체험과 성과 위주에서 벗어나 새로운 시도가 필요하다
품앗이 교육 : 상호 돌봄의 가치가 중요하다
공·사교육 통합 감시단 : 교육의 '공공성'을 생각한다
교육 관련 강좌, 강연, 프로그램 : 인간 성장의 기본을 생각한다
가족 연합 모임 : 아이의 사회적 지지망 넓히기
어른 독서모임 : 독서모임에서 가족 모임까지, 유사 확대가족 만들기
가족 봉사 : 희망의 '책 읽어주기'

Part 3
12년 공부 계획 실전편

chapter 10 과목 유형별 공부 계획 1 ● 206
한 과목만 잘하는 유형
두 과목을 잘하는 경우
어떻게 배합할 것인가?

chapter 11 과목 유형별 공부 계획 2 ● 226
독서가 학습 능력의 기본이다
수학적 사고력이 중요하다
영어, 문어체의 고급 언어 구사력을 배운다
말하기·쓰기는 원어민이 오히려 불리하다

chapter 12 성적 유형별 공부 계획 ● 248
중하위권 : 경쟁 속에서 길을 잃고 헤매다
중상위권 : 경쟁 논리에 비틀거리다

chapter 13 대안을 위한 기본 시각 ● 271
학교는 국가기관일 뿐이다
사교육은 교육보다 이윤이 먼저다
아이들은 선후배 모임에서 정체성을 탐구한다
전문가·국가·시장이 아닌, 시민사회의 시각으로 보라
부모가 비정상이 아니라 사회가 비정상이다

chapter 14 계층별 학습 전략 ● 293
중상계층의 통제와 돌봄
하위계층의 신뢰와 저항
중간층의 선택 집중과 장기 전망
부모 역할 훈련이 의도하는 것은?
교육의 목표는 자립할 수 있는 능력을 키우는 것

12년 공부 계획의 12계명 Tip! ● 312

Part 1

지금
우리 아이들은
어떻게 공부하고 있나?

요즘 아이들을 어찌해야 할까요?
어떻게 바라보고, 어떻게 칭찬하고, 어떻게 수용해야 할까요?
많은 아이들이 학원을 몇 개씩 다니며 그렇게 공부를 많이 해도
성적이 오르지 않고 실력이 없는 건 왜일까요?

chapter 1
아, 우리 아이들!

　요즘 아이들을 어찌해야 할까요? 어떻게 바라보고, 어떻게 칭찬하고, 어떻게 수용해야 할까요? 너무 산만해서 혹시 ADHD(주의력결핍 과잉행동장애)가 아닐까 싶기도 하고, 손에서 한시도 스마트폰을 놓지 않아 혹 중독인가 덜컥 겁이 나기도 합니다. 또 많은 아이들이 학원을 몇 개씩 다니며 그렇게 공부를 많이 해도 성적이 오르지 않고 실력이 없는 건 왜일까요?

　그런가 하면 아는 것도 많고 능력도 있는 것 같은데 어쩔 때는 뒤로 쭉 물러나서 아무것도 못하겠다고 합니다. 그러면서 부모가 강요해서 하기 싫다고, 심지어는 부모의 칭찬이 부족해서 그런 것이라고 합니다. 어른 눈에는 핑계 같기도 하고, 남 탓하는 것 같기도 하고, 자신이 없어서 미리 발뺌하는 것 같기도 한데 상당히 완강하게 버팁니다. 이런 경우 정말 의지나 정신력이 약해서 그런 걸까요? 아니면 이를 뒷받침하는 체력이나 부모의 애정이 부족하거나, 주위 환경의 압박이 너무 강해서 그런 걸까요?

요즘 아이들은 정말 알 수 없다는 것을 인정해야 합니다. 왜 그렇게 행동하는지, 아니 왜 그렇게 행동하지 않는지 이해할 수 없습니다. 그러니 강하게 압력을 넣어서 부모의 요구를 관철시키는 것이 좋은지 어떤지도 판단하기 어렵습니다. 그렇다고 있는 그대로 수용하고 전부 받아들이는 것이 차선책인지도 자신할 수 없습니다.

물론 아이들을 모르겠다고 해서 끝나는 것은 아닙니다. 어찌됐든 공부를 해야 하고, 사회에서 자립할 수 있는 기초 능력을 키워줘야 합니다. 그럼 무엇을 어떻게 해야 할까요?

여기서는 먼저 몇 가지 사회 현상을 들어 요즘 아이들의 실체에 접근해보려고 합니다.

어디까지 정상인가?
: ADHD

요즘 우리 주변에는 ADHD로 진단받거나 ADHD가 의심스러울 정도로 산만하고 잘 집중하지 못하는 아이들이 많지요. 그리고 그 정도까지는 아니어도 성격이나 행동을 감당하기 어려운 아이들을 만나기는 어렵지 않습니다. 현대 사회의 여러 영향, 즉 경쟁으로 인한 스트레스뿐 아니라 스마트폰 등 영상·디지털 매체로 인해, 또 패스트푸드 등 불량식품이나 일상용품에 숨어 있는 독성 화학물질로 인해 집중력이 떨어지고 산만해졌다고 합니다.

물론 예전과는 기준이 달라졌기 때문이기도 합니다. 예전 같으면 정상인 아이가 요즘에는 치료 대상으로 진단받습니다. 이를테면 예전에는 단지 개구쟁이나 유별난(독특한) 아이로 여기던 것을 요즘에는 주의력 결핍이라고 판단하지요. 이것을 의료계의 이익 때문이라고 주장하는 사람들도 있지만, 현대 사회의 속도감을 이겨내려면 기준이 높아질 수밖에 없다고 말하기도 합니다. 그래서인지 정상인의 범주가 무척 좁아졌습니다.

우리는 아이들에게 다른 사람과 소통하고 공감해야 하고 장애우를 돕고 다문화를 수용해야 한다고 가르치지만, 우리 어른들도 서로 생각이 다른 사람들과 만나길 힘들어하고 어려운 사람 돕는 일에 나서길 꺼려합니다. 아이들 역시 같이 공부하는 친구들과도 소통이 원활하지 못하고, 공부를 못하거나 형편이 어려운 친구들을 도울 엄두도 내지 못합니다.

요즘은 호기심이 강하거나 상상력이 엉뚱한 아이들도 자신을 그대로 드러내길 꺼려합니다. 공부에 방해가 된다고 지적을 받기 때문입니다. 그래서 자신의 생각이나 행동이 잘못되었다고 인정합니다. 자신의 특성을 부정할 정도로 내면화된 것이지요. 아스트리드 린드그렌이 쓴 《내 이름은 삐삐 롱스타킹》이나 마크 트웨인의 《톰 소여의 모험》을 읽고 아이들이 쓴 글에도 그렇게 나타납니다. 예전에는 '삐삐'나 '톰'을 모험심과 상상력이 풍부하다고 좋아했는데, 요즘 아이들은 좋아하면서도 한편으로는 부담스러워합니다. 그래서 "삐삐는 예의가 없다"거나 "톰은 장난꾸러기라기보다는 나쁜 아이"라고 정리합니다.

이렇게 정상인의 범주가 좁아진 현실은 건강 검진의 예에서도 볼 수 있습니다. 검진 한 항목당 5퍼센트 정도를 비정상, 즉 이상이 있는 것으로 규정하면, 검사 항목이 늘어남에 따라 정상은 급격히 줄어들 수밖에 없지요. 결국 건강한 사람이 별로 없습니다.

아이들 역시 '정상'의 범주에 들어가기에는 요구사항이 무척 많지요. 공부도 잘해야 하고, 사교성도 좋아야 하고, 부모나 교사 말을 잘 듣는 착한 아이여야 하고, 교양을 위해 악기 하나쯤은 다룰 줄 알아야 하고, 여기에 사고력과 창의력도 어느 정도는 갖추어야 합니다. 또, 한번 하기로 마음먹으면 강하게 밀어붙이는 의지도 있어야 하고, 어린 나이에도 나름대로 삶의 목표가 정립돼 있어야 합니다.

교과서나 대중매체에서 바람직한 아이들의 모습을 강조하면서 마치 대부분의 아이들이 그런 것처럼 묘사하고, 또 그것이 정상이라고 말합니다. 하지만 우리 주변을 둘러보면 '정상'적인 아이가 오히려 예외라고 볼 수 있습니다. 그렇다면 대다수의 아이들이 다 갖고 있는 '비정상'적인 모습이나 성향을 당연한 것으로 받아들여야 하지 않을까요? 오히려 그런 개별적 특성을 '인간적 매력'으로 봐주면 좋지 않을까요?

나도 나를 믿지 못한다
: 모든 아이 내면에 숨어 있는 '왕따'

왕따가 우리 아이들의 심각한 문제인데도 별다른 대책이나 해결 방안이 나오지 않고 있습니다. 우리 아이가 당사자이거나 교육 현장과 관련이 없으면 그저 약간의 걱정만 할 뿐입니다. 아마도 경쟁사회에서 겪어야 할 '필요악' 정도로 받아들이는 듯합니다.

하지만 왕따 문제는 정말 심각합니다. 왜냐하면 아이들의 일상이 왕따의 두려움에 지배당하고 있기 때문입니다. 즉 아이들은 왕따를 당할까 봐, 공부할 때나 놀 때나 항상 친구들의 시선을 의식하고 있습니다. 친구에게 내 속을 털어놓을 때, 실수를 하거나 자신의 약점이 드러날 때, 이것이 어떤 이야기로 바뀔지 전혀 예상하지 못하기 때문입니다. 그래서 진정한 친구관계 맺기를 두려워합니다.

그레이엄 가드너의 《새로운 엘리엇》이라는 청소년 소설에 이런 장면이 있습니다. 중학교 3학년 남학생인 엘리엇은 여자친구와 포옹 다음 단계로 넘어가려다가 거부당합니다. 그러자 남자아이는

'다음 점심시간에는 내가 풋내기임을 모든 아이들이 알게 될 거야'라고 걱정하는데, 정작 여자친구는 이렇게 말합니다. "이제 네 친구들에게 가서 내가 동성애자라든가 또는 불감증이라든가 뭐 그런 말을 퍼뜨리고 다니겠구나." 서로 남자친구, 여자친구와의 관계보다는 자신의 실수나 약점이 다른 아이들에게 알려질까 봐 더 걱정하는 것이지요.

심지어 교사가 칭찬을 하는 것도 친구들 사이에서 어떻게 받아들여질지 몰라 당황해하는 경우도 있습니다. 한 친구 집단에서 소극적인 아이한테 책을 잘 읽는다고 두 번인가 칭찬했더니 좋아하면서 엄마에게 자랑했다고 합니다. 그런데 몇 주 지나면서 책을 잘 읽어오지 않았습니다. 나중에 알고 보니 다른 아이들이 그 아이를 따돌렸던 모양입니다. 그래서 그 아이는 교사의 칭찬보다는 또래 집단에 소속해서 따돌림을 회피하는 방법을 선택한 것이지요.

아이들은 심리적으로 경쟁도 하고 여러 집단에 소속과 탈퇴를 반복하면서 친구에게 배신도 당하고 환멸도 느끼며 성장합니다. 이런 과정을 거치면서 인간관계가 성숙해지고 사람을 신뢰하는 방향으로 나아간다고 합니다. 그런데 요즘 아이들은 오히려 관계 맺기를 두려워하고, 사람을 신뢰하기보다는 매체나 게임에 의존하려고 합니다. 같이 어울리지도 않으면서 외롭다고 하고, 관심을 받고 싶으면서도 지적받는 것은 싫다고 하고, 남의 고통은 듣지 않으면서 자신의 고통을 아무도 안 알아준다고 괴로워합니다.

아이들은 자신의 약점을 스스로 받아들이고 한편으로는 다른 사람에게 인정도 받으면서 자신의 정체성을 확립해 나갑니다. 하지만 요즘 아이들에게는 그게 쉽지 않습니다. 예전 같으면 친척이나 친구들과 놀면서 어떤 특징은 지지받고 어떤 성격은 비판받으면서 자신의 참모습을 가꾸었습니다. 그런데 이제는 심리 검사나 적성 검사를 받고, 문제가 있으면 상담을 통해 치료를 받고 있습니다. 그리고 이런 치료도 주위에서 알게 될까 봐 몰래 하지요. 내면에는 '문제아', '비정상'의 낙인이 찍힌 상태로.

왕따는 다른 사회적 흐름과 맞물려서 아이들 사이를 떼어놓고, 사람을 불신하게 하고, 가상공간으로 도망가게 하는 주요 요인입니다. 힘들어하는 아이들 가운데 일부는 가족이나 친구가 아닌 판타지 게임이나 영상 매체에서 힘을 얻으려고 합니다. 내 아이에게 왕따로 인한 직접 피해가 없다고 안심하지 말고, 이로 인한 인간관계의 황폐함에 주목해야 합니다.

소통 능력이 떨어지고 있다
: 스마트폰 문자 소통

요즘은 초등학생들도 스마트폰을 가지고 다닙니다. 아이들은 친구와 카카오톡이나 페이스북을 하고 싶어서, 부모들은 필요할 때

연락을 취하기 위해서 서로 타협을 본 셈이지요. 거의 대부분의 아이들이 스마트폰을 갖고 다니기 때문에 스마트폰이 없으면 세상과 분리된 듯합니다. 홀로 뒤처진 느낌? 아이들에게는 야만의 삶처럼 느껴질 것입니다.

스마트폰 문자로 소통을 합니다. 전화 걸기엔 부담스러운 일을 처리하는 데 매우 유효합니다. 또 많은 사람에게 동시에 메시지를 전달할 수도 있습니다. 이모티콘으로 감정을 표시하는 것도 참신한 느낌입니다. 소셜 네트워크에 가입하거나 자신의 아바타까지 만들면 제2의 삶을 살 수 있고, 제2의 자아를 꾸밀 수 있습니다. 스마트폰이 없는 세상은 상상하기도 힘듭니다.

자신의 삶에 스마트폰을 활용할 때는 즐겁습니다. 그런데 이런 삶에 익숙해진 다음에는 전혀 다른 현상이 벌어집니다. 홀로 있으면 불안해집니다. 답장을 받지 못하면 '나를 무시하는 것 아닌가' 생각합니다. 아이들은 교사와 공부할 때나 친구와 대화할 때, 저마다 스마트폰을 쳐다보거나 아니면 몰래 신경을 씁니다. 호주머니에 있는 스마트폰을 만지기라도 해야 합니다.

페이스북에서 친구가 적으면 걱정합니다. 친구를 확보하기 위해 자신의 여러 모습을 가공하고 올리는 데 공을 들입니다. 그러면서 자신의 단점을 보여주지는 않지요. 서로 그렇다는 것을 알기 때문에, 그 모습을 진정으로 인정할 것이라고 기대하지는 않습니다. 그러면서도 자신의 글에 댓글이 많이 달리지 않으면 우울해합니다.

혼자일 때 불안해서 관계에 집착합니다. 그런데 가까운 사람과 소통하기에는 부담을 느낍니다. 전화도 부담스럽다고 하는 세대입니다. 문자로만, 자신의 장점만, 표면적인 사실만 전달합니다. 문자로도 속마음을 털어놓을 수 없으니 직접 만나서 털어놓는 것은 상상도 못할 것입니다.

그런데 현대 사회의 스트레스 때문에, 또 주변에서 인정받고 신뢰받지 못하기 때문에, 속마음을 털어놓고 싶은 욕구는 더 강해집니다. 누군가와 진정으로 소통하고 싶은데 아무도 자신을 받아주지 않습니다. 문자로만 소통하다 보니까 친구의 표정, 말투, 분위기 등을 읽어내지 못할 것입니다. 자신도 그런 비언어적 표현에 서툽니다. 어떻게 표현해야 할지 모릅니다. 기호로만 표시할 뿐.

문자 소통이 활발해지면서 직접 만나 소통하고 공감하는 경험은 축소되었습니다. 저마다 소통하고 싶고 공감 받고 싶은데, 친구 집단 같은 작은 공동체에서도 경험하지 못하고 있습니다. 우리는 문자로만 연결될 뿐, 현실에서는 분리되었습니다. 어쩌면 '빅 브라더'* 만이 모든 사람을 연결하고 우리의 아픔을 공감해줄지도 모르겠습니다.

● 조지 오웰의 소설 《1984》에 나오는 가공의 독재자로, 텔레스크린을 통해 모든 사람의 사생활을 감시합니다.

학원 가방, 부모에 대한 예의 표시?

아이들 대부분이 학원을 다니거나 과외를 받습니다. 새 학년을 맞이해서, 시험에 실패해서, 뭔가 목표를 세워 각오를 다지고 실천하기 위해 학원을 바꾸거나 새로 등록합니다. 반면 제대로 공부하기 위해, 또는 흐트러진 삶을 바로잡기 위해 학교에서 열심히 하려는 아이들은 매우 적습니다. 뭔가 자신을 다잡으려면 새로운 환경이나 낯선 교사가 필요한 것이지요.

그렇지만 이런 마음가짐은 학원에 다니는 초기에만 유지될 뿐 금세 익숙해집니다. 학교나 학원이나 별로 다를 것이 없습니다. 어느새 열심히 노력하는 모습은 사라지고, 성적이 오를 것이라고 믿지도 않습니다. 아이들은 성적이 떨어질지 모른다는 불안감 때문에 학원을 끊지 못한다고 말합니다. 그러니 학원 가방을 메고 다니면 최소한 노력은 하고 있다는 증거는 보여주는 것이지요.

부모들도 비슷합니다. 반드시 성적이 오를 것이라 믿고 학원에 보내지는 않습니다. 최선이 아니라는 것을 알면서도 어쩔 수 없어서 보내지요. 그냥 집에서 혼자 하라고 시킬 수도 없고, 또 부모가 직접 가르치는 것도 쉽지 않습니다. 다른 대안이 없으니 다수가 선택하는 전략을 따라하는 것입니다. 그래도 최소한 어떤 학원에 다닐지를 부모가 선택하고 결정할 수는 있으니까요.

사교육을 비판하는 사람들은 통계수치를 제시하면서, 학원에 다닌다고 성적이 오르는 것은 아니라고 주장합니다. 그렇지만 많은 부모들은 자녀가 통계치의 다수에 속하지 않으리라고 믿으면서 틈새를 노리고 있습니다. 또 명문 학원에 다니면 친구들에게 자극도 받고 그런 친구들과 사귀면서 인맥도 쌓는 것 아니냐고 말합니다. 그게 아니더라도 혼자 여유 부리는 것보다 현실 세계의 살벌함이라도 깨닫게 되기를 기대합니다.

이제 학원은 불가피한 환경의 일부분이 된 듯합니다. 공교육 대신 대안학교나 홈스쿨링을 선택하는 부모들이 소수인 것처럼, 학원이나 학습지 등을 거부하고 공교육을 믿는, 아니 사교육을 선택하지 않는 부모들은 극히 소수일 것입니다. 하지만 이 소수자들이 꼭 경제적 여유가 있거나 투사형이거나 아나키스트 등이 아닌 것처럼, 아이를 학원에 보내는 다수의 부모들도 세속적인 성공만을 바라는 현실추종주의자이거나 생각 없는 무지한 사람은 아닐 것입니다.

부모들에게 아이를 왜 학원에 보내느냐고 물어본다면 아마도 분명한 답을 듣지는 못할 것입니다. 하지만 분명한 것은, 공교육만으로는 불안감을 느끼고, 아무것도 안 하고 있으면 아이를 방치하는 듯해서 죄책감마저 느낀다고 합니다. 아이 역시 마찬가지입니다. 학원에 가지 않으면 불안하고, 이 정도 노력도 하지 않는다면 부모에게 떳떳하기가 힘듭니다. 학원에 다녀도 성적이 쉽게 오르지는 않을 거라고 생각하지만, 그래도 학원에 다니는 것은 부모의 희생에 대한 최소한의 예의 같다고나 할까요?

비슷비슷한 아이들이 비슷비슷하게 공부를 하니 상대평가의 성적(등수)을 올리기는 쉽지 않겠지요. 남들과 다르게 해야 성적이 오르겠지만 위험 부담이 큽니다. 어쩌면 덫에 걸린 듯도 합니다. 다 같이 한 방향으로 달리고 있는 세상에서 혼자만 달리지 않거나, 다른 방향으로 달리는 것을 선택하는 것은 거의 불가능합니다.

공부를 해도 성적이 오르지 않는다
: 재수생을 보며

재수생들 가운데 고3 때보다 성적이 오르는 아이들은 30퍼센트가 안 된다고 합니다. 온갖 유혹을 이겨내면서 공부하기가 그만큼 어렵기 때문이겠죠. 요즘은 많은 학생들이 기숙학원이나 재수반에 다니면서 고3 때와 거의 비슷한 통제 생활을 합니다. 그래도 대부분의 아이들은 성적이 오르지 않습니다.

하지만 따지고 보면, 같은 내용을 적어도 1년 정도, 각 과목마다 한두 번은 더 읽고 문제집도 한두 권은 더 풀었을 텐데 성적이 오르지 않는 것은 이상한 일이 아닐까요? 극소수의 사람들을 뽑는 시험도 아니고 거의 60만 명의 학생들이 시험을 쳐서 전체 등수를 매기는데 왜 성적이 오르지 않을까요? 결론부터 말하면, 아이들의 학습 능력이 한계에 달했기 때문입니다. 즉 일반적인 능력은 중학교 때까지, 또는 내신 형태의 시험에만 영향을 줄 뿐, 그것을 넘어서 수능에는 거의 효과가 없는 것이 아닐까 생각합니다.

그런데도 재수생의 숫자는 늘기만 하지 줄어들지는 않습니다. 그리고 대부분 재수를 하면서도 실력을 올리려고 크게 노력하지 않습니다. 아마도 이번 수능시험에는 제 실력이 제대로 발휘되지 않았다고 생각해서 한 번 더 기회를 가지려는 아이들의 마음이 반영된 것이겠지요. 현재 대학 입시의 수능 문제는 수학 능력, 즉 대학에서 공부하는 데 필요한 능력을 평가하는 것이 아닙니다. 교과서 지식, 그것도 빠르게 정답을 맞히는 형태로 구성된 지식을 평가하는 것입니다. 그러므로 수능 점수는 자신에게 익숙한 기출문제 유형에 따라, 또 그날의 심리 상태에 따라 실력과는 크게 다르게 나올 가능성이 많습니다. 그래서 자신의 실력이 제대로 반영되었다고 인정하는 아이들은 거의 없습니다.

하지만 저는 조금 다르게 생각합니다. 근본적으로 실력이 불확실하고 지식이 정확하지 않기 때문에, 즉 기초 능력이 취약하기 때문에 상황에 따라 성적이 들쑥날쑥해지는 것이라고 봅니다. 예체능에서는 오랫동안 기초를 가르치고 배우는데, 학습에서는 아무도 기초에 관심이 없습니다. 학습 기초는 곧 학습 능력입니다. 히딩크는 한국 축구팀의 감독이 된 다음, 언론이나 누구의 압력에도 흔들리지 않고 선수들의 기초 체력과 기본기를 강조했다고 합니다. 우리는 당시 세계 4위의 결과를 낳은 것에 열광하면서 그 원인으로 역시 기본이 중요하다고 평가했지요. 그런데도 우리는 막상 자녀들의 학습 기초를 쌓는 데 대해서는 불안해합니다. 기초 능력을 쌓아야 한다고 말하면 "언제까지 기다려야 하느냐, 몇 년 후에 실력이 좋아진다고 보장할 수 있느냐?"고 묻습니다.

이렇게 기초 능력을 높이지 않고 당장의 성적에만 집착하는 형태로 공부를 하면 성적은 어느 선 이상 오르지 않습니다. 고층 건물을 지을 때는 저층 건물보다 훨씬 더 튼튼한 기초를 닦아야 하는 게 당연한 일인데, 부실한 기초 위에 건물을 높게 지으려니 층을 높일수록 불안합니다. 아이들은 대부분 공부할 때 집중력이 떨어졌다고 걱정하면서도 집중력을 높이기 위해 따로 노력하지는 않습니다. 그저 수학 문제의 유형을 더 익히려고 하거나, 영어 단어를 더 많이 외우려고 합니다. 또 읽기 능력이 부족해서 문제의 뜻을 제대로 파악하지 못하는데도 계속 문제만 풀고 있습니다.

시간과 노력을 투자해도 결과가 기대만큼 나오지 않는다면, 열심히 공부하지 않았다고 반성하는 것도 중요하지만 학습 능력이 부족한 것은 아닌지 살펴보는 것이 더 중요합니다. 학습 능력을 높이는 것은 저학년 때만 하는 것이 아니라 어떤 벽에 부딪혔을 때마다, 목표를 높일 때마다 다시 시도해야 하는 것입니다.

그래도 포기할 수는 없다

요즘 아이들을 볼 때마다 뭔가 답답하고, 마음에 안 들고, 참 이해하기 어렵다는 생각이 드는 게 사실입니다. 예전 어른들도 우리를 볼 때 그랬을 거라는 생각이 들면서도, 그래도 요즘 아이들은 정말 다르다는 생각을 안 할 수가 없습니다. 심지어 지금 고등학생이 초등학생일 때의 모습과 지금 초등학생의 모습도 크게 다릅니다. 그 시기가 지나가고 나면 그제야 대충 감이 잡히곤 하는데, 현재 맞닥뜨리고 있는 아이들의 모습은 수용하기 힘들 때가 참 많습니다.

이러저러한 괴담들도 받아들이기가 힘듭니다. 한 학생이 성적을 크게 끌어올리고 나서 "이만하면 만족하시겠습니까?"라는 유서를 쓰고 자살했다고 합니다. 또 어떤 학생은 성적이 크게 떨어졌다고 부모에게 꾸중을 들으면서 아침을 다 먹고는 "안녕히 계세요" 하고 인사를 한 다음 뚜벅뚜벅 베란다 쪽으로 걸어가 그대로 떨어졌다고 합니다. 어디까지 믿어야 할지 모르겠습니다.

아예 모르겠다고, 이해할 수 없다고 인정해야 할까요? 숭산 스님 말씀처럼 "오직 모를 뿐"이라고? 실제로 아이들을 이해하지 못할 요인은 엄청 많습니다. 아이들이 좋아하는 것을 부모들은 거의 좋아하지도, 알지도 못합니다. 컴퓨터 게임이나 만화뿐만 아니라 비디오 애니메이션, 청소년 음악, 인터넷 소설 등. 아이들이 그런 것을 왜 좋아하는지는 제쳐두고라도 그들이 어떤 종류의 것들을 좋아하는지도 모르는데, 그런 아이들을 이해하는 것이 가능하긴 할까요?

더구나 세상의 가치가 너무나 많이 달라졌습니다. 이를테면 우리에게는 절약이 미덕이지만 아이들에게는 소비가 미덕입니다. '부자 되세요'가 우리에게는 욕이지만(적어도 과거에는) 아이들에게는 덕담인 셈이지요. 더구나 앞으로는 사회가 더 크게, 더 빨리 변할 것으로 예상됩니다. 인터넷이나 스마트폰도 예전엔 전혀 예측하지 못했습니다. 그러니 미래가 어떻게 변할지는 아무도 모릅니다. 그런데 우리 아이들까지 알지를 못하니, 아이들을 지도하고 미래의 방향을 제시하는 것이 가능할까요?

우리는 부모가 사는 모습보다 더 잘 살겠다고, 그래서 노력하겠다고 결심하곤 했지요. 그러면서도 자존심이나 인간됨 같은 것을 포기하지 않겠다는 생각도 갖고 있었던 듯합니다. 그런데 요즘에는 아이들에게 이 사회에서 살아남기 위한 일이 가장 시급한 일이고, 자존심을 굽히더라도 행복하면 된다고 가르치고 있습니다. 이렇게 우리는 부모한테 배운 것과 아이들에게 가르치는 것이 일치하지 않습니다. 또 우리 역시 자신의 가치관과 생활 태도가 모순을 보인다고 느낍니다. 이는 융통성이 아니라, 중심이 없이 헤매는 것이지요.

어쩌면 아이들은 이렇게 생각하지 않을까요? 부모가 열심히 노력하는 모습을 보이면 자신은 '그렇게 희생하면서 살고 싶지 않다'고 생각하고, 반대로 그런 모습이 보이지 않으면 '그 정도만으로도 이렇게 살 수 있으니 열심히 노력하지 않아도 괜찮다'고 생각하지 않을까요? 급변하는 세계 속에서, 또 꼭 노력한 만큼 결과가 일어난다고 믿지 못하는 사회 현실에서, 노력하지 않고 현재를 즐기면서 운이나 우연을 탓하는 우리 아이들의 태도는 어쩌면 당연한 것일지도 모르겠습니다.

그래도 포기할 수는 없습니다. 지구의 미래와 우리 사회를 생각하고, 우리 아이들을 생각하면 말입니다. 공부하는 것이 삶의 전부인 아이들에게 다른 삶을 보여주기가 쉽지 않다면, 어찌됐든 공부 속에서 사회에서 자립하기 위한 기초나 능력을 가르쳐야 합니다. 공부를 시켜야 하고, 공부를 열심히 하라고 강제해야 합니다. 아니, 그렇게 하도록 인도해야 하고 그런 환경을 만들어줘야 합니다.

chapter 2
아이들의 겉모습에 흔들린다

요즘 부모들에게는 가까이서 다른 아이들이 커가는 과정을 지켜볼 기회가 별로 없습니다. 또 키우는 자녀가 많지 않아서 매우 새롭거나 처음 겪는 일투성이인 경우가 많지요. 예전처럼 조부모가 함께 키워줄 수 있는 상황도 쉽지 않고, 설령 그런 상황에서도 시대 변화 때문에 부족한 점이 많다고 생각합니다. 대체로 같은 학년의 자녀를 둔 부모끼리 열심히 만나긴 하지만, 거의 비슷한 수준에서 비슷한 고민만 하고 있습니다.

가정의 모습도 예전과 많이 달라져서, 아이들이 가족과 함께 공유할 수 있는 일이 많지 않습니다. 마지막 남은 정서적 교류마저도 컴퓨터나 스마트폰으로 멀리 있는 친구나 연예인과 나누는 형편입니다. 의식주 가운데 잠자리만 가족과 함께 유지한다고나 할까요?

그래서 자녀가 어릴 때 애정과 지지를 듬뿍 주려고 하는데, 많은 경우 텔레비전에 노출되기만 하면 대중매체가 부모보다 더 강하게 칭찬과 기쁨을 주면서 유혹합니다. 아이들 역시 부모보다는 텔레비전이나 컴퓨터를 더 좋아하지요. 잔소리도 안 하고, 하지 말라고도 안 하니까 당연합니다. 집에서 텔레비전이나 컴퓨터를 통제한다고 해도 집만 나서면 거리에서, 학교에서 온통 '키즈 마케팅'이 아이들의 머리를 지배합니다.

여기에 안전 문제가 심각해지면서 학원뿐 아니라 놀이에서까지도 아이들을 통제하니까 아이들은 더욱 부모와 멀어지면서도 자립심은 점점 더 약해집니다. 어려운 일이 생기면 부모한테 손을 벌리지만 일상에서는 부모가 조금만 관심을 보여도 기겁을 하고 도망치려고 합니다.

아이들의 본모습을 잘 모르겠다고 해도 겉모습에 헷갈리면 안 됩니다. 아이들이 어릴 때 우리 아이가 혹시 영재가 아닐까 착각하는 경우가 많은데, '영악'한 행동을 보고 큰아이라면 혼을 내지만 초등학생이라면 머리가 좋다고 칭찬하는 경우도 많습니다. 또 아이들이 중학교 때 무기력한 모습으로 저항할 때에도 사춘기 증상 중 하나라고 생각하고, 고등학교 때 자기만의 취향과 개성을 강조하는 것을 정체성을 찾아가는 것이라고 쉽게 인정하는 것은 위험한 결과를 낳을 수도 있습니다.

아이들의 어떤 모습이 진짜일까요? 어쩌면 상반되는 모습 둘 다 진짜일 것입니다. 그러니 부모 눈에 비치는 겉모습에 크게 좌우되지 않는 것이 현명한 태도입니다.

혹시 영재인가?

예전에 텔레비전에 나와서 부러움을 받던 그 많은 영재들은 다 어디로 갔을까요? 그들은 아마도 0.1퍼센트, 아니 0.01퍼센트에 속할 텐데 말입니다. 실제 어릴 때 영재로 주목받고 명문 대학을 다닌 후 사회에서 성공한 삶을 사는 사람은 그렇게 많지 않습니다. 《아웃라이어》의 저자인 말콤 글래드웰에 따르면, 영재라고 해도 사회생활에서는 일반 범재와 별 차이가 없다고 합니다. 사회에서는 학교와 달리 IQ 120 이상의 높은 지능이 필요하지 않다고 그 이유를 설명합니다.

그럼에도 부모들은 자기 자녀가 영재이기를 바랍니다. 공부라도 수월하게 할 수 있다면 얼마나 좋을까요? 속된 말로 자녀가 1~2등 한다면 그 엄마는 재산·외모·인간성에 상관없이 학부모 모임에서 분위기를 주도할 수 있고, 자녀 성적이 중간 이하라면 하고 싶은 말도 제대로 하지 못합니다. 부모들만이 아닙니다. 아이들 역시 공부를 잘하면 주눅 들지 않을 것이고, 경우에 따라 왕따를 당할 가능성이 적어집니다.

그래서 부모들은 아주 작은 차이에서도 영재의 가능성을 확인하고 싶어 합니다. 유치원 때에는 많은 부모들이 낱말 기억이나 어휘 구사력 등을 이유로 우리 아이가 영재가 아닐까 생각하는데, 이는 미국도 우리와 다르지 않은가 봅니다. 미국의 아동발달학 교수인 데이비드 엘킨드는 《잘못된 교육》이라는 책에서 다음과 같이 말합니다.

"우리가 어린이의 질문에 대답할 때 명심해야 할 것은, 어린이의 단어 구사력과 문장력에 속지 말라는 것이다. 어린이의 단어 구사력은 그들의 개념적 지식 수준을 훨씬 앞선다. (…) 이 때문에 많은 부모들은 자기의 자식들이 천재적이고 뛰어나다고 확신하게 되는 것이다."

어른들은 아이들이 말한 것만을 듣는 것이 아니라 그 말이 포함되는 상황까지 같이 듣지요. 이를테면 "당신의 정체는 뭐죠?" 하고 아이가 물으면 어른들은 매우 당황해합니다. 아이는 '정체'란 낱말만 언급한 것인데, 어른들은 그 낱말 활용에 필요한 지식까지 아이가 갖고 있다고 착각하는 것입니다. 엘킨드는 "네가 의미하는 '정체'는 무슨 뜻이냐?"고 물었습니다. 그 아이는 "응, 나는 어젯밤에 〈슈퍼맨〉을 보았는데 클라크 켄트가 슈퍼맨의 진짜 정체였어요" 하고 대답했습니다(데이비드 엘킨드, 《잘못된 교육》). 이렇게 아이들은 특정 낱말이나 상황을 단지 기억하고 적용하는 것뿐이라고 합니다.

물론 아이들의 잘못은 아닙니다. 부모들의 착각 때문에 문제가 생기는 것이고, 또 이를 가능성으로, 재능으로 무리하게 훈련시키면서 더 큰 문제로 불거지는 것입니다. 그래서 아이들은 유치원 때 정작 필요한 것들, 이를테면 놀이, 시행착오, 상상력 등을 다 포기하고 학습지, 정답 찾기, 현실 경쟁 등에 내몰리면서 아이들 특유의 생동력을 고갈하게 되는 것입니다.

아이들의 놀라운 낱말 기억력이나 심지어 특정 상황에서 이를 활용하는 어휘 구사력은 정말 감탄할 만합니다. 그렇지만 그런 겉모습에 속지 말아야 합니다. 그런 능력을 어떻게 활용하는지, 즉 자신이 몰입하는 분야가 있는지, 다른 즐거움을 포기하고 집중하는 관심 영역이 있는지 등을 세밀히 살펴보아야 할 것입니다.

전략인가, 잔머리인가?

요즘 아이들은 아는 것이 참 많습니다. 눈치가 빠른 건지 판단이 빠른 건지, 어쨌든 자신이 아는 정보를 쉽게 표현합니다. 그래서 책을 부모보다 빨리 읽고 내용 파악도 잘합니다. 또 주제를 자신의 경험과 비교하며 내용을 유창하게 얘기하는 아이들도 많지요. 확실히 정보화 사회나 영상 매체의 덕을 보는 것 같습니다.

하지만 생각을 길게, 깊게 전개하라고 하거나 다르게 생각해보라고 하면, 즉 처음 생각에 의문을 가지라고 하면 짜증을 냅니다. 아이들은 생각을 '감'으로 하기 때문에 생각을 '생각'하지 못하는 것이지요. 그러면서도 아이들은 어른들이 요구하는 생각이나 정답, 심지어는 풀이 과정까지 맞히고 있습니다. 어찌된 일일까요?

교육 개혁가인 존 홀트는 교실에서 벌어지는 일을 자세하게 관찰해서 《아이들은 왜 실패하는가》를 썼습니다. 그는 정답을 향하는 교사의 몸의 각도, 정답을 찾아가는 과정 중에 나타나는 교사의 표정, 아이들의 집중 상태를 확인하기 위해 던지는 교사의 말투 등으로 아이들이 정답을 찾는다고 합니다. 아이들에게 '동물적 감각'이 살아 있다고 해야 할까요? 어른들도 면접에서 내용보다는 말투나 분위기에 더 영향을 받는 것을 보면, 인정하지 않을 뿐이지 그런 감각에 좌우되는 것은 같을 것입니다.

아이들이 읽는 동화의 주제는 크게 몇 가지—이를테면 생명 존중, 환경 보호, 사랑·우정의 중요성, 장애우 배려, 지혜와 용기 등—안 되기 때문에 그 내용을 파악하기는 어렵지 않습니다. 더구나 특정 부모나 교사가 강조하는 가치는 더 적겠지요. 수학의 경우에도 대체로 질문하는 교사는 정답을 마음속에 갖고 있기 때문에 아이들이 그 비슷한 것을 표현할 때 표정이 달라집니다. 아이들은 마치 추론하는 모양을 취하지만, 사실은 미끼를 던져서 어른들의 표정이 달라지는지 아닌지 확인하는 것입니다. 표정을 읽는 것입니다.

하지만 아이들이 잔머리 쓰는 것을 탓할 수만은 없습니다. 아이들의 지식이나 경험의 수준에서 이해하기 어려운 내용을 파악하라고 요구하니까 적극적으로 전략을 쓰는 것이지요. 사실주의 동화에 나오는 각종 사회 문제들―이혼, 입양, 인종 차별 등―은 아이들이 직접 겪어본 일도 아니고, 고민해본 적도 없는 것들입니다. 학교 공부도 그렇습니다. 이제 막 추상적 조작기에 진입하는 중학생들에게 집합의 원리를 가르치고 속력이나 농도 개념을 가르치는 것은 쉽지 않을 것입니다.

또 요즘 시험은 아이들에게 빠르게 정답을 요구하기 때문에 출제자의 의도를 '감' 잡아서 정답을 어림짐작할 수밖에 없을 것입니다. 아이들의 이런 상황을 모르고 아이들이 제대로 이해했다고 믿는 것도 문제지만, 잔머리만 쓴다고 혼을 내는 것도 적절한 대응은 아닙니다.

무기력, 소극적 저항은 아닐까?

중학생이 되면 많은 아이들이 무기력에 빠집니다. 학습에서는 특히 그렇지요. 시험공부를 열심히 한다고 해서 초등학교 때만큼 성적이 오르지 않기 때문입니다. 그렇다고 공부를 안 할 수도 없는데, 뭔가 좋아질 것이라는 기대도 없으면서 무슨 일을 한다면 무기력에 빠질 수밖에 없지요. 바로 중학생들의 공부가 그러합니다. 공부를 하면 할수록 무기력에 빠집니다.

'무기력'이 학습된다고 주장한 미국 심리학자 마틴 셀리그만이 들쥐 실험에서 이를 확인합니다. 들쥐가 도망가려 할 때마다 붙잡기를 반복하니 나중에는 풀어줘도 도망가지 않습니다. 이때 들쥐를 물통에 넣으면 30분 헤엄치다가 삶을 포기하지요. 야생 들쥐가 무려 60시간이나 헤엄치면서 돌아다니는 것과 크게 차이가 납니다. 자신의 행동이 환경을 통제하거나 미래에 영향을 미치지 못한다고 할 때 무기력에 빠지는데, 셀리그만은 이것이 선천적이라기보다는 학습되는 것이라고 밝혔습니다.

공부를 평가하는 데 성적이나 등수 외엔 다른 기준이 없기 때문에 자신의 노력이 달라진 것을 인정받지 못합니다. 달리기로 비교해봅시다. 원래 느린 사람은 아무리 빨리 달려도 시간이 많이 걸립니다. 심장박동수가 최고치에 달할 정도로 빨리 달려도 말입니다. 학습에서는 이런 심장박동수처럼 지금 힘들게 공부하고 있다는 것을 입증할 방법이 없습니다. 따라서 열심히 공부해도 성적이 잘 나오지 않으면 제대로 공부하지 않았다고 욕을 먹는 경우가 다반사입니다. 학습 능력이나 IQ가 부족해서 그런데도 말이지요. 이런 상황에서 아이들이 공부에 의욕을 갖거나 활기찬 모습을 보이기는 어려울 것입니다.

    실패를 겪고 이를 극복하는 경험을 하게 해주지 않고, 힌트 등을 주면서 성공만 하게 해주는 것도 아이를 무기력으로 이끈다고 합니다. 요즘 아이들이 공부하는 형태가 바로 이렇지요. 기본문제 풀기 전에 해설이나 예제 풀이를 봅니다. 또 틀린 문제는 교사가 곧바로 설명해주기를 원합니다. 한번 틀린 문제는 시간이 걸리더라도 자신이 다시 풀어야 하는데 교사의 설명을 듣고 지나갑니다. 실패를 극복하는 경험을 쌓을 수가 없습니다.

    어른들은 아이들이 공부나 삶의 목표가 없어서 열심히 하지 않는다고 말합니다. 그래서 동기 부여를 해주기 위해 적성 검사를 하거나 미래의 직업을 선택해줍니다. 하지만 어른도 일이나 삶의 목표를 정하기가 어렵습니다. 더구나 자신의 적성에 맞는 직업을 찾는 것은 더욱 어려운 일입니다. 그런데 시대 변화를 이유로 아이들한테 빨리 목표를 정하라는 것은 무리가 아닐까요?

    아이들 역시 자신의 무기력을 이렇게 변명합니다. 삶의 목표가 없어서, 열심히 공부해야 할 필요성을 못 느껴서 안 하는 것이라고 말입니다. 하지만 이런 무기력한 모습이 아이들의 실제 모습인지는 알 수 없습니다. 무기력은 공부를 하지 않는 원인이기도 하지만 겉으로 나타나는 현상이기도 하니까요. 열심히 해도 성적이 안 나오는 자신을 인정하는 것은 그야말로 삶을 포기하는 것입니다. 그러니 그보다는 자신이 하고 싶지 않아서 공부를 안 한다거나, 에너지가 부족해서 열심히 안 한다고 해석해야만 자신의 정체성을 유지할 수 있을지도 모릅니다. 이런 아이들은 공부와 관련된 영역에서는 무기력한데 다른 학교생활이나 친구들 관계에서는 목소리조차 다를 정도로 무기력하지 않은 모습을 보여주지요.

어쩌면 아이들은 무기력한 모습으로 가장하는 것일 수 있습니다. 공부하기 싫어서 무기력한 모습을 보일 수도 있지만, 성적만 중시하는 어른들의 요구에 소극적으로 저항하는 것일 수도 있습니다. 또는 다른 분야에 힘을 쏟기 위해 에너지를 비축하고 있는지도 모르지요.

개성인가, 하류 지향인가?

고등학생이 되면 많은 아이들이 자기만의 개성을 강조합니다. 그래서 내가 좋아하는 것만 해도 된다고 생각하지요. 일부 부모들은 이를 적극적으로 지지합니다. 미래는 개성 사회라고, 그래서 요리, 게임, 음악, 만화, 디자인, 축구, 수영 등을 좋아하는 것은 아이의 개성이고, 좋아하는 것을 하는 것이 행복한 삶이라고 믿습니다.

그렇지만 많은 학생들이 비슷한 활동을 좋아한다면 개성이라기보다는 유행이라고 해야 하지 않을까요? 더구나 이런 아이들의 상당수는 자신이 좋아하는 활동만 하고 그렇지 않은 활동, 특히 공부나 책읽기는 매우 소홀하게 대합니다. 심지어 이렇게 반문하기도 하지요. 행복은 성적순이 아닌데 쓸데없는 공부는 왜 하냐고?

물론 취향이나 개성은 생활의 활력이 될 뿐만 아니라 삶의 의미를 만들어가는 과정이므로 매우 중요합니다. 그런데 이것을 직업으로 삼고 사회에서 살아남으려면 얘기가 달라집니다. 사회에서 성공한 사람 중에는 자신이 좋아하는 일을 해서 성공했다고, 일은 즐겁게 해야 성과가 좋다고 얘기하는 사람이 많지만, 사실 능력이나 배경이 뒷받침되지 않은 채 그저 좋아하는 일만 열심히 한다고 성공하는 것은 아닙니다.

좋아하는 일을 하면서 사회에서 성공하려면 또는 살아남으려면, 좌절의 경험을 겪고 어려움을 극복해야 할 것입니다. 말콤 글래드웰의 주장대로 1만 시간을 채울 정도로 긴 시간을 버텨야 합니다. 적극적으로 고민하면서 집중하지 않고서는 그 긴 시간을 채울 수 없을 것입니다. 아마도 공부보다 더 어렵겠지요. 그런데 많은 아이들이 좋아하는 일을 하겠다고 하면서 그 몰입 정도를 보면 그렇게 보이지 않습니다. 어찌 보면 공부를 회피하는 것이 아닐까요?

일본의 대표적 사상가인 우치다 타츠루는 왜 아이들이 공부로부터 도피하는가 하는 문제의식을 갖고《하루 지향》이라는 책을 썼습니다. 이 책을 보면, '하류'에 속한 아이일수록 개성을 강조한다고 합니다. 이들은 하고 싶은 것만 하면서 살고 싶다고 합니다. 또

편히 살고 싶고, 옷도 내 방식대로 입고, 먹는 것조차 귀찮게 느껴질 때가 있어 과자나 패스트푸드를 자주 먹습니다. 온종일 집에서 비디오 게임이나 인터넷을 하는 경우가 많지요. 따라서 개성을 강조하는 아이들은 자칫하면 하류로 계층 하강할 가능성이 많습니다.

남들과 비슷하게 공부하고 비슷하게 살라고 요구하는 사회에서 자기만의 개성을 갖는 것은 매우 중요합니다. 하지만 이것은 사회에서 본업을 갖고 살아남을 수 있는 능력을 갖추거나 사회적 배경을 만든 다음에 필요한 것입니다. 본업은 하기 싫은 것을 효과적으로 수행할 때 유지할 수 있습니다. 하고 싶은 것을 열심히 하는 능력이나 경험도 중요하지만, 하기 싫은 것도 열심히 할 줄 아는 능력이나 해본 경험이 더 중요합니다.

직업보다 개성이 더 중요하고 이를 먼저 정립시키는 것이 좋다고 생각하는 부모나 아이도 있습니다. 그래도 개성과 직업을 직접 연결시키는 것은 매우 위험합니다. 개성이나 취향은 사회적 성공이라는 결과에 좌우되지 않아야만 그 본래의 의미가 있기 때문입니다. 개성이 필요한 사회이긴 하지만 요즘 아이들에게 개성을 먼저 요구하는 것은, 결과적으로 계층 하락을 부추기는 것 같아 마음이 아픕니다.

키즈 마케팅 대상인가, 소비 주체인가?

요즘 아이들을 장악하는 것은 부모나 학교가 아니라 기업이나 돈, 대중매체일 것입니다. 그리고 이것이 가장 잘 드러나는 영역이 바로 '키즈 마케팅'입니다. 아이들은 대체로 마케팅에서 요구하는 대로 행동하고 사고합니다. 컴퓨터나 텔레비전을 통해 지식과 교양을 쌓고, 인터넷과 스마트폰으로 친구나 세상과 소통하며, 컴퓨터 게임이나 비디오 등을 통해 스트레스를 풉니다. 또 연예인이나 스포츠맨을 모델로 삼아 성형수술을 하고 돈을 많이 버는 것을 성공으로 여깁니다.

아이들을 둘러싼 여러 환경 가운데 이런 풍조에 편승하는 쪽과 저항하는 쪽을 나누어보면, 물론 기업이나 국가는 편승하는 쪽이겠지요. 그리고 학교는 이중적인 태도를 보이고, 가정이나 시민단체 등은 저항하는 쪽에 가깝습니다. 또 가정에서도 아버지보다는 어머니 쪽이 저항하는 경우가 많습니다. 물론 어머니 쪽이 성적이나 명문 학교를 강조하기도 하지만, 위와 같은 대중적 유행이 별로 도움이 되지 않는다는 것을 본능적으로 아는 것이지요.

미국에서는 이미 6~7세 아이들을 비밀 클럽으로 만들면서 홍보요원으로 활용하고 있습니다. 또 심리학자들까지 동원해 무의식에 가까운 심리 조작으로, 제품과 상관없이 제품 이미지를 만들어가고 있습니다. 디즈니나 스타벅스는 자신들이 아이들에게 꿈을 판다고 주장합니다. 이렇게 자극적인 장난감 구입이나 패스트푸드 편식, 컴퓨터를 통한 학습 등을 대중매체, 특히 기업에서 강하게 요구할 때, 이에 저항하는 것은 대체로 어머니들입니다. 그래서 키즈 마케팅은 가족, 특히 어머니 쪽을 강하게 비난합니다.

물론 가족을 비판하고 어머니를 비난하는 것은 어제 오늘의 일이 아닙니다. 가족제도는 가부장제의 폐해, 가정 폭력의 주범으로 비판받은 지 오래되었고, 프로이트 이래 어머니는 아이들의 정신이상 증세의 한 원인으로 간주되기도 했습니다. 키즈 마케팅이 강조하는 '쿨'한 성격, 권위에 도전하는 모습이 청소년들에게 강하게 영향을 미치는 것은, 청소년기라는 시기적 특성상 불가피한 측면이 있습니다. 하지만 이렇게 먹는 것과 입는 것에서 중독에 가까울 정도로 대중매체가 요구하는 대로 따라하려면 어머니의 권위가 무시되고 가족이 해체되어야 합니다.

예전에 우리는 지금 방황하더라도 나중에 깨달을 것이라거나, 또는 스스로 성장할 것이라는 말을 듣고 자랐습니다. 하지만 현대 사회는 그것을 기대할 만한 환경이 아닙니다. 텔레비전, 컴퓨터, 스마트폰, 영화, 광고 등이 쉴 새 없이 영상을 쏟아내면서 아이들에게 강한 자극과 충동을 불러일으킵니다. 또 아이들이 생각하고 반성할 시간이나 여유조차 주지 않고 있습니다. 어쩌면 어른들도 먹고사는 문제만 아니라면 이런 유혹에 빠져들어 잠시라도 쉬고 싶을 것입니다. 그러니 아이들에게 자신의 의지로 이런 유혹을 이겨내라고 하는 것은 너무 무리한 일이 아닌가 생각합니다.

더구나 이런 상황에서 경제 교육을 강화해 어떻게 소비하는 것이 바람직한가를 가르쳐야 한다고 강조하는 것은 매우 걱정스럽습니다. 소비 대상이나 선호도가 거의 정해져 있는 상태에서 선택 행위만 주목해 이를 주체적이라고 평가하기 때문입니다. 아이들을 빨리 소비 주체로 키워야 한다고 주장하는 이런 목소리는, 이미 키즈 마케팅의 대상으로 장악당한 아이들에게 그나마 남은 유일한 탈출구가 그것밖에 없다는 것인지, 아니면 간접적으로 키즈 마케팅을 선전하는 것인지 의심스럽기만 합니다.

헛똑똑이, 글 뜻은 아는데 뜻하는 바가 무엇인지 모른다

요즘 아이들은 글을 일찍 '깨칩니다'. 그리고 혼자 책을 봅니다. 영상 매체로, 문제집이나 학습지 형태로 배우기도 합니다. 아무래도 부모들의 노력과 관심 때문에 아이들이 빨리 배우기도 하겠지만, 아이들도 유치원이나 학교생활 또는 일상생활에서 유리하기 때문에 그러할 것입니다. 더구나 저학년 때에는 암기력이 뛰어나기 때문에 가르치는 일이나 배우는 일 모두 활기가 넘칩니다. 그래서 경험을 통해 배우는 힘든 과정을 거치지 않고 간단한 그림을 통해서 배워도 잘 알아듣습니다. 성과가 빠르게 나타납니다.

처음 글자를 익힌다는 것은 아이들 자신이 경험하고 있는 사물이나 현상을 글자로 대응시키는 것입니다. 특히 우리글은 표음문자이므로 평소에 들은 그대로 쓰는 것을 배운다면 글자를 익히는 것은 별로 어려움이 없습니다. 책을 읽고 나서 유창하게 책 이야기를 하는 것이 가능한 것도 어릴 때 읽는 책 내용과 경험이 크게 다르지 않기 때문입니다.

하지만 학년이 올라가면서 책 수준이 높아집니다. 직접 경험한 내용이 나오지 않고 다른 사회, 다른 문화를 배경으로 이야기가 전개됩니다. 그런데 책 내용이 아이들의 지식보다 크거나 낯설다면, 그래서 아이들이 겪은 경험이나 느낌으로 낱말의 뜻을 추정할 수 없다면 어떻게 될까요? 물론 사전을 찾거나 설명을 들을 수는 있지만 아이들이 감각적으로 경험할 수 없기는 마찬가지입니다. 이때부터 아이들의 경험과 지식이 분리되기 시작합니다.

숫자를 읽는다고 수 개념을 알지는 못하는 것처럼, 낱말을 읽는다고 문장이나 글의 뜻을 아는 것은 아닙니다. 또 글의 뜻을 안다고 해도 뜻한 바가 무엇인지 저절로 알고 느끼는 것은 아닙니다. 《시튼 동물기》나 《개가 되고 싶지 않은 개》(팔리 모왓 지음)를 읽고 동물의 자존심을 이해하지 못하는 것은, 책을 대충 읽어서도 아니고 독해력이 떨어져서도 아닙니다. 집에서 반려동물을 키워도 동물의 자존심을 경험해보거나 동물의 어떤 행동을 그렇게 해석해본 적이 없기 때문입니다.

물론 직접 경험하지 않은 것이라고 해서 꼭 이해하지 못한다는 것은 아닙니다. 다만 요즘 아이들은 글자를 너무 일찍 배워서, 그것도 글자로 글자를 배워서, 글자를 글자 너머의 사물과 본질로 연결해서 생각하고 느끼는 과정이 끊어진 것입니다. 큰 문제입니다. 요즘 아이들은 영상 매체가 아닌 책을 통해서는 간접 경험을 하지 못합니다. 따라서 책으로만 표현이 가능한 많은 고귀한 가치들—생명 보호를 넘어선 생명 존중, 투쟁이 아닌 자존심, 겉으로 드러난 싸움이 아닌 속으로 버티는 저항 등—은 아이들이 이해하고 느낄 수 없을 것입니다.

그래서 많은 선각자들이 현대 사회에는 지식은 많아도 지혜가 부족하다고 말합니다. 20세기의 대사상가인 이반 일리치가 주장한 대로, 가치가 제도화되면서 학교 활동만을 교육으로 알고, 병원 활동만을 치료로 알고, 학교나 병원 외의 활동은 상상하지 못합니다. 또 인간을 인간됨으로 대신하고 자연을 생태로 대신함으로써 자신이 알고 있는 인간됨·생태에서 벗어난 인간이나 자연 자체는 무시합니다. 이런 가치와 제도, 가치와 사물의 혼동은, 낱말과 사물이 분리되고 글 뜻은 아는데 뜻한 바가 무엇인지 모르는 데서 비롯되었다고 말하면 비약이 심한 것일까요?

chapter 3
아이들의 실제 공부를 뜯어보면

　과목별로 어떻게 공부하라고 조언하는 책은 시중에 매우 많습니다. 이런 책들은 대부분 어떻게 하면 성적을 빨리 올릴 수 있을까에 초점을 두고 있습니다. 3개월 만에 성적을 상위권으로 올릴 수 있다고 광고하기도 하는데, 장기간 선전하는 것을 보면 그런 광고가 제법 먹히는가 봅니다.

　하지만 과목별 연계나 공부 일반에 대한 고민이 적기 때문에 부작용도 많습니다. 노출식으로 영어를 공부하면, 그래서 실력을 높일 수 있으면 다른 과목도 집중해서 공부하려 하지 않습니다. 문제풀이만으로 수학을 공부하고 교과서 설명에 주의하지 않으면 다른 과목도 문제집으로만 공부합니다. 기본 내용을 읽으려고 하지 않지요. 심지어 독해력이 너무 높거나 사고력이 강하면 국어 성적에 지장이 있다고 책을 읽지 않기도 합니다. 언어 능력은 전체 공부뿐 아니라 사회생활에서 기본에 해당하는데 국어 점수 때문에 희생을 감수합니다.

성적을 올리기 위해 문제집만 풀면 사고력이 커지지 않습니다. 틀린 문제를 스스로 다시 풀지 않고 곧바로 설명을 듣는 형태로 공부하면 아이들은 차츰 무기력해집니다. 남이 요약 정리한 것으로 공부하면 왜 그런 지식이 필요한지 넓은 맥락에서 바라보는 힘을 기르지 못합니다. 당장 성적이 올라간다고 해도 잃는 것이 많습니다.

시험을 대비해서 공부할 때에도 점수나 등락을 예상하고 계획을 세워서 공부 방법을 바꾸는 아이들은 소수입니다. 이보다는 등수 향상을 더 중요하게 생각합니다. 계획과 실천, 반성이라는, 삶에 필요한 기본을 익히지 않습니다. 평소의 공부를 통해 실력을 높여야 하는데 항상 시험공부처럼 합니다. 문제를 풀고 해답과 맞춰보고, 설명을 듣거나 바로 암기합니다. 실력을 높이기보다는 실력을 제대로 발휘할 수 있는 문제 유형 분석을 중시합니다. 이미 실력을 최고로 높인 아이들처럼 말입니다.

이렇게 공부를 하면 그 이후는 어떻게 될까요? 좋은 대학을 들어가도 친구들과 어울리지 못하는 아이들이 많다고 합니다. 호기심이 없어 컴퓨터에 파묻혀 지내고, 또는 자립심이 없어 부모에게 의존하며 사는 아이들 얘기를 많이 듣습니다. 중고등 시절에 겪은 공부 방법 때문에 그런 것은 아닐까요? 공부를 통해 성적을 높이는 것보다 더 중요한 것이 있지 않을까요? 그런 것들을 과목 공부를 하면서 배울 수는 없는 것일까요?

수학 때문에 무기력해진다면?

저는 여러 과목 중에서 수학 공부에 큰 비중을 둡니다. 평소에는 거의 수학만 공부하라고 하지요. 그렇다고 수학이 공부의 중심이라고 생각해서 그런 것은 아닙니다. 현실적으로 수학은 한번 익힌 실력이 쉽게 떨어지지 않기 때문에 먼저 공부하라는 것입니다. 또 수학은 맞고 틀리는 지점이 분명하기 때문에, 자기 실력이 어느 정도인지, 본인이 얼마만큼 열심히 공부했는지 확인하기가 쉬운 것도 특징입니다. 하나 더 덧붙인다면, 혼자서 기초부터 할 수 있다는 점을 들 수 있겠네요. 저학년 문제를 혼자 풀면서 실력을 높일 수 있는 과목입니다.

그런데 요즘에는 틀린 문제를 다시 풀기보다는 곧바로 설명을 듣기 때문에 기억에 남지 않습니다. 또 연산 문제를 많이 푸는데 아무 생각 없이 풀기 때문에 실수를 많이 합니다. 그리고 아는 것과 모르는 것이 분명치 않습니다. 선행 학습을 하면서 교사의 설명으로 이해하기 때문에 자기 실력을 확인하지도 못합니다. 오히려 여러 번 설명을 들은 것 같은데도 문제가 조금만 비틀리면 틀리게 됩니다. 학년이 올라가면서 기본적인 내용도 흔들리니 수학 문제를 풀수록 무기력해지고 생각하기 싫어하는 아이들이 점차 많아집니다.

초등학교 때에는 수학을 잘했지만 중학교 때부터 점차 수학 성적이 떨어지는 아이들을 보면 공통점이 있습니다. 정말 아무 생각 없이 문제를 풉니다. 예를 들어봅시다. 중2~고1 아이한테 초등 6학년 분수 문장제 문제를 풀어보라고 합니다. "1분 30초에 $3\frac{3}{4}$L의 물이 나오는데 5분에는 물이 몇 L가 나오는가?" 하는 문제입니다. 1분 30초를 90초로 바꾸고 5분을 300초로 바꿉니다. 그래서 90 : $\frac{15}{4}$ = 300 : x로 식을 쓰고 복잡한 계산을 합니다. $300 \times \frac{15}{4}$를 계산하려고 300을 4로 나눈 다음 75×15를 합니다. 이렇게 나온 1,125를 90으로 나눕니다. 대충 풀거나 의욕이 없다면 계산 과정에서 틀릴 가능성이 많습니다.

그렇게 틀린 아이들에게 연산 공부를 시킵니다. 연산이 약하다는 판단 때문이죠. 하지만 계산하기 전에 더 단순하게 바꾸는 과정을 '생각'하지 않는 것, 즉 생각하는 힘이 없다는 점이 더 문제입니다. $3\frac{3}{4}$L를 단순하게 바꾸려면 4배를 합니다. 그러면 6분(1분 30초×4배)에 15L가 나온다면 1분에 2~3L(2.5L)가 나오니까 5분에

10~15L(12.5L) 물이 나올 것이라고 예상할 수 있습니다. 계산 잘못으로 엉뚱한 숫자가 나와도 검산할 수 있습니다.

또 수학은 문제 풀이로 시작해서 문제 풀이로 끝납니다. 이에 영향을 받아 다른 과목도 문제만 풉니다. 공부는 문제 풀이라고, 문제 풀이를 통해서만 공부할 수 있다고 생각합니다. 교과서 설명을 스스로 읽는 아이들이 없습니다. 책을 덮고, 공부한 것을 머릿속으로 반복하는 아이도 없습니다. 틀린 문제를 교과서 개념과 연결시켜 생각하는 아이는 거의 없습니다.

어려운 문제 풀이나 선행 학습은 설명을 듣고 따라하는 것입니다. 어렵다고 고민하지 않습니다. 쉬운 문제나 연산은 쉽기 때문에 생각하지 않습니다. 틀려도 실수라고 변명합니다. 이렇게 공부를 하니 수학의 장점이 살아나지 않습니다. 스스로 생각하면서 풀 수 있는데 오히려 생각하지 않고 설명을 듣기만 할 뿐입니다. 틀린 문제를 설명을 듣고 이해한다고 해도 자신이 틀렸다는 인식은 변하지 않아 무기력해집니다. 처음부터 맞는 문제를 풀 때가 아니라, 틀린 문제를 스스로 다시 풀어서 맞았을 때만이 무기력에서 벗어나 자신감이 생길 수 있습니다.

영어처럼 다른 과목도 공부한다면?

영어 공부의 대표적인 특징은 '노출'입니다. 마치 무의식을 겨냥하는 듯, 테이프를 틀어놓고 놀면서 공부하기를 권합니다. 이 방법은 특히 회화에 익숙하게 하는 데는 도움이 되겠지만, 의식적으로 집중해서 공부하는 것과는 정면으로 배치됩니다. 영어는 이렇게 집중하지 않고 공부를 해도 기초 단계에서는 실력이 느는데, 이런 방법으로 효과를 보는 것 자체가 문제입니다. 왜냐하면 집중하지 않고서는 수학 등 다른 과목을 공부할 수 없기 때문입니다.

듣기 중심으로 공부하는 것도 비슷한 결과를 낳습니다. 부모 세대에는 문법과 독해 중심으로 공부한 결과 듣기를 못해서 사회생활에 지장을 받은 사람들이 많았습니다. 그렇지만 요즘 아이들의 삶은 영어 문화권에 포섭되어 있어서 듣기가 어느 정도 된다고 볼 수 있습니다. 그래서 수능 영어에서 문법이나 독해 등 다른 영역에 비해, 듣기 때문에 애를 먹는 아이들은 많지 않은 듯합니다.

또 맥락에 따라 낱말을 파악하면서 그에 알맞은 뜻을 암기해야 하는데, 맥락을 떠나서 단어를 사전 뜻으로만 암기하는 아이들이 많습니다. 이렇게 공부하면 단어를 모르는 경우 글을 추론하는 능력이 떨어지고, 또 다소 전형적이지 않은 뜻으로 사용된 단어에 막혀서 해석이 어긋나 결국 이해를 잘 못하는 경우가 많지요. 그래서 단어는 거의 다 아는데도 수능에서 1등급을 받지 못하는 아이들이 있습니다. 높은 수준의 독해력 문제는 단어나 문장이 흔히 쓰이는 뜻과는 다르게, 전체 맥락에서 해석해야 알 수 있는 것을 물어보는 것이기 때문입니다.

영어 역시 사상이나 감정을 표현하는 언어입니다. 언어 능력은 남이 표현한 것을 듣고(읽고) 이해하는 능력과 자신의 생각이나 감정을 말로(글로) 표현하는 능력입니다. 영어는 외국어이기 때문에, 한국어로 생각하고 표현하는 수준을 넘을 수 없습니다. 우리말 공부를 소홀히 하면 영어를 많이 공부해도 어느 수준 이상은 올라가지 않습니다. 우리말로 번역한 수능 영어 제시문을 빠르게 읽고 정확하게 이해하지 못하는 아이들은 우리말 공부를 더 해야 합니다.

영어는 국가에서 중요시하는 만큼 영어 공부 방식이 다른 과목의 공부 방식을 규정합니다. 영어는 다른 과목에 비해 단어 중심으로 공부하고 있고, 시간에 비례해서 효과가 나타나는 과목입니다. 또 회화는 자신의 이해 수준에서 공부하는 것이 가능합니다. 힘들게 이해력을 높이면서 공부하는 것은 아니지요.

이렇게 집중보다는 시간을 중시하고, 사고의 깊이보다는 회화 형태의 즉문즉답을 요구하고, 맥락 파악보다는 단어 암기를 목표로 공부하는 방법은 영어에서만 효과가 있습니다. 게다가 이런 공부 방법은 상위권에서는 아무런 영향이 없고, 더군다나 수학이나 탐구 영역으로의 전이 효과가 거의 없습니다. 수학이나 다른 과목은 집중해서 이해력을 높이면서 공부해야 합니다. 그래서 다른 과목에 비해 영어를 잘하는 아이들의 성적이 고등학교 때엔 기대만큼 오르지 않습니다.

학교 공부는 지식은 서로 분리되어 있어도 공부 방법은 연결되어 있습니다. 혼자 공부하는 아이들은 주요 과목들도 스스로 공부하려고 하지만, 교사나 설명에 의존하는 아이들은 어떤 과목이라도 혼자서 공부하려고 하지 않습니다. 집중력이나 사고력을 중시하는 아이들은 그렇지 않은 아이들과 다르게 공부합니다. 모든 과목에서 다 그러하지요. 영어가 외국어이기 때문에 누군가에게 도움을 받아야 한다고 생각해서 혼자 공부하는 습관을 들이지 않는다면, 다른 과목을 공부할 때에도 자기주도 학습을 할 줄 몰라서 성과를 올리기 힘들지요.

국어 점수와 책읽기는 반비례?

국어 과목은 어떻게 공부해야 좋을지 알기 어려운 과목입니다. 물론 학교에서 국어를 배우고 집에서도 참고서나 문제집으로 공부를 합니다. 그런데도 사교육에서 국어에 비중을 적게 두는 것은, 이런 노력들이 성적에 별다른 영향을 미치지 않는다는 판단 때문이겠지요. 그래서 어릴 때 책을 많이 읽어두어야 한다고들 말합니다.

그런데 책을 많이 읽었는데도 국어 점수가 잘 나오지 않는 아이들이 많습니다. 동화만 즐겨 읽었다면 그럴 수도 있다고 인정할 수 있지만, 다른 책들도 많이 읽었다고 하는데도 그런 아이들이 있지요. 그래서 최근에는 책을 많이 읽으면 오히려 1등급이 위험하다고 말하는 사람들도 있습니다. 너무 깊게 사고하면 오히려 출제 의도에서 벗어나 문제를 풀기 때문에 국어 성적이 떨어질 수 있다는 것입니다.

우리나라 국어 공부는 글의 일부를 읽고 분석하는 형태로 이루어집니다. 시험 역시 짧은 지문을 주고 이에 대한 문제에 대답하는 것입니다. 책 한 권을 읽고 책 전체에 대해 생각하고 토론하는 형태로 평가하지 않습니다. 외국에서는 책 한 권을 과제로 내주고 스스로 해결하도록 유도하는데, 우리는 요약본이나 해설을 읽어서 과제를 제출해도 별다른 불이익을 받지 않습니다. 그래서 책 한 권을 생각하면서 읽으려고 하지 않습니다. 아니, 할 필요가 없지요.

그래서 아이들한테 생각하지 말라고 말하는 분도 있습니다. 학교를 개조하라고 비판하는 교사 이기정은 《국어 공부 패러다임을 바꿔라》에서 이렇게 주장합니다.

"언어 영역에서 추리·상상력과 비판력은 별로 필요 없다. 생각하지 마라. 깊이 생각하지 마라. 너희들이 가진 지식을 동원하려 하지 마라. 그냥 지문만 가지고 풀어라. 지문에 나와 있는 내용만 가지고 정답을 찾아라."

　국어 교사가, 생각하지 않고 지문을 읽어야 점수가 잘 나온다고 가르치고 있습니다. 국어 문제를 푸는 방식이나 요령에 대한 이런 역설적인 표현은 우리 수능 시험의 현실을 반영하는 것이지요. 비참하기까지 합니다.

　물론 이기정 교사가 생각하지 말라고 한 것은 우리 국어 문제를 풀 때에만 해당하는 것입니다. 그는 아이들이 책을 많이 읽고 생각을 깊게 하기를 요구합니다. 그런데 아이들이 책 읽을 시간이 없다고 하니까 그런 도발적인 책을 썼습니다. 자신이 공개하는 비법을 따르면 문제집을 많이 안 풀어도 된다고 하면서요. 그리고 남는 시간에 좋은 책을 많이 읽어야 한다고 강조합니다.

　책읽기를 통해 사고력을 높이는 것은 국어 이전에 공부 전반과 관련이 있습니다. 책읽기가 크게 부족한 아이는 언어 능력이 떨어져서, 교과서를 읽고 이해하지 못한 채 문제집만 풉니다. 수업 시간에 교사의 설명을 듣고 이해하거나 기억하지 못합니다. 일대일 맞춤 공부만 효과가 있으니 학년이 올라갈수록 성적이 떨어질 것입니다. 특히 영어 공부를 많이 해도 어느 선 이상을 올라가지 못합니다. 단어나 문법은 외울 수 있어도 문장 분석이나 제시문 이해는 최소한의 독해력이 필요하기 때문입니다.

사회·과학은 배경지식으로 선점할 수 있나?

요즘 부모들은 초등학생들에게 사회·과학 탐구 영역에 대비한다고 역사 탐방, 과학 실험 형태로 풀어 쓴 책을 읽힙니다. 학교 수업을 따라잡기 위해, 아니 앞서가기 위해 미리 공부하는 것입니다. 아이들이 역사 또는 과학을 좋아해서 뒷받침해주는 것이라고 겸손해하면서 말이죠. 물론 취미나 관심 때문에 조선 역사나 별자리 등 특정 분야의 책을 이것저것 읽는 것은 당연히 큰 도움이 되지요.

하지만 성적 때문에 이런 분야의 책을 읽는 것은 오히려 도움이 되지 않을 것입니다. 호기심과 탐구심을 바탕으로 책을 읽는 것은 아는 것보다는 모르는 것에, 또 앞으로 알게 될 것에 관심을 갖는 것입니다. 이것은 성적에 직접 영향을 주지 않지요. 시험은 이미 아는 지식을 정리해서 다수의 입장으로 표현할 수 있어야 잘 볼 수 있는 것이니까요.

중학생이 되면 사회·과학 탐구 영역까지 학원에서 선행 학습을 합니다. 이렇게 공부하는 것은 영어·수학 중심의 공부와 비교되는 전 과목 접근 방법입니다. 이는 영어·수학 성적이 잘 나오지 않을 때, 성적이 쉽게 오르는 탐구 영역을 통해 자신감을 올리거나 평균을 높이는 전략입니다.

하지만 이런 방법은 일시적으로는 효과를 볼 수 있지만, 탐구 영역 점수가 오른다고 해서 영어·수학 점수가 같이 오르지는 않습니다. 자신감이 높아져서 공부를 열심히 하는 계기가 될 수도 있지만, 영어·수학은 성적이 쉽게 오르지 않기 때문에 장기적으로 보면 오히려 자신감이 더 떨어질 수 있습니다.

탐구 영역은 초등학교 때 취미로, 중학교 때 학원에서 선행 학습 형태로 공부해서 정복할 수 있는 지식체계는 아닙니다. 수학은 초등학교 때 사칙연산, 중학교 때 함수·방정식, 고등학교 때 미분·적분 등으로 구별할 수 있지만, 탐구 과목은 그러한 단계가 분명치 않습니다. 엄밀히 말하면 초등학교 국사 지식과 대학교 국사 지식의 근본적인 차이는 없습니다.

임진왜란을 예로 들면, 초등학생 때 이순신에 대해서 공부하다가 나중에 이순신과 원균, 선조의 관계를 다룬 책을 읽게 되지요. 그렇다면 이순신이 역사의 '기초'에 해당하고 원균은 '심화'에 해당할까요? 그렇지 않습니다. 역사를 해석하는 입장이 다르다고 봐야 하지요.

'삼별초'에 대해서도 논란이 벌어집니다. 몽골에 대한 '삼별초 항쟁'을 강조하면 '자주 정신'이라는 긍정적인 측면이 부각되지만, 무인 정권의 사병이라는 성격을 강조하면 군사 정권의 기반이라는 부정적인 측면이 드러나지요. 또 항쟁에서 민중들이 같이 싸웠다는 점을 들어 '민란'의 성격을 붙잡을 수도 있습니다. 이런 몇 가지 입장 중에서 어떤 것은 초등학생에게 가르치고 어떤 것은 고등학생에게 가르친다고 결정할 수는 있습니다. 그렇지만 어느 입장이 기초에 해당하므로 그것을 이해해야 다른 입장을 이해할 수 있다고 말할 수는 없습니다.

또 과학이나 역사는 개별 사실을 기억한다고 해도 제대로 이해하기가 어렵습니다. 동화 속의 인물은 한 권 전체를 읽어야 파악할 수 있고, 가족관계는 가족들의 총체적인 삶 속에서 제대로 파악할 수 있습니다. 역시 한 나라의 역사나 과학의 특정 사실을 이해하려면 전체 지식체계를 어느 정도는 알아야 합니다. 전체에 비추어야 그 의미를 제대로 파악할 수 있으니까요.

수학은 단계적으로 접근해서 완벽하게 이해하는 것이 유리하지만, 사회나 과학은 종합적으로 접근하는 것이 적합합니다. 그런데 초등학생 아이들이 종합적으로 접근하는 것은 쉬운 일이 아닙니다. 어느 정도 지식을 갖춘 상태에서 추상적인 사고가 발달한 어른이라면 전체 윤곽을 '감' 잡으면서 공부할 수 있지만, 이제 막 인과관계를 이해하기 시작한 초등학생들은 전체를 '감' 잡을 수 없기 때문에 특정 내용을 부분부분 공부할 수밖에 없습니다.

따라서 학교에서 배우는 것 이상으로 배우거나 선행 학습을 하는 것은 효과가 거의 없을 것입니다. 내신에 약간의 영향을 줄 뿐, 공부한 내용이 장기간 기억 속에 남아 있지 않기 때문입니다. 공부 시점은 수능 때까지 쉬지 않고 계속 공부할 수 있는지 없는지로 결정해야지, 영어·수학처럼 정복해서 어느 정도 매듭지을 영역은 아니지요.

성적을 위한 공부라면 교과서를 여러 번 읽는 것이 좋습니다. 스스로 읽기가 어렵다면 부모가 읽어주고 녹음한 것을 듣도록 합니다. 아이가 그 과목을 좋아한다면 학년이 높은 교과서를 선택해서 읽도록 합니다. 배경지식을 위해 다른 참고서나 교양서 등을 억지로 읽힐 필요는 없습니다. 비슷한 내용의 다른 책이 아니라 같은 책을 반복해서 읽고 듣는 것이 전체 틀을 기억하는 데 유리하기 때문입니다.

체험학습과
실험 교육의 한계

체험학습이나 실험 교육은 책상에 앉아서 글자로 공부하는 우리 교육의 한계를 보충해주는 것 이상의 의미를 갖습니다. 지식이 삶과 현실에서 어떤 모양을 갖고, 어떤 의미를 갖는지 생각하게 해주면서 자신을 돌이켜보게 하니까요. 예전에는 초등학생을 대상으로 체험학습이나 실험 교육을 주로 했는데, 요즘에는 대안교육에서 체험학습을 적극 활용하고 있습니다.

이런 학습이 체계적인 지식으로 발전하려면 그 전에 아이들의 폭넓은 지식이 전제됩니다. 예를 들어 신라의 금관이나 고려청자를 보고 그것이 아름답다는 느낌 이상의 역사적인 의미를 깨달으려면 역사를 알아야 하고, 현대에 사는 우리에게 뜻하는 바가 무엇인지 알아내려면 단순히 연대를 암기하는 역사 공부 이상이 필요합니다.

화학 실험을 하고 장수하늘소를 키우는 것도 마찬가지입니다. 이런 모양의 과학에만 열중한다면 우리 주변의 일상과 자연의 연관성을 깨닫지 못하게 됩니다. 우리 삶 주변에서 쉽게 볼 수 있는 과학적인 사실, 예컨대《시크릿 하우스》(데이비드 보더니스 지음)에서 말하는 치약이나 케이크의 성분, 또는《세상에 나쁜 벌레는 없다》(조안 엘리자베스 록 지음)에 나오는 모기, 파리, 바퀴벌레의 존재 등에는 관심을 갖지 못합니다.

또 이런 학습은 조건이나 환경의 영향을 많이 받기 때문에, 책으로 공부할 때보다 아이들의 주도권이 훨씬 약합니다. 체험학습은 유물이나 유적지를 탐방하는 시간과 노력이 필요할 뿐 아니라 주로 유형 문화재에 초점을 두게 되는 약점이 있습니다. 저 역시 유홍준의《나의 문화유산 답사기》의 안내에 따라 우리 국토를 밟을 수밖에 없었습니다. 과학 실험 역시 기자재의 한계나 안전사고를 고려한다면 매우 제한될 수밖에 없습니다.

결국 어른들이 계획하고 설명하는 범위 내에서만 의미를 찾고, 체험이나 실험이 갖는 새로움만큼만 열의를 갖게 될 것입니다. 이것이 책에서 채울 수 없는 아이들의 호기심이나 탐구심으로 발전하지 않는다면 장기적으로는 그 효과가 제한될 수밖에 없습니다.

단기적으로 체험이나 실험이 갖는 의미, 흥미 등에 너무 열광하지 않나 하는 생각이 듭니다.

체험학습이나 실험 교육은 폭 넓은 독서나 체계적인 지식으로 이어져야 하는 것이지 이를 대신하거나 배제하는 것은 아닙니다. '아는 만큼 볼 수 있다'는 말처럼, 세상을 보는 눈을 키워야 체험이나 실험의 의미를 해석하고 체화할 수 있기 때문입니다.

오감으로, 몸으로, 삶에서 배우는 공부가 진짜 공부인 것은 분명합니다. 하지만 이런 공부를 체계적인 지식으로 구성하고 남들이 이해할 수 있는 형태로 표현하려면 시간이 걸리고 성숙을 요구합니다. 따라서 한두 곳을 방문하고 의미를 찾으려고 하거나 한두 가지를 실험하고 이를 성적과 연관 짓지 말아야 합니다. 그보다는 진짜 이런 탐사나 실험을 좋아하는 사람들과 어울려 같이 몸으로 활동하는 것이 나중에 큰 도움이 됩니다. 이런 아이들은 역시 관련 도서를 함께 읽는 것도 게을리하지 않을 것입니다.

시험공부의 진짜 목표는?

요즘은 시험공부 기간이 2주일 이상으로 늘어나면서 공부 자체가 시험 준비로 바뀌고 있습니다. 마치 시험으로 실력이 오른다고 생각하고, 평소에도 문제 풀이 형태로 공부를 하지요. 그래서 기출 문제나 문제 유형을 중시합니다.

그렇지만 시험은 시험입니다. 즉 시험은 지금 수준을 평가하고 부족한 부분을 진단하는 것이지, 그것 자체가 실력을 올리거나 공부를 하는 것은 아닙니다. 이를테면 IQ 검사나 성격 진단을 생각해 보면 됩니다.

물론 자신의 실력을 진짜 시험에서 제대로 발휘하기 위해서는 그런 시험에 익숙해야 하고, 비슷한 경험을 많이 쌓아야 합니다. 하지만 실력이 비슷한 아이끼리 비교할 때에나 시험에 익숙한 아이가 유리한 것이지, 실력이 차이가 나는 아이에게도 이런 경험이 유리한 것은 아니지요.

예체능을 예로 들면 알기 쉬울 것입니다. 피아노나 축구 등의 실전은 학교 시험보다 더욱 변수가 많습니다. 그렇다고 이 아이들이 실전 연습만 하고 있지는 않습니다. 평소에는 기초 훈련 또는 부분 연습을 합니다. 축구를 예로 들면 달리기나 윗몸일으키기 같은 체력 훈련이나 슛, 패스, 드리블 등을 연습합니다.

그런데 이상하게도 공부에서는 평소 연습은 하지 않고 실전 대비만 하고 있습니다. 그래서 교과서를 읽거나 교사가 설명한 내용에 대해서는 더 생각하지 않고 시험 대비 문제를 풉니다. 더구나 공부하는 데 필요한 기초, 즉 학습 능력은 거의 고려하고 있지 않습니다.

그렇다고 시험을 무시하거나 시험공부 기간을 없애는 것은 좋은 대안이 아닙니다. 왜냐하면 시험공부의 진짜 목표는 다른 능력을 평가하거나 경험을 겪게 하는 것이기 때문입니다. 즉 시험공부는 2개월 공부하고 중간·기말 시험에 대비하는 것으로, 12년 공부하고 수능을 치르는 것을 요약 연습한다고 보면 됩니다. 그러면 2개월 남짓 공부한 것을 바탕으로 시험 기간에 어떻게 계획을 세우는 것이 유효하고 적절한가 점검해야 합니다. 더 중요한 것은, 평소에 어떻게 공부하고 정리해야 하는지 점검해보는 것이지요.

시험공부는 지금 당장 성적을 올리는 것보다는, 앞으로 성적을 올리기 위해 지금과 같이 공부해도 되는지 확인하는 기회로 삼는 것이 좋습니다. 예를 들어 결과가 마음에 들지 않는다면 공부 방법을 바꾼다든가, 학습 능력을 높이는 쪽으로 방향을 바꾼다든가 하는 것입니다. 또 성적 때문에 자꾸 자신감이 떨어지면 특정 과목에 힘을 모아서 그 과목부터 성적을 높일 수 있습니다.

그러니까 시험공부에는 성적보다 중요한 것이 있습니다. 자신의 성향이나 수준에 맞는 공부 방법을 찾고 또 변화시킬 수 있는 기회로 삼는 것입니다. 그렇게 찾아낸 자신만의 공부 방법으로 고등학교 때, 특히 고3 때 집중적으로 공부를 해야 자신의 능력을 최고로 발휘할 수 있으니까요.

'평소 공부'는 어디로 갔나?

공부 자체가 시험 준비로 바뀌다 보니, 요즘은 평소 공부가 철저히 무시되고 있습니다. 즉 시험 점수가 좋지 않으면, 평소에 어떻게 공부했냐고 지적받기보다는 시험공부를 열심히 하지 않았다고 잔소리를 듣고, 또 아이들도 그렇게 생각하지요.

그렇지만 평소에 혼자 공부할 때 실력을 올릴 수 있습니다. 학교에서 수업을 듣고 문제를 풀어도 나중에 스스로 정리해야 자기 것으로 소화시킬 수 있기 때문입니다. 예전에 서울대생과 다른 대학생의 '1일 평균 스스로 공부 시간'을 비교한 적이 있는데, 시험 기간 동안에는 차이가 나지 않았지만 평소에는 차이가 많이 난다는 자료가 있었습니다. 물론 평소 공부를 한다고 학교나 학원 숙제를 하는 데 시간을 다 쓰면 곤란하지요. 틀린 문제에 대한 설명을 듣고 이해했다고 치워서는 안 됩니다. 설명이 기억나지 않을 만큼 시간이 흐른 뒤에 다시 풀지 않는다면 자신의 실력으로 몸에 익지 않을 것입니다.

평소 공부를 제대로 못하는 또 다른 이유는 아이들의 집중력이 부족하기 때문입니다. 예전에는 한 시간, 심지어는 3~4시간 버티면서 공부를 했지요. 그렇지만 요즘 아이들은 영상 시대에 살고 있어서 그런지 집중 시간이 매우 짧고 쉽게 지루해합니다. 그런데도 이를 강요하면 휴대폰으로 장난하고, 앉은 자리에서 졸고, 잠을 쫓기 위해 일어나는 것도 귀찮아하는 경우를 많이 보았습니다.

짧게 집중해서 공부하면서 성적이 좋은 아이들도 있습니다. 이를테면 10~20분 공부하고 5분 쉬고 하는 형태로요. 그리고 이런 식으로 3~4차례 반복한 뒤 의자에서 일어나 주변을 가볍게 돌면서 10~20분 몸을 풀고 다시 공부하는 식으로 합니다. 요즘 아이들에게는 이런 방법이 더 효과적입니다. 시간의 길이보다 집중 강도가 성적에 더 영향을 미치기 때문입니다.

'오답 노트 작성' 같은 공부 잘하는 아이들의 공부 방법을 모방하는 것도 쉽지 않습니다. 영재의 비율을 대략 3퍼센트 정도로 본다면, 같은 학년 전교생 300명 중 9명 정도가 영재에 속합니다. 이들은 어떻게 공부를 하든지—스파르타식이건 오답 분석이건 자기 주도 학습이건—효과를 봅니다. 공부 IQ가 높기 때문일 것입니다. 그렇다면 영재에 속하지 않는 아이들이 같은 방법으로 효과를 보려면 이들보다 훨씬 집중해서 공부하고, 더 탄탄한 기초 능력이 쌓여 있어야 가능할 것입니다.

또 예전에는 책을 읽고 정리하고 외우는 것으로 혼자 공부했지만, 요즘 아이들은 이렇게 시각을 통해 글자 읽기만으로 공부하는 것을 쉽게 지루해합니다. 그러니 눈으로 읽고, 귀로 듣고, 말로 설명하고, 글로 쓰면서 정리하는 등 여러 감각을 활용하는 것이 좋습니다. 이런 것들이 정신 사납게 공부하는 것이 아니라, 요즘과 같은 영상 시대 아이들의 성향에 맞는 공부인가 봅니다. 그렇다면 요즘 아이들에게는 다양하게 읽을 참고서나 다양하게 설명할 교사가 필요한 것이 아니라, 아이들이 반복해서 들을 수 있도록 교과서 내용을 녹음하거나 아이가 설명하고 부모가 들어주는 기회를 갖게 해주는 것이 더 효과적일 것입니다.

chapter 4
수업 현장에서 놓치는 것들

　실제로 가르침과 배움이 일어나는 현장을 자세히 들여다보면 부모들은 답답하기만 합니다. 학교는 도움이 안 되는 것 같고, 학원은 가방만 들고 다니면서 친구 만나러 가는 것이고, 부족한 것을 보충하려고 방과후수업이나 인터넷 강의를 들을 때도 집중하지 않고, 학습지처럼 부모가 옆에 앉아 점검해도 신통치가 않습니다. 교사의 문제인지 교재의 문제인지, 아니면 가정환경 때문인지 부모 때문인지 판단이 서질 않지요.
　관련 연구에 따르면, 결국은 집안 배경이 아이의 성적에 가장 큰 영향을 미친다고 합니다. 그래도 아이들한테 그 많은 시간과 돈을 투자했는데 성적에 변화가 없다는 것을 이해할 수 없습니다. 상대평가라서 그런가 생각이 들기도 하지만, 성적이 올라가지 않는 건 그렇다 치더라도 왜 부모가 노력하는 만큼 아이들은 노력하지 않는 것일까요? 결국 집안 배경이 문제라면, 무엇 때문에 더 나은 학교나 학원에 보내려고 희생을 치러야 하는지요? 부모들은 억울할 수밖에 없습니다.

그래도 아이들에 따라서는 학교 환경에 따라, 친구에 따라, 교사에 따라 활력을 얻기도 하고 무기력에 빠지기도 합니다. 통계적으로 의미가 없을지라도 집안 배경이 좋은 아이들 중에도 방황하는 아이들이 있고, 부모 조건이 열악한 아이들 중에도 노력하고 성공하는 아이들이 있습니다. 그리고 그중에는 학교와 친구와 교사의 도움과 지지를 통해 그렇게 노력하고, 또 반대로 좌절을 하기도 합니다.

학교 그리고 수업 현장은 실제로 아이들이 의식적으로 많은 시간을 공부하느라 보내는 곳이기 때문에 당연히 중요한 곳입니다. 그런데 실제로 제도 개혁을 외치거나 사교육을 비난하거나 교사의 권위를 확보하거나 아이들의 인권을 상기시키는 등의 목소리는 들리는데, 수업 현장에서 공부에 관한 이야기는 비교적 적게 들립니다. 특히 학습지나 인터넷 강의의 문제점을 비판하는 얘기는 거의 들어본 적이 없습니다. 이제 공교육, 사교육, 교사, 교재 등 교육의 기본적인 내용에 대해 한번 생각해볼까요?

공교육은 무시해도 좋은가?

흔히 학교 교사는 설명을 잘 안 해준다고 불평하는 아이들을 많이 봤습니다. 학원에서 이미 배운 것이라고 건너뛰고, 몇몇 아이에게는 배워오라고 다그치는 경우도 있다고 합니다. 학교는 가르치지 않고 평가만 하는 셈이죠. 부모들도 그런 얘기에 동의합니다. 그래서 학교에서 열심히 공부하지 않아도 걱정하지 않습니다. 대신 학원 숙제는 꼭 챙깁니다. 그리고 인터넷 강의를 듣겠다고 하면 부모들은 쉽게 인정합니다.

학교에서 제대로 가르치지 않는 것에 대해 학부모들이 제대로 지적하지 않는 건 이해하기 어렵습니다. 이미 배웠을 거라고 전제하면 선행 학습을 하지 않은 학생은 설명을 들을 기회가 없어지니 불이익을 받는데도 말입니다. 물론 학부모가 항의해도, 다른 아이들이 다 알기 때문에 어쩔 수 없다는 답변을 듣습니다. 그래도 다시 항의를 해야 합니다. 아이들이 제대로 알고 있는지 확인해봤냐고. 아니면 교사들이 학부모에게 지적해야 합니다. 영국에서는 학교 수업을 정상적으로 진행하지 못하게 만든(선행 학습을 한) 아이들에게 불이익을 주겠다고 합니다. 하지만 우리나라 학부모나 교사는 오히려 선행 학습을 부추깁니다.

학교는 학교대로 행정·관리 등 잡무가 너무 많다고 하소연하지만, 사교육이 성행하는 것은 학교 시험이나 수능이 사교육으로 효과를 볼 수 있기 때문에 가능한 것이므로 공교육이 먼저 비판을 받아야 합니다. 그런데도 공식적으로는 사교육을 비난하는 분위기가 우리 사회를 압도하고 공교육은 이의 피해자로 인식되고 있으니 어찌 보면 본말이 전도된 셈이지요. 학교 시험은 가르치는 사람이 출제합니다. 그런데 출제자의 강의를 열심히 듣지 않고 기출문제를 분석하는 사교육 강의를 더 열심히 들으니 희한한 현상입니다.

요즘 아이들은 듣는 힘이나 집중력이 부족해서 강의를 거의 소화하지 못합니다. 옛이야기나 동화를 30분쯤 듣고도 줄거리를 기억하지 못하는데, 교사가 설명하는 국어나 과학 같은 강의를 30분 듣고 기억하기는 어려울 것입니다. 강의 처음에 제시한 중심생각을 기억하고 있어야 사례나 에피소드를 그 중심과 연결시킬 수 있습니다. 기억력이 약하면 아이들은 교사가 쓸데없는 얘기만 한다고 불평할 수밖에 없지요.

영상 시대의 아이들한테는 언어로, 더구나 추상적인 개념으로 설명하는 것을 기억하고 이해하는 것이 무척 힘든 일입니다. 학교에서 공부하는 활동은 대부분 설명을 듣는 것인데 아이들은 듣는 힘이 약합니다. 들으면서 중심 내용을 붙잡고 정리하고 기억하는 학습이 제대로 이뤄지지 않습니다. 학교 공부는 한계가 많지만 피할 수 없습니다. 오전의 맑은 정신으로 하는 6교시 이상의 학교 공부를 포기하고 저녁 때 지친 몸으로, 짧은 시간 공부해서 좋은 결과를 기대하기는 어려울 것입니다.

장기적으로는 듣는 힘이나 집중력을 높여야 합니다. 단기적으로는 학교 수업 시간을 어떻게 효율적으로 활용할 것인가 항상 고민해야 합니다. 이를테면 과목이나 교사 선호도에 따라 집중도를 달리하는 것이 좋습니다. 저는 아이들에게 6교시 중 두 시간은 상당히 강하게 집중해서 들으라고 합니다. 그러면 다른 수업은 조금 약하게 집중하는 것을 인정하더라도 말입니다.

사교육은 단기 효과만 노린다?

흔히 사교육 문제라고 할 때, 사교육에 대한 과도한 의존을 들고 있습니다. 그런데 엄밀히 말하면 이것은 사교육의 문제가 아니라 공교육의 문제입니다. 공교육에서 수준별 교육이 이뤄지지 않고, 보충·심화 교육이 필요한 아이를 학교에서 소화하지 못하고, 특기별 교육 역시 이뤄지지 않기 때문입니다. 또 학교 시험에는 학교에서 공부한 것보다 학교 밖에서 공부한 것이 더 유리하기 때문에 학교 밖 공부가 성행하는 것입니다.

또 사교육 비용의 총액이 크다거나 사교육의 계층별·지역별 격차가 크다는 통계를 들면서 사교육 전체를 비난하고 있는데, 그러면서도 학교나 신문에서는 대성학원이나 종로학원, 메가스터디 인터넷 강의 등 대규모 사교육 기관을 인정하고 있습니다. 이들의 입시 설명회는 오히려 더 인정을 받고, 대입 원서 접수도 학원이 대행하고 있습니다. 이런 것을 보면 대기업이 중소기업을 압박하는 것처럼, 대형 학원이 소규모 학원이나 과외 형태를 압박하기 위해 사교육 비난을 이용하는 게 아닌가 싶을 정도입니다. 중소기업의 존재가 고용 효과뿐 아니라 창의성, 역동성 때문에 필요한 것처럼, 교육 서비스에서도 과외 등 소규모 교육기관의 창의성, 다양성이 필요한데 이를 독과점 이윤 때문에 억누르는 것은 아닌가 의심이 듭니다.

사교육의 진짜 문제는 다른 곳에 있습니다. 본질적으로 사교육이 공교육보다 문제가 되는 것은 단기 효과를 노리는 교육 방법 때문입니다. 수학에서 '3개월 만에 실력이 오른다', 영어에서 '며칠 만에 귀가 뚫린다', 학습 능력에서 '하루 10분이면 1등급이 가능하다'는 광고를 자주 봅니다. 놀랍게도 이런 광고가 많이 먹히는 모양입니다. 로또가 성행하는 사회이다 보니 이렇게 한 쾌에 효과를 보는 것이 가능하다고 생각하겠지요. 실제로 효과를 보았다는 학생의 사진도 싣고 이름도 밝히니 믿지 않을 수야 없겠지만, 다수의 학생이 이럴 수 있다면 누가 공부를 못하겠습니까? 아니면 남들은 아니어도 우리 아이는 그럴 수 있다고 믿는 걸까요?

또 실력이나 기초 능력과 상관없이 선행 학습을 강조하는 것도 같은 사고방식일 것입니다. 교사가 잘만 가르치면 학생의 수준과 상관없이 실력이 오를 것이라는 전제입니다. 그러면서 스파르타식 교육이나 시간을 최대한 늘리는 모양을 취해서, 아이들이 견디지 못하고 탈락하면 아이들 탓으로 돌립니다. 심지어 일부 부모들은 학교에서 체벌을 하는 교사에게는 강한 반발을 보이면서도 학원에서는 때리면서 가르치라고 요구하기도 합니다.

이런 공부 방식은 단기간 공부할 때 활용하는 것인데, 장기적으로 이렇게 공부를 하면 매우 부정적인 영향을 끼칠 것입니다. 3년마다 수행되는 국제 수준의 학업성취도 검사(PISA) 결과를 보면, 실력이 있는 아이들도 학습 동기나 흥미는 바닥입니다. 시간이 지남에 따라 많은 아이들이 실력은 정체되고 학습 능력도 현저히 떨어질 것입니다. 또 투자한 노력이나 시간에 비해 효과가 차츰 줄어들면서 자신감이 없어지고 무기력에 빠지기도 합니다.

이렇게 단기간 효과를 노리는 방법을 장기간 적용하면 아이들은 크게 피해를 받습니다. 그러니 사교육에 대한 비판의 초점이 달라져야 합니다.

학습지 때문에 '계모'가 나타났다?

거의 모든 부모들이 학습지 공부는 필수로 생각합니다. 더구나 이는 사교육으로 간주하지도 않습니다. 참 묘한 현상이지요. 그래서 학습지 교재를 유명 대학교수가 감수하기도 하고, 학습지 회사를 홍보하는 책을 쓴 교수가 교육부 장관이 되기도 했습니다.

우리는 흔히 교육을 내용으로 접근할 뿐 전달 방식에는 별 신경을 쓰지 않습니다. 그래서 학습지 교재가 학원 교재나 참고서보다 우수한지 아닌지 관심을 가질 뿐 가르치는 교사가 어떠한지, 더구나 가르치는 방식이 어떠한지에 대해서는 별다른 관심을 갖지 않습니다. 학습지는 자기주도 학습 또는 스스로 학습법이라고 하면서 부모를 교사 역할 또는 교사 대리로 내세우고, 매일 공부하고 점검하는 것이 좋은 공부 습관이라고 주장하고 있습니다.

하지만 저는 학습지야말로 전형적인 사교육이면서 가장 문제가 많은 교육 방식이라고 봅니다. 우선 매일 점검하는 형식 때문에 주로 문제 풀이 형태로 공부하는 것이 한 가지 문제점입니다. 학교에서도 두 달 정도 설명(수업)을 한 다음 시험을 봅니다. 그런데 매일 시험을 보는 형태의 공부라면 압박도 압박이지만 공부 자체가 '운전면허 시험공부' 같은 형태로 바뀝니다. 이해를 못해도 문제는 풀 수 있는 형태로 말이죠.

또 다른 문제점은 단계를 세분화해서 한 단계씩 차례차례 올라가도록 하는 것이 어떤 성격의 아이들에게는 창의력이나 의욕을 감퇴하게 만든다는 점입니다. 성격에 따라서는 전체를 파악한 다음에야 세부를 뚜렷하게 이해하고 기억하는 아이들도 있기 때문입니다.

더구나 교사들은 교재에 따라 가르치도록 본사에 종속되어 있기 때문에 교사들의 창의성이나 아이들의 특성에 맞는 교육이 가능하지 않습니다. 교사의 자율성을 억제하지 않으면 고참 교사들이 독립할 가능성이 많겠지요. 교사 본인의 자율성이 약하므로 아이들에게 자율성을 허락하지 않습니다. 가르치는 방식이 아이들의 생각이나 의문을 허용하는 모양을 취해도 결국에는 본사에서 정한 교재의 틀에 따라 가르치게 됩니다. 학원보다 훨씬 획일적인 형태로 교육하는 것입니다.

가장 중요한 문제점은, 아이의 입장에서 보면 엄마는 어디 가고 '계모'가 나타난 것입니다. 작은 문제 하나하나마다 평가를 하고 끊임없이 지적하고 점검하는 현실이 벌어지니까요. 학습지 때문에 아이들은 엄마를 잃어버린 것입니다. 무조건적으로 신뢰할 수 있는 엄마, 내가 잘못했을 때에도 나를 끌어안아 주고 믿어줄 수 있는 엄마가 사라진 것입니다.

부모가 아이 공부에 관심을 보여주는 것과 평가하는 것은 다른 차원입니다. 공부법을 알려주고 공부 방향을 잡아주며 시간표를 점검하는 것은 관심일 수 있습니다. 하지만 문제를 설명하고 틀린 것을 표시하며 채점을 한다는 것은 평가를 떠나서는 가능하지 않습니다. 큰 틀에서 아이가 공부하는 활동에 관심을 갖지 않고 작은 활동에 평가를 한다면 아이는 숨쉬기도 힘들 것입니다. 학습지 때문에 아이들에게 엄마가 없어졌다고 말한다면 좀 과장이겠지만, 이런 경향을 학습지가 부추기는 것만은 틀림없습니다.

공교육과 사교육의 경계에서
: 방과후수업과 인터넷 강의

방과후수업은 사교육인데도 공교육으로 인정받고 있습니다. 국가에서 적극 권장하기 때문이지요. 그런데 이돈희 전 교육부 장관은 이렇게 말하네요.

"학생들을 학원에 가지 않도록 하기 위해 학교에 붙잡아두고 공부하게 하는 것이 사교육과 무엇이 다릅니까?"

그의 말대로 이는 공교육 정상화를 위한 것이라기보다는 사교육 확대책에 불과합니다. 돈이 없어 사교육을 시키지 못하는 아이들한테 공교육이라는 이름으로 값싸게 사교육을 시키는 것입니다.

교육 관계자들은 사교육 문제를 해결하기 위해서는 공교육을 개혁해야 한다고 말합니다. 그런데 실제 행동은 사교육을 비난하거나 사교육을 흡수하려고 합니다. 그런데도, 아니 어쩌면 그렇기 때문에 사교육 논란이 벌어질 때마다 사교육 시장은 커져만 갔습니다. 입시 변화나 외고·자율고·자사고 등 학교 체제 변화 때마다 이에 대한 대비는 사교육에서 할 수밖에 없으니까요.

방과후수업이 경쟁력이 있다거나 아이들에게 도움이 된다면 굳이 강제로 할 필요도 없을 것입니다. 학교조차 학원에 비해 경쟁력이 떨어지는데 방과후수업을 사교육과 비교할 수는 없습니다. 사교육의 경쟁력은 인원 수나 수강료에 비례합니다. 강사들의 실력이나 인기 등 인정받는 지표는 거의 돈으로 표현되기 때문입니다. 그러니 방과후수업 강사는 학교 교사보다 보수가 떨어지는데 실력 있는 강사들을 모으는 것이 가능하지 않습니다. 학교에서도 강사 관리가 힘들어서 사교육 기관에 위임하기도 합니다. 결국 학교라는 공간에서 사교육을 하는 셈이지요.

인터넷 강의도 사교육인 것은 마찬가지입니다. 그런데도 EBS 강의는 역시 강요하다시피 합니다. EBS 강의에서 수능 문제를 출제한다는 식으로요. 아이들은 EBS건 강남방송이건 메가스터디 등 다른 학원 인터넷 강의건 취향에 따라 듣습니다. 인터넷 강의, 즉 인강은 영상 매체를 활용하는 것이라 요즘 시대에 맞는 것이라는 주장도 있습니다. 특히 지방 비명문 학교 학생들에게 명강의를 접할 기회를 준다는 점에서 호평을 받고 있지요.

그렇지만 인강은 짧게 보면 효과적인데 길어지면 그 효과가 급격하게 떨어집니다. 교사 앞에서도 집중하지 못하는 아이들이 컴퓨터 화면을 보고 집중할 수 있을까요? 명강의라는 것이 물론 강의 기술이 뛰어나서 그런 것이기도 하지만 그보다는 주로 성적이 상위권인 아이들에게 도움이 되었다고 해서 그렇게 알려진 것일 뿐입니다. 아무리 명강의라 해도 듣는 아이들의 반응을 예상해서 수준과 분위기에 따라 다르게 강의할 수는 없으니까요.

스스로 공부하는 아이들은 6개월 공부를 한 달에 반복 학습하고, 이를 다시 1주일, 1일, 1시간 반복 학습하는 것이 가능합니다. 자신이 요약하지 않는다고 해도 교재에 표시를 해서 압축해서 공부할 수 있습니다. 이렇게 해서 시험 보기 전에 한 시간 공부하는 것은 6개월 공부한 내용을 빠르게 반복하는 것입니다.

인강은 이런 반복 학습이 가능하지 않습니다. 아무리 속도를 높여도 2배 이상 가능하지 않습니다. 오히려 부작용이 큽니다. 게다가 전보다 자기 학교 교사의 강의를 인정하지 않게 됩니다. 또 예전 같으면 혼자서 책을 읽으며 공부할 아이들까지 인강을 듣습니다. 요즘은 인강 듣는 것을 혼자 공부하는 것이라고 한다지만, 인강을 통해 우리 아이들은 스스로 공부하는 힘은 떨어지고 사교육에 길들여지는 것입니다.

최고의 교사가 따로 있나?

요즘에는 최고의 교사라고 해서 인터넷 강의를 하거나, 한 강의실에 수백 명씩 모아놓고 강의를 한다는 얘기를 많이 듣습니다. 마치 최고의 교사라면 어떤 환경이나 조건에서도 최고의 강의 질을 보장한다는 것처럼 들립니다. 하지만 학생의 특성이나 교육 환경의 차이를 무시하면서 잘 가르칠 수는 없습니다.

학생의 숫자가 적으면 강의의 수준이 올라갑니다. 많은 학생들이 비슷한 수준과 동일한 목표, 그리고 상당한 의욕을 갖고 강의를 듣는다면 강의 준비에 상당히 유리하지요. 하지만 이런 조건을 갖추지 않은 학생, 특히 공부하려는 의지가 약한 학생들에게는 실력 있는 교사보다는 공감하고 뒤에서 받쳐줄 수 있는 교사 또는 사촌 같은 대학생이 더 어울립니다. 대학생 과외의 경우도, 실패한 적이 없는 명문대생보다는 우여곡절을 겪은 비명문대생이 더 어울리는 경우가 대부분입니다.

성적이 높고 의욕이 강한 학생들을 끌어 모으는 명문 학원과 달리 보통 학교에서는 수준이나 의욕, 목표가 크게 차이나는 아이들을 가르치고 있습니다. 목표 대학이 다를 뿐만 아니라 교육의 목표 자체가 입시만이 아닌 인성, 상담 등 여러 가지를 염두에 두지 않을 수 없지요. 학교에서의 가르침은 수업만으로 이루어지는 것이 아니라 비교적 다면적인 지도를 요구하기 때문에, 강의만으로 평가받는 학원 강사보다 불리합니다. 그런데도 출신 학교나 수강생의 성적 등을 이유로 학교 교사보다 인터넷 강의나 학원 강사들의 수준이 높다고 인정하는 것은 잘못된 일입니다.

　더구나 학교 교사가 공부 외의 영역에도 관여하면 이를 불필요한 간섭으로 간주하는 경우가 많습니다. 자신의 아이가 사춘기나 위기에 처할 때에는 아이들을 다독여주고 귀 기울여주는 교사를 원하다가도, 그렇지 않으면 공부만 가르치는 지식 많은 교사를 원하기 때문이지요. 특히 교사는 전문직으로서 의사나 변호사와 같은 권위를 전제하고 가르치지만 부모나 아이들은 그런 권위를 인정하지 않으려고 합니다. 특정 목표를 전제하고 단기간에 자신의 아이에 맞는 최고의 교사는 있을 수 있지만, 여러 가지 목표에 비추어 장기간에 걸쳐 많은 아이들에게 적합한 최고의 교사는 있을 수 없습니다.

　가르치는 교사 역시 단점을 가진 한 인간으로 보는 것이 좋고, 부모는 아이들에게 이를 일찍 알려주는 것이 좋습니다. 특히 초등 저학년 때 학교나 교사를 존중해야 공부에 도움이 된다고 해서 무조건 존경하는 형태로 교사를 대하는 부모들도 있는데, 중학교에 들어가(심지어는 초등 고학년 때부터) 그렇지 않은 교사를 만나게 되면서 상당한 갈등에 얽히게 되는 경우가 많습니다. 내 주변에 좋은 사람, 나쁜 사람, 나와 비슷한 사람, 그렇지 않은 사람, 나를 인정하는 사람, 인정하지 않는 사람들이 있듯이 교사들도 그렇게 다양한 사람들이 있다고 보는 것이 좋습니다.

지금의 교사는 예전의 스승 이미지보다는 교육 서비스를 제공하는 관료 또는 세일즈맨 이미지에 더 가까울지도 모릅니다. 그러니 최고의 교사를 찾으려고 애쓰기보다는 다양한 사람들 속에서 어떤 목표를 갖고 있는, 어느 순간의 아이와 어울리는 사람한테는 약속한 것 이상을 배우고, 그렇지 않은 사람에게는 기본적인 것만 배운다는 다소 '가벼운' 대응이 필요하지 않을까요? 그러다가 학생의 조건과 교사의 고민이 공명을 일으킨다면 최적의 교사를 만날 수도 있겠지요.

엄마표 공부
: 공부보다 무조건적인 사랑이 중요하다

엄마가 직접 가르치는 공부는 사교육 문제를 해결할 수 있는 대표적인 대안으로 알려져 있습니다. 그럴 수 있는 조건의 부모가 많지 않은데도 말입니다. 아이에게 가장 필요한 관심을 보여줄 수 있고, 아이의 상태를 가장 잘 알고 있으니 적절한 방법을 제시할 수 있고, 덧붙여서 큰돈이 들지 않고 등등.

하지만 여기에는 다음과 같은 전제가 있습니다. 아이의 성향이나 가능성을 엄마가 가장 잘 알고 있다는 것과, 엄마와 아이의 관계가 크게 문제가 없다는 것, 그리고 엄마의 무조건적인 사랑을 아이가 확신하고 있다는 것 등입니다.

무조건적인 사랑은 평가를 거부합니다. 이에 비해 학교 공부는 평가를 통해 이루어집니다. 아이한테 틀린 문제를 부드럽게 설명한다고 해도 맞고 틀렸다는 평가를 피할 수 없습니다. 공부할 때 자신을 평가하는 사람은 아무래도 어려울 수밖에 없습니다. 공부와 일상을 분리한다고 해도 아이 입장에서는 평가가 좋을 때와 나쁠 때 일상에서 엄마의 표정이 달라진다는 느낌을 받게 됩니다.

엄마가 줄 수 있는, 엄마만이 줄 수 있는 것은 무조건적인 사랑입니다. 아이가 현재 지극히 정상이라 해도 사춘기를 지나면서 현대 사회의 악영향에 언제 휘말릴지 모릅니다. 무조건적인 사랑을 의심받으면 위기 때 아이를 지켜줄 방법이 없습니다. 그런데 요즘 아이들은 부모의 사랑을 무조건적으로 확신하지 못합니다.

더구나 엄마와 아이의 성향이 차이가 난다면 아이는 엄마의 가르침을 그대로 받아들이지 않습니다. 엄마가 가르친다고 해도 최종 평가는 학교 성적에 따라 달라지기 때문에, 아이는 엄마의 교육 방식을 비판할 수 있습니다. 예를 들어 엄마는 계획을 세우고 이를 체계적으로 실천하는 성향으로 책상 위나 서랍이 정리·정돈되어 있어야 공부가 잘 됩니다. 그런데 아이는 정반대입니다. 이럴 때 엄마가 아이 성향을 인정하면서 그에 맞게 가르치는 것은 거의 불가능합니다.

또는 주변 상황과 상관없이 학교 공부를 따라가면서 매일 예습·복습을 착실히 하는 모범생 성향의 엄마한테 이와 반대의 아이가 자랍니다. 아이는 공부하기로 마음을 먹을 때 무서울 정도의 집중력으로 자기 방식의 공부를 하지만 보통 때는 한없이 게으릅니다. 이런 태도를 엄마가 인정할 수 있을까요?

성격만 다른가요? 가치관도 다를 수 있습니다. 또 일상에서 요구하는 가치와 가르치면서 요구하는 가치는 차이가 날 수밖에 없는데 이를 조정하기가 쉽지 않습니다. 예를 들어 엄마가 평소에는 수면 시간을 중요하게 강조하는데 아이가 과제를 하지 않아서 잠자는 시간이 늦춰지게 될 때, 과제 수행과 잠자는 시간을 지키는 것이 충돌하게 됩니다. 이때 엄마가 아이의 수면 시간을 중시한다면 과제를 못해도 재울 수 있어야 합니다.

또 부모가 인정하고 싶지 않은 가치를 아이에게 강하게 가르칠 수는 있지만, 부모가 원하는 모양대로 살라고 요구할 수는 없습니다. 즉 어떤 직업을 택하지 않았으면 좋겠다고 말할 수는 있지만, 어떤 직업으로 살기 위해서 이렇게 준비하라고 요구하는 것은 곤란합니다. 자기 자식이라고 엄마가 아이를 가장 잘 안다고 전제하는 것은 매우 위험한 생각입니다. 설사 객관적으로 잘 알고 있다고 해도, 또 성향도 비슷하다고 해도, 미래 사회에서 선택하고 싶은 직업은 아이에 따라 다르게 나타날 것입니다.

교육은 교육 내용만이 아니라 인간관계, 전달 방법, 평가 방식 등으로 구성되어 있습니다. 짧은 시간 가르친다고 해도 평가로 인해 일상의 다른 활동에 비해 비중이 커집니다. 그래서 엄마-아이 관계가 교사-학생 관계로 바뀌게 됩니다. 아이의 삶에서 공부가 중요하긴 해도 일부 영역일 뿐입니다. 건강, 자신감 등 심리 변화, 가족이나 친구관계, 학교 조직에 적응하는 능력, 놀이나 학습 능력, 가치관 등 엄마는 아이 삶 전체를 보살펴야 합니다. 그러니 엄마가 아이를 직접 가르치다 보면 다른 부분은 오히려 방치하는 결과를 낳기도 합니다. 엄마가 직접 공부를 가르치는 것에도 생각보다 부작용이 많습니다.

우리 아이한테 맞는 교재가 있을까?

요즘 아이들은 무척 많은 교재를 사용하고 있습니다. 문제집을 많이 풀어보아야 한다는 이유로, 또 누가 효과를 봤다고 하면 그것을 해보고 싶어서 등등. 그래서인지 많은 교재들이 앞부분이나 일부분만 이용하고 나머지 부분은 깨끗한 경우가 대부분입니다.

하지만 교재가 아무리 훌륭하다고 해도 이를 활용하는 학생이나 교사보다 중요하지는 않습니다. 그런데도 우리는 누가 가르치는 가보다는 어떤 교재로 가르치는가를 중시하는 경향이 있습니다. 더군다나 교재는 어떻게 활용하느냐에 따라 다르게 평가돼야 하는데, 활용보다는 교재 그 자체를 평가하는 경향이 있지요.

예를 들어 공부를 잘하는 아이가 사용하는 교재는 너무 어렵지만 않다면 좋을 것이라고 판단합니다. 하지만 아이가 예전에 다른 교재를 통해 실패한 경험이 어떻게 바탕에 깔려 있는지에 따라 그 성과가 다르게 나타나지요. 즉 아이의 수준이나 공부 성향에 따라 그 교재가 유용할 수도 있고 그렇지 않을 수도 있습니다.

또 많은 교재를 공부하기 때문에 한 권을 여러 번 반복할 기회가 없어진다는 점이 큰 문제입니다. 아이들은 반복해서 공부해야 탄탄하게 기초를 쌓을 수 있습니다. 그런데 대충 이해했다고, 여러 번 보기 지루하니까 다른 교재를 찾곤 합니다. 그보다는 한 권을 다양한 방법으로 여러 번 보는 것이 더 효과적이지만, 이렇게 얘기하는 사람들은 별로 없습니다.

예전에는 책이 많지 않았기 때문에 한 권의 책을 갖고 다양한 방식으로 공부하면서 부족한 부분은 자신이 메워갔습니다. 그런데 요즘에는 그런 부족한 부분을 다른 교재에서 보충하려다 보니 자기 것으로 소화시키지 못하는 것입니다. 쉬운 문제는 잘 푸는데 조금만 변형시켜도 모른다고 포기하는 것은 심화 공부를 하지 않아서 그런 것이 아닙니다. 쉬운 문제를 풀면서 응용력을 기를 정도로 자기 것으로 소화시키지 못해서 그런 것이지요. 다시 말하면 기초가 충실하지 않은 것입니다. 그런데도 응용문제만 풀려고 하니까 기초를 통해 심화로 나아가지 못하고, 기초와 심화가 분리되는 현상을 빚고 있습니다. 이렇게 분리되어 버리면 나중에 기초를 공부하거나 문제를 많이 푼다고 해도 실력이 오르기 힘듭니다.

chapter 5
요즘 아이들의 다양한 공부 전략들

요즘 아이들은 어떻게 공부하고 있을까요? 아무리 아무 생각 없이 시키는 대로 공부한다고 해도 나름대로, 아니 유행대로, 어떤 방향이나 방법 또는 전략이 있다고 인정해야 합니다. 본인이 의식하지 않아도, 또 부모가 특별히 전략이란 말을 사용하지 않아도 결국은 가장 효율적이거나 편리한 것을 선택했다고 보아야 하니까요.

물론 아이가 공부하는 방법을 자각하거나 또는 부모가 이를 구별하는 경우는 드뭅니다. 주변을 보면 대부분 비슷한 방법으로 공부하는 것처럼 보입니다. 그런데 겉보기엔 비슷한 것 같아도 속으로 갖고 있는, 당연히 전제하고 있는 것들은 저마다 다릅니다.

아이가 열심히 공부하고 성적이 어느 정도 상위권일 때는 대체로 비슷합니다. 과외나 학원을 다니면서도 혼자 공부하는 시간을 확보하고, 또 할 때는 열심히 하고 나름대로 계획도 세웁니다. 시험 전에는 평소보다 더 공부하고 공부 방법을 조금씩 바꾸기도 합니다.

하지만 성적이 주춤거리거나 떨어지고 있을 때는 아이의 대응이 다르고 부모의 반응이 달라집니다. 아이는 컴퓨터나 친구 등 핑계거리를 만들어 성적을 무시하는 행동을 하기도 하고, 운동이나 다른 영역에서 자존심을 확보하려고 노력하기도 합니다. 부모 역시 기다리기도 하고, 더 압박을 가하기도 하고, 새로운 환경을 준비하거나 기초를 점검하는 기회를 만들어주는 경우도 있습니다.

이렇게 성적이 떨어지고 있을 때의 부모의 모습에서, 또는 이를 내면화한 아이의 행동에서 공부 전략을 엿볼 수 있습니다. 아마도 대다수 부모나 아이들은 시간과 분량을 최대화하려는 전략을 선호할 것입니다. 그래서 잠을 줄이고 문제집을 많이 풀게 합니다. 이와 달리 공부 의지를 강조해서 스스로 하도록 분위기를 조성하는 부모도 있고, 자기주도 학습 등 공부 방법 관련 책을 보면서 자녀에게 적합한 공부 방법을 찾으려고 애쓰는 부모도 있습니다. 드물게는 학습 능력을 기초로 보아 이를 뒷받침하면서 공부는 알아서 하라고 유도하는 경우도 있지요. 이런 다양한 공부 전략들을 하나씩 살펴봅시다.

시간 최대, 분량 최대의 전략

요즘 아이들에게 공부할 때 제일 힘든 것이 뭐냐고 물어보면 '집중이 안 된다', '잡념이 든다', '공상을 한다'고 말합니다. 그럴 때 어떻게 하냐고 다시 물어봅니다. 그러면 '의자에 그냥 앉아 있는다'고 하지요. '엉덩이 공부'로 버티는 것입니다. 성적을 올리기 위해 어떻게 할 것이냐고 물어보면 '열심히' 하겠다고 대답합니다. '뭘 어떻게 열심히 할 건데?' 하고 물어보면 그저 '열심히', 잠을 최대한 줄이고 책상 앞에 최대한 오래 앉아 있겠다고만 말합니다.

이 방법은 의지가 매우 강하거나 의욕이 있는 경우가 아니라면 효과를 보기 힘듭니다. 장기간 활용하면 지쳐서 무기력해지고 시간 대부분을 '멍 때리며' 보내기 때문입니다. 그럼에도 이런 방법을 고수하는 것은 아마도 공부 시간이나 공부 분량을 중시하기 때문일 것입니다. 아니, 이것만이 유일한 공부 방법이라고 생각하는 것이지요.

이른바 '고3 전략'이라고 이름 붙일 수 있는 이 방법은 시험 보기 하루나 이틀 전, 수능 시험 치르기 3~6개월 전에 활용할 방법입니다. 이제 더 이상 공부 방법을 바꾸거나 학습 능력을 높일 수 없다고 판단할 때 사용하는 마지막 수단입니다. 문제는 고3도 안 된 학생들이, 그것도 평소의 공부에 이런 방법을 적용한다는 데 있습니다.

물론 초등 저학년 때는 이렇게 시간 투자를 늘리고 문제를 많이 풀면 성적이 오르기도 합니다. 공부할 분량도 많지 않고 또 공부 시간도 2~3시간이면 충분하니까 공부 전략으로 무리가 없는 듯합니다. 하지만 초등 고학년만 되어도 24시간 중 먹고 자고 하는 기본 시간 외에 학교·학원·과외 등 배우는 시간이 어느 정도를 차지하면 혼자 공부할 시간은 거의 남지 않습니다. 그런데 공부해야 할 분량은 점점 많아지고, 숙제는 많고, 시간에 쫓기게 됩니다.

기본적으로 시간을 늘리면 집중력은 떨어집니다. 30분 분량의 수학 문제를 세 시간에 걸쳐 풀고 있는 아이에게 "빨리 풀면 좋잖아?" 했더니 아이가 저를 이상하게 쳐다봅니다. 빨리 푼다고 놀 수 있는 상황이 아닌데, 다른 공부를 더 해야 하는 상황인데, 공부 시간에 하고 싶은 것을 다 하면서 문제를 푸는 것은 너무나도 당연한 일입니다. 공부 시간은 길지만 공부의 질은 떨어집니다.

공부 습관을 중시하는 사람들은 아이들이 책상 앞에 오래 앉아 있고, 의자에서 일어나지 않기를 요구합니다. 그렇지만 요즘 아이들은 오래 버틴다고 해서 공부하기로 마음먹지 않습니다. 공부를 하다 보면 저절로 흥미를 느끼게 될 것이라고 기대할 수도 없습니다. 스마트폰 등 영상·디지털 매체가 너무나도 재미있기 때문이지요. 아이들의 주변 환경을 보면 공부를 열심히 해야 할 절박한 이유도 없고, 성적이 올라간다고 미래가 달라질 것이라는 기대도 없습니다.

말콤 글래드웰은 《아웃라이어》에서, 성공하기 위해서는 1만 시간의 노력이 필요하다고 합니다. 이것은 자발적이건 강요에 의해서 건, 집중해서 노력하는 시간만을 말하는 것이지요. 그러니 공부 시간이나 분량보다는 노력하는 모습이나 집중력을 갖추는 것이 먼저입니다.

선행 학습, 할 수만 있다면 좋은 건가?

요즘 선행 학습은 대세가 아니라 기본으로 자리 잡았습니다. 학교에서도 아이들이 선행 학습을 했다고 간주하고 그 다음부터 수업한다고 합니다. 유럽에서는 집에서 선행 학습한 학생을 월반시키겠다고 혼내는 것과 정반대입니다. 학원이나 집에서 선행 학습할 것을 학교에서도 부추기는 모양입니다.

초등 5~6학년이면 중등 과정을, 중등 2~3학년이면 고등 과정을 다 마칩니다. 특히 수학과 영어를 미리 공부하는 것이지요. 고등학교에 입학할 때 이미 고등 수학을 2~3번 정복했다고 말하는 아이들이 많습니다. 영어 역시 고1 때 이미 수능 문제를 풀면 1~2등급이 나온다고 자랑합니다.

하지만 상당수의 아이들이 그 수준에서 멈춥니다. 고2~3을 거치면서 실력이 올라갈 것이라 예상하지만 그렇지 않습니다. 재수생이나 삼수생들이 고3 실력에 도달하지 못하는 것과 마찬가지입니다. 뇌 구조상 어른들이 새로운 것을 습득하지 못하고 더욱 능력을 높이지 못하는 것과 같은 현상입니다. 선행 학습을 한 아이들은 이렇게 고착되는 현상이 빨리 도래한 것입니다. 먼저 기초를 정복하고 이제 실력을 높이길 기대하는데, 많은 아이들이 정복할 때의 그 수준에서 벗어나지 못하고 있습니다.

선행 학습에는 성적보다 중요한 문제들이 많습니다. 미리 공부하기 때문에 학교에서 공부하는 것을 소홀히 합니다. 내신 시험은 수업 시간에 열심히 듣고 표시하면 공부하기가 어렵지 않은데, 학교 수업을 소홀히 하니 내신도 따로 공부해야 합니다. 수능과 내신을 동시에 하려니 힘이 들지요.

또 선행 학습을 할 때도 설명을 집중해서 듣지 않습니다. 집중하지 않으니 이해하지 못하는 것인데도, 원래 선행은 어려우니까 이해하지 못하는 것이 당연하다고 생각합니다. 이해하고 기억하려고 애쓰지 않습니다. 나중에 학교 수업 시간에 기억하면 된다고 미뤄놓습니다.

선행 학습은 대부분 학원이나 교사에 의존합니다. 예습·복습이나 자기주도 학습은 스스로 할 수 있지만, 선행 학습은 당연히 혼자서는 못한다고 인정합니다. 혼자 계획을 세우고 설명을 읽고 문제를 풀려고 하지 않습니다. 교사가 주도하는 대로 수동적으로 공부합니다. 그래서 성적이 좋아도 성취감은 생기지 않습니다. 공부에 흥미를 가질 수 없습니다. 스스로 깨친 내용이 거의 없으니까요.

이런 분위기에서 아이들은 생각하지 않습니다. 사고력이 생길 수 없지요. 집중하지도 않고, 이해하려고 애쓰지도 않고, 스스로 공부하려고 하지 않는 상태에서는 사고력이 성장하지 않습니다. 성적만 높이면 되니까 사고력이 중요하지 않다고 생각할 수도 있지만, 성적을 효율적으로 높이기 위해서라도 사고력은 중요합니다. 아이들은 시험공부만 하는 것이 아니라 친구관계도 신경 써야 하고, 사회 진출에 대비도 해야 합니다. 짧은 시간에 효율적으로 공부해야 성적 외의 일에 신경 쓸 에너지가 남습니다.

선행 학습 형태로 의존해서 공부를 하고 그 결과 성적이 좋은 상태로 사회에 나가면, 그 수준에서 다른 사람에 비해 경쟁력이 떨어집니다. 상위권에 오를수록 스스로 계획하고 실천할 줄 알아야 하고, 생각하는 힘이 강해야 합니다.

최신 정보만이 살 길인가?

공부에서 정보를 중시하는 입장은 예전처럼 입시 정보 차원에서만은 아닙니다. 학교 시험에 대비해 기출문제 형태의 정보를 중시하고, 그래서 주로 유형 공부를 합니다. 그러니 아이들이 공부하는 것도 체계적인 지식이 아니라 분절된 정보에 가깝습니다.

최신 정보를 중시하는 사람들은 수능이나 논술에서 대학의 특성이 무엇인가를 밝히는 차원을 넘어섰습니다. 학교 교사의 성향을 파악해 수행 점수에 대비합니다. 또 수시나 입학사정관제를 대비해 부모가 학교 행사에 적극 참여합니다. 아이들의 학교 활동을 지원하기 위한 것입니다. 아이 생활 전반에 걸쳐 있습니다. 상당히 광범위하지요.

대체로 성적이 상위권이거나 임원 활동을 하는 아이들의 부모는 나름대로 모임을 만들어 정보 교환에 열심입니다. 여기에 대학이나 학원의 입시 담당자들이 미래의 입시 정보를 흘리고, 교육 관료들이 미래의 정책 변화를 예측하기 위해 여론을 떠보고, 학부모들은 여론에 영향을 미치려 노력하면서 그런 비밀 정보 획득에 많은 투자를 하는 악순환을 겪고 있습니다.

여기에 학교의 과목별·교사별 기출문제를 체계화하면서 출제자의 설명보다는 기출문제를 분석하는 학원 강사를 선호합니다. 벽보에 무슨 학교 기출문제를 산다는 광고가 간혹 보이는데 인터넷에서는 더 흔한 편이지요. 그래서 혼자 공부하는 아이들은 기출문제에 익숙한 아이들보다 성적이 잘 나오기가 어렵습니다.

지식 기반 사회 또는 정보화 사회라는 말에서 보듯이 지식과 정보를 혼용하는 현실에서, 아이들은 체계적이고 유기적인 지식을 갖기보다는 분절되고 연관이 없는 정보를 갖고 있습니다. 이를 고치기 위해 통합 교과 등의 문제를 낸다고 하지만, 대학이나 정부에서 제시하는 이런 제안은 거의 기출문제 유형 분석으로 접근하는 학원 등의 해결책을 이겨내지 못합니다.

그래서 아이들이 아는 것이 많고 시험 점수가 높고 머리가 좋은 듯해도 급변하는 사회에서 잘 적응할 수 있을지 걱정됩니다. 예상치 못한 문제에 당황하고, 자신이 아는 지식에도 반론을 펴지 못하고, 자신의 지식이 어떤 맥락에 속하는지, 어떤 전제를 품고 있는지 거의 생각조차 못합니다. 이런 방식으로 성장한 전문가는 큰 조직의 톱니바퀴 역할에 적절합니다. 하지만 운이 안 좋아 조직에서 밀리면 혼자서 자립하지 못합니다.

더구나 사회의 지도층을 염두에 둔 아이들에게도 같은 교육을 시키고, 심지어 영재·과학 학교에서도 이러하니 우리 국가의 미래가 심히 우려됩니다. 이렇게 창의력이 없는 아이들이 지도자가 된다면 국가의 바람직한 모습을 기대하기 어렵습니다.

영재인가, '인적 자원'인가?

우리나라에서 영재교육을 받는 학생들은 얼마나 될까요? 영재 전문 기관 말고도 대학교나 일반 학교, 교육청의 영재 교실, 또는 영재 학원에 다니는 학생들은 아마 3퍼센트가 훨씬 넘을 것입니다. 그리고 이들은 소수를 제외하고는 선행 학습을 하는 모양입니다. 공부가 아닌 예체능의 경우에도 기초보다는 기술에 치중하는 듯합니다.

영재교육이 아니어도 어릴 때 강하게 학습을 시키는 아이들이 많습니다. 운 좋게 학교생활을 잘하는 아이도 있지만 상당수 아이들이 중도에 탈락합니다. 심지어 초등학생들도 특유의 생동감이 없고 무기력한 모습을 보이는 아이는 대체로 어릴 때 심한 학습에 기가 꺾인 아이들입니다. 고급 어휘를 잘 쓰면서도 쉬운 낱말을 엉뚱하게 쓰기도 합니다. 배우는 것에 호기심이 없습니다.

영재는 특정 분야의 뛰어난 재능 때문에 다른 분야는 상대적으로 부족한 경우가 많습니다. 이를테면 수리에 뛰어난 아이들은 인간관계에 미숙한 모습을 보입니다. 다른 분야가 보통 아이들 수준이라도 자신의 뛰어난 분야에 비교하면 매우 부족할 것입니다. 그래서 항상 불균형이 문제가 됩니다.

대체로 영재는 문제에 접근하는 시각이나 문제를 풀어가는 방식이 저마다 독특할 가능성이 높습니다. 그렇기 때문에 저마다 다른 형태로 수업을 진행해야 합니다. 우리가 아는 대표적인 인물인 뉴턴이나 아인슈타인은 그렇게 배웠지요. 영재 교육기관은 일반 학교에 비해 상대적으로 아이들에게 주도권을 주고 다양성을 허용하긴 하지만, 아이들의 재능에 비해서는 매우 부족합니다. 아이 한 명씩 가르치는 것이 아닌 이상 결국 심화나 선행 형태로 가르치게 되지요.

공부에서 또는 삶에서 불균형 성장을 겪는 아이들에게 특정 영역만 집중해서 가르치는 것은 많은 문제를 낳습니다. 같은 분야에서 영재교육을 받더라도 다른 영역에서 능력이나 나이가 크게 차이나는 사람들과 친해지기는 쉽지 않습니다. 이들은 부모의 손에 이끌려 주변 사람들과 경쟁적인 삶을 살아야 합니다. 심리적인 발달 단계를 친구들과 함께 거치지 않아서, 또 비슷한 또래와 친구관계를 맺지 못해서, 나중에 살아가면서 생기는 문제에 대응하지 못합니다.

영재교육은 일단 국가의 필요성 때문에 생긴 것입니다. 국가도 개인과 마찬가지로 경쟁을 합니다. 국가도 살아남아야 하고 발전해야 합니다. 경제 영역은 기업이 주도한다고 해도, 기초 과학기술 등은 국가가 적극적으로 책임져야 합니다. 특정 영역에서 뛰어난 아이라면 국가가 개인의 일생을 책임지고 그 영역만 계발하도록 요구합니다. 그리고 그런 '인적 자원'을 국가가 관리하는 것입니다. 이것이 영재교육의 핵심입니다.

운이 좋으면 부와 명예가 따라올 것입니다. 하지만 그렇지 않다면 불균형 때문에 삶이나 심지어는 가족관계도 불행해질 수 있습니다. 뛰어난 사람이 일상에서 미숙한 모습을 보면 주변 사람들은 매우 불편합니다. 그렇기 때문에 가까운 사람이 보이지 않게 뒷받침해주지 않는다면 영재 아이들은 삶에서 자립할 수 없는 자신의 모습에 절망하기 쉽습니다.

천성적으로 그런 불균형을 가진 아이가 국가의 '인적 자원'으로 포섭되는 것에 반대할 수만은 없습니다. 하지만 그런 영재인지 아닌지 분명치도 않은 수준의 아이에게 그런 영재교육을 시키는 까닭을 도무지 이해할 수 없습니다. 저는 제 아이가 '인적 자원'이 되기를 바라지 않습니다. '인적 자원'은 결코 '물적 자원'을 이길 수 없고, 기본적으로 '인적 자원'은 자립할 수가 없습니다.

동기 부여는 가능할까?

공부하는 데 가장 중요하고 영향이 큰 것은 바로 의지입니다. 아무리 공부 방법이 훌륭하고 학습 능력이 뛰어나도, 의지가 없다면 성적으로 드러나지 않겠지요. 그리고 아무리 많은 시간을 들여 공부하고 평소에 집중력이 뛰어나다고 해도, 공부하려는 의지, 성적을 높이려는 의지, 경쟁에서 이기려는 의지가 없다면 노력만큼 결과가 좋지 않을 것입니다.

그런데 의지는 가르치기가 어렵습니다. 부모나 교사가 이를 강제할 수도, 분위기를 띄울 수도 없습니다. 그렇다고 저절로 생기기를 기다릴 수도 없습니다.

일단 아이들에게 상당한 정도의 의지가 있다고 전제하고 이것저것을 요구하는 것부터 문제라고 생각합니다. 많은 부모나 교사들이, 그리고 대부분의 학습 방법과 교재들이 아이들의 의지를 전제합니다. 그러면서 공부하는 것이 다 자기 자신을 위해서 하는 것 아니냐고, 결국은 공부할 수밖에 없을 것이라고 가정합니다.

하지만 저는 반대의 의지도 있다고 생각합니다. 즉 공부하지 않으려는 의지. 이를테면 자신과 대립되는 부모나 교사가 틀리다는 것을 입증하려고, 자신의 손해를 무릅쓰고 공부를 안 하려고 애를 쓰는 것 아닌가 의심해보기도 합니다.

아이들에게 공부하기 좋은 환경을 만들어주어도 아이들은 쉽사리 공부하려고 하지 않습니다. 대부분의 아이들에게 부모의 이혼이나 실직 등 감당하기 힘든 불행이 생기는 경우는 적을 것입니다. 예전에 비해 비교적 풍요로운 환경에서 먹고사는 문제가 쉽게 해결되고 놀이도 컴퓨터 형태로 값싸게 이루어지기 때문에, 지금의 모습에서 벗어나 사회적으로 상승하거나 잘살고 싶은 욕구가 강하지 않을 수도 있습니다.

아니면 어릴 때부터 너무 서열화되어 있어서, 부족하고 억울하더라도 상승할 수 없다고 미리 쉽게 포기했는지도 모릅니다. 텔레비전 프로그램에서 빈부 격차가 크게 노출되고 어릴 때부터 학교에서 차별을 경험했기 때문에, 부자를 원하지만 이를 위해 노력한다거나 계획을 세우는 것은 생각조차 하지 않는 걸까요?

공부하는 데 의지를 강조하는 것은 요즘 아이들에게 맞지 않습니다. 왜 노력하지 않느냐고, 마음먹으면 못할 것이 없다고 아무리 위인전을 통해 모델을 보여주어도, 부러워하기만 할 뿐 자신이 따라하기에는 환경과 조건이 다르다고 말합니다. 실제로 강한 의지로 성적이 좋은 아이들도 어떤 계기로 인해 그런 위치를 쉽게 포기하거나 흔들리는 모습을 많이 봤습니다. 어쩌면 노력과 의지로 좋은 위치를 차지한 것이 아니라, 그런 위치에 있기 때문에 노력과 의지가 강한 것처럼 보이는 것일 수도 있습니다.

최선의 공부 방법은?

부모나 아이들은 다른 친구들과 공부하는 방법이 거의 비슷하다고 생각합니다. 그래서 어느 학원에 다니는지, 가르치는 선생은 어떤지 묻고, 시험이나 수능과 관련된 정보를 수집하는 데 힘을 기울입니다. 반면 친구들이 어떻게 공부하는지, 어떻게 스트레스를 푸는지, 집중이 안 될 때는 어떻게 해결하는지에 대해서는 관심이 없습니다.

하지만 똑같이 시험공부를 2주일 한다고 해도, 한 과목당 이틀씩 배당하는 공부 방법과 매일 3~5과목을 공부하는 방법은 다릅니다. 집중이 되건 안 되건 악착같이 책상에 앉아 정해진 분량을 채우는 공부 방법과, 15분 집중하고 5분 일어나서 공부한 것을 되뇌고 잠깐 쉬면서 다시 15분 집중하는 방법은 크게 다릅니다. 50점 정도 맞을 수 있는 어려운 문제를 풀면서 모르면 교사에게 설명 들으면 된다고 생각하는 공부 방법과, 80~90점 맞을 문제를 풀면서 틀린 문제를 다음날 또는 다음주에 다시 풀어보겠다고 마음먹는 방법은 같지 않습니다.

기초 학력, 기본 지식, 공부 시간 등을 바꾸기 어려운 상황이라면, 성적을 올릴 수 있는 요인은 공부 방법밖에 없습니다. 《시험지존》을 쓴 송재열은 자신에게 딱 맞는 공부 방법으로 바꾸었더니 삼수 마지막 4개월 만에 수능 점수 70점을 올렸다고 하지요.

그러면 아이들이 공부할 분량은 많고 시간은 부족하니까 부모나 교사가 아이에게 가장 적합한 공부 방법을 찾아주면 되겠지 하고 생각할 수 있습니다. 그래서 성격이나 적성 검사도 하고, 서울대학교에 입학한 학생들이 쓴 책을 요약해서 건네주기도 하고, 부모가 효과를 본 학습 방법을 아이에게 강제하기도 합니다.

하지만 아이의 현재 모습이 계속 달라지고 목표도 끊임없이 달라지기 때문에 공부 방법도 따라서 계속 달라져야 하지 않을까요? '오답 노트'는 최상위권 아이들에게 적합할 것이고, '예·복습 중시 방법'은 성실한 아이 중에서도 성적이나 학습 능력이 교사들의 강의 수준과 비슷할 때 적합할 것입니다. 또 평균 80점 맞는 아이가 85점 목표일 때와 95점 목표일 때 공부하는 방법도 달라야 할 것입니다. 더구나 3개월 만에 목표에 도달하려고 할 때와 3년 정도에 걸쳐 목표에 도달하려고 할 때에도 달라야 할 것입니다.

요즘은 상위권 학생들도 불안해합니다. 성적이나 점수는 상대평가이므로 다른 사람에 의해 영향 받기 때문이지요. 하지만 자신에게 알맞은 공부 방법을 찾은 경험이 있거나 찾을 수 있다는 자신감이 있다면, 성적이 낮아도 불안해하지 않고 자기 방식대로 열심히 공부할 것입니다.

적합한 공부 방법은 본인이 스스로 찾아야 합니다. 시행착오를 두려워하지 말고, 오히려 많은 연습을 거쳐야 하지요.

자기주도 학습은 누가 주도하는가?

학부모나 교사 대부분은 아이들에게 자기주도 학습법을 가르치는 것이 매우 유익하다고 생각합니다. 아이들은 공부를 지식 습득으로만 알고 있는데, 습득하는 방법 자체를 배우고 이를 자신의 조건·성향에 맞게 적용한다면 효과가 클 것입니다.

많은 전문가들이 다양하게 자기주도 학습법을 강연하고 연수 기회를 제공하므로 한마디로 그 특징을 요약하기는 어렵지만, 대체로 '학습에 대한 동기 부여', '자존감 향상' 등을 통해 시간 계획 같은 '자기 관리' 방법을 알려주는 듯합니다. 그리고 이런 프로그램들은 학교나 부모를 통해 유도하고 지원·통제하는 것이 바람직하다고 알려져 있습니다.

자기주도 학습법의 목표는 이렇겠지요.

"학원·과외 등 사교육 도움 없이 학교 공부를 바탕으로 스스로 계획해서 공부하고 명문 대학에 진학한다."

그렇지만 이해되지 않는 의문들이 있습니다. 학습지를 활용하거나 부모가 통제하는 '스스로 공부법'은 어떻게 보아야 할까요? 연구소나 학원 등에서 가르치는 공부법은? 그 프로그램을 그대로 따라하는 것도 자기주도 학습일까요? 이런 식으로 잘하는 아이들은 그 전에 뭔가가 준비되어 있는 것은 아닐까요?

더구나 자기주도 학습 교육이 강제로, 일률적으로 이루어진다면 또 다른 부작용을 낳지 않을까 염려됩니다. 아이들이 왜 공부해야 하는지 동기 부여도 필요하지만, 이를 적용하는 데 시행착오도 겪을 것이고, 단기 효과보다는 장기 효과에 중점을 두어야 하고, 계획성보다 융통성이 큰 아이들에게는 적절한 변형이 필요할 텐데⋯⋯ 걱정이 많지요.

저는 요즘 아이들을 다르게 바라봅니다. 부모나 교사들은 아이들이 노력하지 않았다고, 제대로 공부하지 않았다고 지적하지만, 아이들은 대부분 노력한 것만큼 성적이 나오지 않는다고 불평하고 포기합니다. 아이들을 믿는다면 발상의 전환이 필요한 것은 아닐까요?

즉 능력은 있는데 동기가 없거나 자기 관리를 못해서 공부를 안 하는 것이 아니라, 능력이 부족해서 못하는 것은 아닐까요? 초등학생의 경우 공부를 조금만 해도 성적이 올라가는 경우가 많지만, 중학생만 되어도 학원이나 과외 등의 시험공부만으로 성적이 올라가진 않지요. '스스로' '평소' '기초' 공부가 뒷받침되어야 하고, 이를 위해서는 학습 능력이 바탕에 깔려 있어야 합니다.

그러니 자기주도 학습을 잘하기 위해서는 학습 능력이 선결되어야 하는 것이 아닐까요? 그리고 학습 능력에는 독서 경험과 독서 능력이 필수입니다. 독서 형태의 책읽기는 교재 선택의 폭이 넓고 활동이 다양할 수 있어서, 시험으로 평가받는 교과서 공부보다 학습 능력을 키우는 데 유리합니다.

학습 능력, 어떻게 키우나?
: 기억력, 사고력, 독해력

"성적을 높이기 위해 당일치기, 벼락치기를 안 해본 아이들은 없을 거예요. 실력이 부족해도 강하게 집중하면 시험 볼 때 거의 기억이 나서 성적이 올라가지요. 하지만 우리도 불안합니다. 시험이 끝나면 거의 기억이 나지 않아요. 다시 또 공부하려면 시험 범위는 많아지고 수준은 높아지고. 물론 어른들은, 그러니까 평소에 공부하라고 말합니다.

하지만 평소에도 숙제에 치여서 날짜 가는 줄 모르다가 어느새 시험이 닥치고 다시 벼락치기……."(고2, 이○○)

성적을 높이거나 지식을 쌓는 공부와, 학습 능력을 높이는 공부는 다릅니다. 기억력 50퍼센트인 아이도 영어 단어 외우고 사회 문제 풀면서 시험공부를 열심히 할 수 있습니다. 그렇지만 기억력을 50퍼센트에서 80퍼센트로 높이려면 뭔가 다르게 해야 하지 않을까요?

축구 선수를 보면 실전 형태의 연습도 하지만 패스, 슛, 드리블 등 부분 연습이나 달리기 등 기초 체력을 기르는 데 많은 노력을 투자합니다. 그런데 공부에서도 이렇게 기초 학력, 기본 능력을 쌓지도 않고 시험 보듯이 문제만 풀라고 하니 아이들은 무척이나 힘이 들 것입니다. 예체능에서 기초를 쌓고 기본을 익히는 것처럼 공부에서도 이런 기초나 기본을 익히는 것이 필요하지 않을까요?

기초를 익히는 데는 독서가 가장 적합하고 용이합니다. 설명문 형태의 교과서보다는 이야기 형태의 동화 등을 집중해서 읽고, 또 재미있는 책을 반복해서 읽는다면 기초 능력이 높아지지요.

기억력

"우리는 무조건 암기하면 안 된다고 들었어요. 이해부터 먼저 해야 한다고. 그래서 우리는 기억은 못해도 이해는 잘하게 되고, 또 이해하는 것도 엄청나게 많습니다. 어쩌면 급변하는 시대에 적응하려면 새로운 내용을 빠르게 이해하는 것이 유리하겠지요. 그렇지만 우리는 정확하게 아는 것이 많지 않습니다. 그나마 아는 것도 지식보다는 정보에 가깝지요. 아는 것을 표현하려고 하면 자꾸만 머뭇거리게 됩니다. 며칠 전 감명 깊게 읽은 책 이름도 기억나지 않고, 어디서 들은 이야기를 전달할 때도 왜곡되는 경우가 많습니다."(고1, 박○○)

장편소설이나 두꺼운 책을 읽을 때 앞의 내용을 기억하지 못하면 읽기가 힘이 듭니다. 앞의 내용을 기억해야 뒤의 내용을 제대로 이해할 수 있고, 전체 맥락 속에서 세부 내용을 파악해야 저자의 의도를 이해할 수 있으니까요. 이해하기 위해서는 기억이 필요한 것이지요.

어쩌면 이해를 못해도 기억하는 것이 중요할 수 있습니다. 새로운 분야의 책은 읽으면서 온전히 이해하기가 힘듭니다. 처음 읽으면서 잘 모르는 것은 다른 경험이나 책과 견주어보면서 이해해야 하는데, 그렇게 하려면 모르는 것도 모르는 채로 기억해야 하지 않을까요? 그래서 '아는 것을 안다고 하고 모르는 것을 모른다고 하는 것이 진정 아는 것'이 아닐까요?

기억력을 높이려면 기억 자체를 점검해야 합니다. 교과서는 논리적으로 구성되어 있는 반면 동화는 시간적으로 구성되어 있어 전체를 기억하기 좋습니다. 동화를 집중해서 여러 번 읽고 이를 발표시켜보면 아이가 기억을 어떻게 하는지 점검할 수 있습니다. 정확하고 자세하게 기억하도록 노력합니다. 기억력을 높이기 위해서는 읽는 책의 수준을 낮추고, 눈으로 읽거나 소리 내어 읽으면서 그 차이를 점검해봅니다.

사고력

"우리는 책을 읽거나 강의를 들을 때 질문을 하지 말라는 분위기를 느낍니다. 일단 긍정적으로 사고를 하고, 먼저 그대로 받아들여야 된다는 것이지요. 그래도 질문을 하면 '공부 좀 하고 질문해라' 또는 '공부도 못하는 것들이 꼭 이상한 질문을 한다'고 핀잔받기도 합니다. 그래서 우리는 책을 읽을 때 아무 생각 없이 읽습니다. 그리고 '전문가들의 주장과 근거인데 내가 뭘……' 하면서 받아들이지요."(고1, 김○○)

아이들은 객관식·단답형 시험 문제 때문에 사고력을 중요하게 생각하지 않습니다. 그래서 자신이 질문을 하고 생각을 하면서 학습의 중심을 잡지 못하고, 수많은 지식들이 큰 가닥을 잃고 연관 없이 흩어져 있습니다. 더구나 공부 방법에 대한 자기 고민 없이 부모·교사·멘토가 맞춤 형식으로 가르친 대로 따르기를 요구하니까 결국 수동적으로 공부하는 버릇만 남게 됩니다. 그래서 다시 학원, 과외, 인터넷 강의 등에 의존하게 되지요.

사고력을 키우려면 우선 질문을 할 수 있어야 하는데, 이것을 허용하면서 가르치는 곳은 별로 없습니다. 이해한 다음에 비판하라거나 핵심 내용에 대해서만 질문하라고 하면 아무 생각도 하고 싶지 않겠지요. 핵심을 이해했다고 자신 있게 말하기도 힘든데, 공연히 질문을 해서 잘못 이해했다는 지적을 받고 싶지 않을 것입니다. 그래서 아이들은 질문을 던지는 힘을 잃어버린 것이지요.

어른들의 질문에 답을 쓰는 형태로는 사고력이 성장하지 않습니다. 정말 이상하거나 이해가 가지 않는 것에 대해 스스로 의문을 갖고 답할 때 비로소 고민하지 않을 수 없습니다. 힘들게 쓴 답에 다시 의문을 갖는 것은 무척 힘든 일입니다만, 이렇게 의문-답-의문 형태로 사고를 전개시켜야 사고력이 커질 수 있습니다.

독해력

"우리는 책을 참 빨리 읽습니다. 그리고 내용 파악을 잘합니다. 그런데 사실은 이미 학교나 가정에서 배운 가치를 대입하면서 짐짓 감동이나 깨달음을 흉내 내는 것이지요. 부모나 교사들이 그런 것을 원하고 있으니까요. 그런 가치에 의문을 던지면 이해를 못했다고 하거든요. 우리도 어려운 책을 읽고 싶지요. 하지만 무슨 뜻인지 모르겠고, 재미도 없습니다. 어쩌면 우리랑 거의 관련이 없는 것 같은데 읽으라고 하니, 결국 요점 정리한 것을 외워서 앵무새처럼 반복하는 것이지요. 그러니 이해력이 높아지지 않는 것은 당연할 것입니다." (고2, 최○○)

'이해'는 어떤 과정을 거쳐서 일어날까요? 한 번에 빨리 읽고 이해하기를 요구한다면 이미 알고 있는 것을 확인하는 것뿐입니다. 모르는 것을 다시 생각할 여유가 없으니 이해력이 높아질 리가 없지요. 더구나 남이 해설하거나 정리한 것을 이해했다고 해서 독해력이 올라가지는 않습니다. 독해력이 높아지지 않는다면 새로운 분야의 낯선 내용을 흡수할 수 없습니다.

독해력은 처음에 읽어가면서 모르던 것을 전체 맥락에서 파악할 때 성장합니다. 그렇다면 모르는 것도 모르는 채로 기억하면서 읽어야 하고, 또 무엇을 모르는지 분명하게 의문 형태로 생각할 수 있어야 합니다. 내가 이미 알고 있는 주제들 가운데 하나로 책 내용을 파악하고 결론을 내리는 것이 아니라, 그런 주제들이 인물이나 상황, 맥락에 따라 어떻게 의미가 달라지는지 고민하고 다시 생각해야 하지 않을까요?

이를테면 이문열의 《우리들의 일그러진 영웅》을 읽은 고등학생 중에는 엄석대를 문제아라기보다는 희생양으로 해석하기도 합니다. 이때 독해가 틀렸다고 판단하기 전에 어떤 근거로 그렇게 해석하는지 쓰게 합니다. 그래서 커닝이 학교에서 쫓겨날 정도의 잘못은 아니라거나 교사의 매질은 어떤 이유로든 인정할 수 없다는 근거를 든다면 독해 능력을 인정할 필요가 있습니다. 또 한국에서 네덜란드로 입양된 아이를 묘사한 동화 《집으로 가는 길》(띠너꺼 헨드릭스 지음)은 네덜란드와 한국에서 다르게 이해할 것입니다. 이렇게 다양한 독해가 가능함을 인정해야 독해력이 성장할 수 있습니다.

Part 2
우리 아이의 12년 공부 계획

지금 당장 효과가 없더라도 장기적인 효과를 기대하고 실천하는 것이 필요합니다. 그러면 중고등 시절보다 초등 시절에, 성적보다는 학습 능력에, 공부보다는 공부할 수 있는 환경에 초점을 두어야 합니다.

chapter 6
12년의 마스터플랜을 짜라

부모가 아이들의 공부와 관련해 커다란 방향이나 주요 전략을 분명하게 설정하는 것은 좋습니다. 이를테면 아이를 특목고에 보내기 위해 어려서부터 준비한다거나, 내신을 위해 시험 때마다 시험공부 기간을 최대한 길게 잡는 부모도 있습니다. 하지만 한 가지 전략을 선택했다고 해도 초등학교부터 고등학교까지 아이들이 학교를 다니는 12년 동안 이를 어떻게 실천할 것인지 결정하는 것은 쉽지 않습니다. 무엇보다 아이들을 학년별로 획일적으로 가르치는 학교의 특수성을 고려해야 하고, 또 초등학교와 중고등학교의 환경이 크게 다른 점을 고려해야 하지요. 상황에 따라 작은 목표는 달라져야 합니다.

또한 아이들은 성장하면서 성적에 따라, 친구관계로 고민하면서, 심지어는 부모와의 관계가 바뀌면서 달라집니다. 이에 따라 아이들에게 강조할 초점도 달라져야 합니다. 특히 학교생활이 힘들 때는 부모의 전략을 약하게 요구해야 합니다. 이를테면 초등 저학년이나 중등 1학년, 고등 1학년은 상대적으르 학교생활이 힘들 때입니다. 중등 1학년이 제일 그러하지요. 신체적인 변화도 겪고, 학교생활도 달라지고, 친구관계도 달라질 때 부모가 성적이나 집중을 강하게 요구하면 심하게 반발할 가능성이 높습니다.

또 12년 학교생활에서 먼저 요구할 것과 나중에 요구할 것을 잘 선택해야 합니다. 12년 내내 꾸준히 성실히 공부하라거나 내신 성적이 잘 나오도록 요구하는 것은 아이의 성향을 감안하더라도 매우 힘들 것입니다. 그렇다고 아이를 믿고 내버려두었다가 결과가 만족스럽지 않으면 개입하겠다는 입장이나, 사춘기 이후에는 통제하기 힘드니까 그 전에 강하게 통제하겠다는 입장도 적절치 않을 것입니다.

지금 당장 효과가 없더라도 장기적인 효과를 기대하고 실천하는 것이 필요합니다. 그러면 중고등 시절보다 초등 시절에, 성적보다는 학습 능력에, 공부보다는 공부할 수 있는 환경에 초점을 두어야 합니다. 성적을 목표로 정하는 것도 학습 능력을 갖춘 다음에나 가능한 일이고, 또 꾸준히 성실히 공부하는 습관을 들이는 것도 부모-자녀의 관계나 친구관계가 안정적일 때어야 가능할 것입니다.

저는 사고력과 학습 능력을 중심으로 아이들이 공부하는 환경을 꾸몄습니다. 초등학생 때는 저녁 먹고 두 시간씩 집중해서 책을 읽게끔 강조했습니다. 주로 동화를 읽었고, 집중해서 읽도록 요구했습니다. 제가 아침에 책을 읽어주기도 했지요. 이런 읽기 능력을 바탕으로 중학교 때에는 공부 방법을 여러 가지로 바꾸도록 유도했지요. 이 과정에서 여러 시행착오도 겪었지만, 그래도 항상 집중력을 강조했고, 과목 평균보다는 특정 과목을 중심으로 강하게 공부하도록 했습니다. 긴 흐름을 읽으려고 애썼고, 결과보다는 아이 내면의 변화, 즉 성취감이나 자립심이 강해지는 것에 의미를 두려고 노력했습니다.

많은 부모들이 자녀와 같은 학년 친구의 부모들과 모임을 만들면서 서로 정보를 교환하지만, 자녀 학년이 3~5년 높은 부모를 만나면 그런 정보나 전략이 거의 소용없다는 얘기를 듣습니다. 즉 중학생의 부모를 만나면 초등 때 성적은 생각보다 중요하지 않다는 얘기를 듣습니다. 대신 좀 더 기본적인 것이나 독서 경험 같은 것이 필요하다고 하지요. 12년 학교생활을 몇 단계로 나누어 어떻게 대응할지 생각해봅시다.

유치원과 초등 저학년
: 부모의 가치를 분명히 하고 천천히 기다린다

유치원 또는 초등 저학년 때 가장 익숙한 풍경은 부모들이 숙제나 준비물 등 학교생활에 필요한 모든 것들을 열심히 챙겨주는 것입니다. 어린 나이에 챙길 것도 많고 공부할 것도 많다는 생각에 안쓰러워서 그러기도 하지만, 남들에게 뒤질세라 혹은 학교에서 불이익을 받을까 봐 그러기도 합니다.

실제로 부모가 볼 때 아이가 스스로 할 때까지 기다려주는 것은 비효율적으로 보입니다. 알림장에 쓴 것이 무엇을 뜻하는지도 모르는 아이부터, 알더라도 어떻게 준비해야 할지, 심지어는 준비하고서도 아침에 잊어버리는 아이까지, 옆에서 지켜만 보기가 답답할 것입니다.

하지만 이때 학교생활의 기본 관계가 성립됩니다. 학교에서 배우는 읽기·쓰기 등 기본 지식보다는 이런 관계가 더 중요합니다. 교사의 지시사항을 어겼을 때, 이를 몰랐을 때, 교사와 친구들과 부모들이 어떻게 반응을 보이고 나는 어떻게 대응해야 하는지 등을 하나씩 알아가는 것입니다.

즉 서둘러 시늉이라도 내지 않으면 혼날 수밖에 없다든가, 옆에서 도와주는 것을 무시하고 내 방식대로만 하면 평가를 낮게 받는다거나, 모른다고 버티면 한두 마디 잔소리를 들어도 쉽게 이룰 수 있어 편하다든가 등 자기 나름대로 세상살이를 해석합니다. 또 교사나 부모가 중요하게 생각하는 것이 준비물이나 성적 등 결과물인지, 활발하게 친구들과 어울리는 사교성인지, 애쓰고 노력하는 '능력'인지, 친구보다 잘한다고 칭찬듣기를 바라는 '우월감'인지, 어려움 없이 스스로 할 수 있는 모습이 보이길 바라는 '어른스러움'인지 등등 이렇게 저렇게 세상살이의 비밀을 간파하려고 애를 씁니다.

더구나 아이들 성향에 따라서는 학교라는 낯선 환경에서 엄청 헤매는 아이들이 있습니다. 이를테면 MBTI● 성격 검사의 N형(직관형)은 현실성이 떨어지기 때문에 학교의 규칙에 따르지 않거나 아예 무시하는 경우가 많습니다. 게다가 임상심리학자인 레너드 삭스는 《남자아이 여자아이》라는 책에서, 남자아이들의 청력이 약하기 때문에 부드럽고 나직하게 말하는 여교사의 말소리를 교실 뒤쪽에 앉아서는 거의 듣지 못한다고 합니다.

또 외동이나 첫째라서 부모가 잘 챙겨주거나 조부모가 있어서 그러하거나 하는 아이들도 힘들기는 마찬가지입니다. 20~30명이 책상 앞에 앉아 똑같은 방식으로 몇 시간씩 공부하는 것 자체가 아

● MBTI는 심리학자 융의 이론을 바탕으로 개발한 성격 검사입니다. 검사는 4가지 지표로 구분하는데, 주의 초점이 외향성(Extraversion)인가 내향성(Introversion)인가, 인식 기능이 감각형(Sensing)인가 직관형(iNtuition)인가, 판단 기능이 사고형(Thinking)인가 감정형(Feeling)인가, 생활 양식이 판단형(Judging)인가 인식형(Perceiving)인가로 구분합니다.

이들 입장에서는 도저히 이해할 수 없는 일일 것입니다.

어른들은 아이들이 어차피 겪어야 할 일이고 남들도 다 그러하다는 것, 세상에 경쟁은 불가피하다는 이유 등을 내세워 아이들이 마음과 행동으로 준비할 수 있는 기간을 기다려주지 않습니다. 시간이 아깝고 비효율적이라고 말입니다. 하지만 아이들에게 학교는 무척이나 낯선 곳입니다. 가족과도 다르고, 끊임없이 과제가 주어지고, 늘 평가를 받게 되고, 그래서 항상 친구들과 비교하고 우열을 따지게 되는 곳입니다.

초등 저학년은 숙제, 배려, 시간관념 등 부모가 중요하게 생각하는 가치를, 차근차근 기다리면서 요구하는 시기라고 생각합니다. 직접 경험이 부족한 요즘 아이들에게는 학교나 가족, 친구관계를 주로 다룬 동화를 보면서 자신이 처한 상황을 객관적으로 이해할 필요가 있습니다. 아마도 이해라기보다는 감 잡는 수준이겠지만요. 그래도 그런 현실 속에서 우리 부모가 남들과 달리 중요하게 생각하는 가치가 무엇인지를 몸으로 익히는 과정이 필요합니다.

이런 것들은 학습 이전의 문제입니다. 이것을 감안하지 않는다면 공부는커녕 학교에 적응하지 못할 것입니다. 이런 아이들 중 많은 아이들이 초등 1~3학년 때 이미 학교는 자기와 맞지 않는다고, 학교를 부정적으로 단정 짓고 거부하는 모습을 보이는 것은 안타까운 일입니다.

초등 중·고학년
: 성과를 빠르게 요구하지 않는다

그런데 많은 부모들이, 아이들이 초등 저학년 때는 준비물을 열심히 챙겨주고 물어보면 천천히 설명해주다가, 어느 순간 갑자기 혼자 알아서 하라고 합니다. 이제부터 공부를 해야 한다고, 학원에도 다니라고 하면서 1차 태도 변화를 보여줍니다. 현실적인 태도를 취하는 것이지요.

이것은 지금까지 아이들에게 개입했던 방식을 반성하면서 바뀌는 것입니다. 부모 자신의 성향이나 조건과 맞지 않아 그러기도 하지만, 자신의 가치가 너무 이상적이라는 판단으로 현실화한 것이기도 하지요. 아니면 '좋은 시절'은 다 지나갔으니 이제부터 공부하자면서 교육을 강행하기도 합니다. 특히 적응이 빠르거나 IQ가 높은 아이들한테는 선행 학습 또는 영재교육까지 시키곤 합니다.

부모가 왜 이렇게 변했는지 아이들은 이해하지 못합니다. 아이들은 부모 품에 있고 싶은데 부모는 빨리 자립하라고 내모는 형상입니다. 아이들은 자신이 뭔가 잘못한 것이 아닌가 추측할 것입니다. 대부분 아이들은 바탕이 부족하거나 기초가 없기 때문에, 학교에서 좋은 결과를 받아오라고 요구하면 시간이 지나면서 힘들어합니다. 특히 비현실적인 성향의 아이들은 초등학교 시험을 '감'으로 준비하고 우수한 성적을 받아오지만 속으로는 불안해합니다.

이 무렵 지식의 성격이 바뀝니다. 그전에는 글을 익히는 시기라서 자신의 경험을 언어로 표현했다고 하면, 이후부터는 언어로 표현된 것을 간접 경험으로 체험하는 단계입니다. 즉 자신이 경험하지 못한 내용을 공부하고, 심지어 자신이 겪는 문화와 다른 내용을 받아들여야 합니다. 지식의 가치 충돌이 일어나기 시작합니다.

자신의 경험을 넘어선 추상적인 지식을 이해하는 것은 어렵습니다. 그전에는 교과서 내용을 자신의 경험으로 추측해서 이해했다면, 이제는 분류·대조·연관이나 상위 개념을 통해서 이해해야 합니다. 따라서 학교에서 좋은 성과를 보이라는 부모의 요구는 아이들로서는 참으로 난감합니다. 아이들이 경험하기 힘든 추상적인 지식을 이해하는 것이 어렵기 때문입니다. 그런데도 남보다 높은 성과를 빠르게 요구하면 아이들은 가족관계에서 직접 경험으로 이해했던 과정을 반복합니다. 즉 집에서 부모의 표정이나 행동에서 그 숨은 뜻을 짐작한 것처럼 말입니다. 하지만 교사의 표정이나 행동을 보고 추론을 하면 시험 점수를 높일 수는 있어도 지식이 체계적으로 쌓이지 않습니다.

초등 고학년은 이해의 근거가 바뀌는 시기입니다. 자신의 경험으로 이해할 수 없는 지식도 받아들여야 합니다. 아이들은 이해는 못해도 상대적으로 기억은 엄청 잘합니다. 제대로 이해했는지 물어보면 엉뚱하게 대답하지만, 기억하라고 하면 모르는 낱말부터 문장, 이야기 전체를 막힘없이 말로 풀어가는 경우가 많습니다. 따라서 이때에는 내용을 전부 기억할 수 있을 만큼 여러 번 읽어서, 기억한 내용을 바탕으로 천천히 이해하도록 기다리는 것이 좋습니다.

부모가 아이들에게 학교 성적을 요구할 때도, 결과보다는 노력하는 모습에 초점을 두는 것이 좋습니다. 결과를 강조하고 이를 빠르게 요구하면 지식의 내용이 아니라 교사의 표정으로 성과를 높이려고 할 것입니다.

중1학년
: 아이들 세계에서 사회적 지위를 정할 때, 한 템포 늦춘다

중학교 1학년 시기는 아이들에게 가장 큰 변동기입니다. 주변 상황이 대부분 바뀝니다. 흔히 사춘기라고 하면서 누구나 겪는 과정이라고 의미를 축소하지만, 아이들은 사춘기라는 말을 싫어할 정도로 자기만의 변화를 강조합니다. 신체 변화뿐만 아니라 사고의 변화도 큽니다. 사춘기 이전에는 부모와의 관계를 바탕으로 세상에 대해 낙관적인 시각을 갖지만, 사춘기 전후로는 현실의 부정적 측면이 눈에 들어오기 시작합니다.

자신의 성적에 대해서도 그러합니다. 많은 아이들이 열심히 공부하면 성적이 오를 거라고 기대합니다. 적어도 한두 번 시험 결과가 나오기 전까지는 말입니다. 하지만 대부분의 아이들은 1학년 1

학기 때 성적이 기대만큼 나오지 않습니다. 스트레스를 가장 많이 받는 시기죠. 중학교 1학년 때부터 본격적으로 성적 경쟁에 들어가기 때문입니다. 요즘에는 6학년 이전부터 중학교 과정을 선행 학습 하면서, 또 중1 성적이 평생을 좌우한다는 주장이 유행을 타면서 이런 분위기는 더욱 강화되고 있습니다.

그래서 중1 첫 시험 중간고사에는 아이나 부모 모두 전력을 기울입니다. 미리 준비하는 것은 물론이고, 시험공부 기간을 최대로 잡고 열심히 공부하지요. 물론 아이가 갖고 있는 학습 능력을 바탕으로 부모가 계획을 세워주고 집행을 주도합니다. 이때는 아이들도 별 저항 없이 따릅니다. 첫 시험이 어떤 형태일지도 모르겠고, 또 자신이 없는 상태라 그러할 것입니다.

어쩌면 성적은 잘 받고 싶지만 시험을 어떻게 준비해야 할지 모르고, 자기 방식대로 공부할 여유가 없기 때문에 부모의 지도를 따르는지도 모릅니다. 중학교에 입학한 아이들은 학교에서 친구들과 새로운 관계를 맺느라 여력이 없습니다. 자살 문제에서 종종 드러나듯이, '짱'과 '왕따' 학생만 아니라 모든 아이들에게 서열이 매겨집니다. 그러니 자신의 욕심과 초등학교 때의 위치를 감안해 적합한 사회적 지위를 차지하려면 거의 모든 에너지를 쏟아 부어야 합니다. 공부나 시험에 집중할 수 없을 정도지요. 친구들의 대화나 몸짓, 유행과 소문에 거의 모든 신경이 곤두서 있습니다. 잠시라도 그 흐름에서 벗어나면 언제 왕따로 찍힐지 모르니까요.

물론 아이들 세계에서 성적은 중요한 변수입니다. 명품은 집안 배경을 말해주고, 원활한 사회관계는 어느 정도 천성을 반영합니다. 중1학년 아이들이 노력으로 이룰 수 있는 것은 성적 향상뿐입니다. 성적이 높으면 왕따를 당하지 않는다고도 합니다.

문제는 성적이 나온 다음부터지요. 성적이 기대만큼 나온 경우라면 그동안 공부했던 방법에 확신을 가지면서 계속 그런 방향으로 매진하겠지요. 그렇지만 이렇게 강도 높게 공부하고 준비하는 것을 매번 반복하면서 6년을 공부하는 것은 보통 어려운 일이 아닙니다. 아이는 뭔가 부모와 다른 생각을 갖게 됩니다.

또 성적이 기대에 약간 못 미쳐 나오는 경우, 부모나 아이 모두 안타깝게 생각하고 전열을 재정비합니다. 그렇지만 모든 전략·전술을 다 써먹었기 때문에 다른 대안이 없습니다. 그저 열심히 하는 수밖에 없지요.

또 성적이 형편없이 나오는 경우, 모두 속으로는 포기하면서도 겉으로는 열심히 하면 된다고 격려하고 다짐하는 모양을 취합니다. 하지만 역시 별다른 방법을 시도하지 못합니다. 그러다가 1학기 또는 1학년이 지나면서 서서히 자신의 성적 위치가 정해지고, 자신감을 잃게 되면서 무기력에 빠집니다. 난 열심히 해도 안 된다고, 속으로 인정합니다.

그렇기 때문에 1학기에는 부모가 적합한 전략을 세워주지 않는 것이 차라리 낫습니다. 왜냐하면 아이가 포기하려 할 때마다 새로운 공부 방법을 알려주면서 제안하는 것이 아이에게 힘이 될 것이기 때문입니다. 길게 보면, 성적이 높지만 정체된 아이보다 성적은 낮지만 오르는 아이가 더 자신감이 높습니다.

중학교 첫 시험에 강하려면 초등 5~6학년 때 열심히 공부한 경우입니다. 그것도 아이가 저항하지 않고 집중한 경우만이 그렇겠지요. 중학교 들어와서 두세 달 열심히 공부해서 성적을 올리는 것은 무리입니다. 더구나 학원에서 반복 학습을 하거나 기출문제를 많이 푼 아이가 아니라면 초기에 성적이 낮게 나올 가능성이 많습니다. 이때 결과를 놓고 아이를 혼내기보다는 초등학교 때 노력의 결과가 어떠한지, 아이의 기초 능력이 어느 정도인지를 확인하는 계기로 삼는 것이 더 중요합니다.

중2~3학년
: 사춘기를 거치면서 무기력에 빠지는 시기

중학교 2학년이 되면 아이들은 친구관계에서 짱이나 왕따 등 서열이 정해지고, 성적 분포를 서로 알면서 아이들 간의 '사회적 지위'가 정해집니다. 여기에는 재산이나 집안 배경, 교사와의 관계도 포함되겠지요. 그러면서 많은 아이들이 중1 시기의 의욕에 비해 무기력에 빠집니다. 자신이 노력한다고 사회적 지위가 바뀔 것 같지 않기 때문입니다.

이 무렵 사춘기를 거치면서 부모와 세상에 대한 불만을 터트립니다. 초등 시절에는 모든 것을 긍정적으로 생각했는데, 이제 부정적인 이면이 눈에 들어옵니다. 자신의 존재 기반이 흔들리고 정체성을 다시 정립해야 하는 과제에 직면합니다. 이때 정체성의 일부로서 성적이 오를 수 있는 가능성을 인정하기도 하고 부정하기도 합니다. 무기력한 상태라면 부정적인 쪽으로 기울기 쉽습니다.

그래서 남자아이들은 게임이나 축구 등에, 여자아이들은 친구나 외모 등에 빠지면서 성적 외의 다른 변화를 모색합니다. 특히 초등학교 때와 전혀 다른 사회적 지위를 경험한 아이들이 그러하겠지요. 초등학교 때는 상위권에 있던 아이가 중학교에 와서 성적이 중하위권으로 떨어지면, 공부에서 자꾸 멀어지려는 명분을 만들려고 합니다.

청소년기의 사회적 지위는 매우 중요합니다. 아이들은 친구 집단에서 주도적인 위치에 있기도 하고, 참모 역할을 하기도 하고, 아니면 존재감 없이 지내기도 합니다. 종교나 친인척, 동아리 등 친구 집단이 다양해서 그 성격에 따라 다른 위치를 갖고 있으면 좋을 것입니다. 그런데 요즘엔 비공식·공식 모임들이 사라지면서 아이들도 학교 집단에 비교할 만한 친구 집단을 갖고 있지 않습니다.

항상 비슷한 위치에서 청소년기를 보낸 아이들은 사회에 진출해서도 청소년기에 맡은 역할을 반복할 가능성이 많습니다. 따라서 학원이나 과외를 선택할 때, 또는 고등학교에 진학할 때, 그곳에서 성적이 하위권에 속할 것 같으면 이를 포기하는 것이 낫습니다. 부모 생각에는 꼴찌로 들어가더라도 거기서 열심히 노력하면 성적이나 친구관계도 달라질 수 있을 거라고 기대하지만, 생각만큼 쉽지 않습니다. 부모들은 중1 때와 비슷하게 학원이나 선생을 바꾸면 자극을 받을 것이라고 생각하지만, 중1 때의 열의가 사라지고 무기력한 상태에서는 오히려 노력하지 않을 것입니다.

성적이 오르면 사회적 지위도 달라질 가능성이 있고, 또 지위가 달라지면서 열심히 공부해 성적이 오를 수도 있습니다. 그렇지만 성적의 상한선은 기초 학습 능력에 따라 정해지기 때문에, 열심히 공부한다고 해서 성적이 계속 오르지는 않을 것입니다. 성적이 정체된다면 과감하게 일정 기간의 성적을 포기하고, 즉 시험공부 기간을 최소로 하고, 기초 공부나 학습 능력을 높이는 평소 공부에 중점을 두어야 할 것입니다.

또 중학생 때에는 혼자 공부하는 것보다 교사에게 배우는 것이 더 효율이 좋을 수도 있습니다. 그렇다고 해서 혼자 공부하는 힘을 키우지 않으면 고등학교 때 혼자 공부하지 못하기 때문에 시간이 부족할 경우가 많습니다. 교사는 기본적인 것이나 중요한 것을 알려줄 수는 있어도 내가 아는 것과 모르는 것을 정확히 모르기 때문에, 내가 아는 것을 반복하거나 내가 모르는 것을 건너뛰게 됩니다. 효율성이 떨어지지요.

특히 다소 비현실적인 성향의 아이들, 또는 초등학교 때와 비교해 놀랄 정도로 성적이 크게 차이나는 아이들의 경우는, 제도 교육이나 시험 형태가 요구하는 것이 아이들 성향과 크게 다르기 때문일 것입니다. 이럴 때 반복 연습하는 형태의 문제 풀이를 강조하면 아이의 사고력이나 특성이 무너지면서 장기적으로 악영향을 미칠 가능성이 높습니다.

이 시기에는 자기만의 공부 방법을 찾는 기간으로 정하는 것이 좋습니다. 공부 방법을 달리하면서 작은 변화에서 성취감을 느끼는 것입니다. 가능성을 찾는 것이지요. 무슨 과목을 스스로 하고 무슨 과목을 교사한테 의존할 것인지 여러 가지 시도를 합니다. 또 학교에서 무슨 과목·교사의 수업에 더 집중할 것인지, 학교와 학원, 도서관과 독서실과 집 등을 어떻게 배합해서 활용할 것인지 고민합니다.

평소의 공부와 시험공부를 어떻게 다르게 하면 좋을지도 따져 봅니다. 시험 일주일 전과 하루 전은 어떻게 다르게 공부할지, 한 시간 공부하고 쉴 것인지 20분 공부하고 쉴 것인지 등등 자기 성향이나 조건에 맞는 방법을 찾고자 해봅니다.

또 성적이 기대보다 낮게 나온다면 초등학교 과정의 공부를 짧은 시기에, 주로 방학을 이용해서 전체를 반복합니다. 초등 5~6학년 수학 문제를 다시 풀어보거나, 쉬운 동화를 읽고 기억력을 연습하면서 학습 능력을 높이는 것입니다. 90점을 넘기지 못해서 힘들어하는 중학생에게 이 방법을 권했지요. 여름방학 때 100쪽이 안 되는 얇은 동화 100권을 선정, 한 권당 세 번씩 읽게 했습니다. 성실하게 과제를 실천한 아이(구리중학교 정○○)는 방학이 끝난 후 성적이 90점을 넘기면서 공부에 자신감을 갖게 되었습니다.

이렇게 시행착오를 거치고 성적이 오르면서 자신감을 회복하고, 친구 집단에서 적절한 사회적 지위를 찾습니다. 이런 과정을 통해 자기 주변의 환경과 조건을 통제하면서 정체성을 만들어가는 것입니다.

고1~2학년
: 부모의 손을 뿌리치는 시기

고등학교에 올라가면 중학교 1학년 때의 과정을 짧게 반복하게 됩니다. 다시 사회적 지위를 정하는 것이지요. 그래도 특별히 크게 달라진 환경이 아니라면 커다란 긴장은 없을 것입니다. 대신 아이들이 독립하려는 욕구가 더 강해집니다. 결국 부모와의 갈등이 크게 드러납니다. 부모는 아이의 태도와 성적에 만족하지 않으면 더 강하게 통제하기 때문입니다.

아이는 점차 부모보다 힘이 강해지고 부모가 모르는 지식이 많아지는 것으로 우위에 있고 싶어 합니다. 부모는 점차 논리적인 설득을 시도하면서, 그런 지식보다는 예절이나 삶의 기본 태도를 강조합니다. 하지만 아이는 주변 환경 중에서 변화를 요구할 만한 상대는 결국 부모밖에 없다는 것을 알고 부모와 끊임없이 관계 변화를 시도합니다. 이 과정에서 대부분의 가정이 심리적인 갈등을 겪고, 실제로 그 여파는 아이들에게 크다고 봅니다. 그래서 저는 가능하면 이 시기의 아이들은 기숙사 학교에 보내는 것이 낫다고 생각하지요.

그런데 자녀가 부모를 인정하고 부부 사이가 좋다면 집에서 권위관계의 변화를 여러 가지로 경험해보는 것도 좋습니다. 아이들에게 부모, 특히 아빠는 최초의 권위 있는 인물입니다. 그리고 아이들은 학교에서, 사회에서 다른 권위 있는 인물을 만납니다. 그들에게 자신의 욕구나 소망을 표현할 줄 아는 아이와 그렇지 않은 아이는 삶에서 커다란 격차가 벌어집니다.

말콤 글래드웰은 《아웃라이어》에서, 이런 측면에서 극적인 두 인물을 비교한 바 있습니다. 오펜하이머와 랭건은 둘 다 어린 시절 뛰어난 능력을 갖고 있었습니다. 오펜하이머는 우울증과 정서불안 때문에 대학 시절 실험용 약품으로 지도교수를 독살하려는 잘못을 저지르기도 했지만, 20년이 지난 후에는 물리학자로서 핵무기 개발에 참여해 2차 세계대전을 종식시키는 데 기여했습니다. 이와 반대로 랭건은 천재를 위한 슈퍼 IQ 테스트에서 한 문제를 빼고 다 맞힌 천재 중의 천재였음에도, 오히려 건방지다는 소리를 들으면서 자신을 도와주고 이끌어줄 사람을 찾지 못해 결국 사회적으로 실패했지요. 오펜하이머는 자신의 재능을 지지하는 부모 밑에서 자라 능력을 마음껏 펼쳤고, 랭건은 자기 의견을 효과적으로 전달하는 방법을 배우지 못해 세상을 잘 헤쳐 나갈 수 없었던 것입니다.

이 시기에 부모는 아이들에게 권위를 관철시키기보다는 조정하고 협상하는 것이 좋습니다. 이런 조정과 협상의 경험이 없는 아이들은 사회에서 권위 있는 사람에게 요청하거나 거절하지 못하고, 면접시험에서 자신의 실력을 제대로 표출하지 못합니다. 그리고 스스로가 이런 관계 변화에 전혀 영향을 미칠 수 없다고 생각하면 개성이나 취향 쪽으로 빠집니다. 공부를 하지 않는 것 자체가 부모에게 저항하는 것이니까요.

아이들 입장에서 자신의 노력으로 부모가 바뀔 수 있다고 믿는다면 아이는 부모의 요구를 수용할 수 있습니다. 부모는 이때에도 곧바로 성적을 요구하기보다는, 열심히 공부해서 느끼는 성취감을 강조해야 합니다. 선행 학습이나 시험공부를 통해 성적이 오르지 않으면 무기력이나 개성으로 빠질 가능성이 높으니까, 독서 등을 통해 기초 학습 능력을 다지거나 중학교 과정을 복습하도록 요구합니다. 이런 것들은 혼자서 공부하는 것이 가능하기 때문에 성적보다는 계획을 짜고 실천하고 스스로 알아가는 과정으로 성취감을 맛볼 수 있습니다.

요즘은 성적이 좋은 아이들도 교과서를 읽으면서 공부하지 않습니다. 물론 너무 기본적인 내용은 시험에 나오지 않으니까 그런다고는 하지만, 제 생각에는 읽으면서 핵심을 붙잡는 읽기 능력이 부족하기 때문이라고 생각합니다. 공부를 해도 언어 영역이나 탐구 영역에서 점수가 안 나오고, 심지어 영어 단어를 거의 다 아는데도 1등급이 나오지 않는 것은, 열심히 안 했다기보다는 읽기 능력이 부족하기 때문입니다.

초등학교 때에는 머리, 눈치, 감만 믿고 버티고, 중학교 때에는 사춘기, 힘 겨루기, 유행 등을 따라다니느라 기초 능력이 부족한 아이들이 많습니다. 이제 고등학교에 올라와서 제대로 공부하겠다고 덤비면서 학원·과외를 여러 개 다니거나 선행 학습을 쫓아가는 형태로는 힘만 들고 성과가 나오기 힘듭니다. 특히 이런 아이들은 문제 풀이에 대부분의 시간을 투자하지만 노력만큼 성적이 오르지 않습니다.

그래서 저는 학습 능력이 어느 정도 갖춰질 때까지 여기에 초점을 두어야 한다고 생각합니다. 어쩌면 고2라도 말입니다. 단지 독서를 통해 학습 능력을 키우는 것이 불안하다면 교과서 공부를 하면서, 성적이 아니라 집중력이나 기억력에 초점을 두는 형태로 공부하는 것이지요. 수학 기초가 부족하다면 고1 겨울방학 때 중학교 1~3학년 수학을 다시 풀면서 기초를 튼튼히 세웁니다. 이때에는 어느 정도 이해하는 힘이 생기기 때문에 혼자서 공부하는 것이 가능합니다.

고3학년
: 손에서 책을 놓고도 공부하라

고3 때는 마지막 순간이므로 자신이 아는 모든 능력과 방법을 동원해서 최대한 시간을 공부에만 집중합니다. 그런데 불행히도 대부분의 학생들이 학습 능력은 낮고 공부 방법은 고민한 적이 없어서 혼자 공부하지 못합니다. 더군다나 공부 시간은 초등학생 때부터 최대한 사용했으므로 시간마저 더 늘릴 수가 없으니 성적이 오를 가능성은 거의 없습니다. 물론 대부분의 학생들이 그러하기 때문에, 조금만 열심히 해도 성적이 오르는 학생은 있습니다만.

이때는 부모들도 마지막까지 개입하기보다는 '고3병'을 앓는 것으로 인정해서, 사춘기 때보다 훨씬 많은 것을 허용한다고 합니다. 높은 스트레스로 인해 어디로 튈지 모르니까요. 하지만 아이들 입장에서는 더 의존해야 할 상황인데 참으로 난감합니다. 하긴 부모나 교사 누구에게도 의존할 수 없다고 생각해서 대중매체나 게임에 의존하는 아이들도 있습니다. 이럴 때는 삼촌이나 대학생 과외를 멘토 형태로 유지하는 것이 좋습니다.

어떻게 하든 고3은 공부를 합니다만, 가만히 들여다보면 열심히 하지는 못하는 것 같습니다. 이미 지쳤거나, 속으로 포기했거나 그런 모양입니다. 특히 고3 올라가는 겨울방학이나 고3 중간 여름방학 때, 어른들이 예상하는 것만큼 집중해서 공부하는 아이들이 많지 않은 듯합니다. 즉 1년간 강하게 집중하는 아이들이 요즘에는 거의 없을 것입니다.

또 이 시기에는 대부분의 아이들이 체력이 딸립니다. 그래도 어떤 모양으로든 공부는 해야 하고 그 결과에 직면해야 하기 때문에 심리적으로도 무척 취약합니다. 어른들은 믿기 어렵겠지만, 모의고사 때 점심 먹고 나서 영어 시험 시간에 조는 아이들이 제법 된다고 합니다. 우리 아이도 그랬다고 하네요. 저는 도저히 이해가 되지 않았지만요. 그래서 어느 시점부터는 점심 종류를 고민하라고 했습니다. 아이는 밥이 아닌 죽, 떡, 빵, 누룽지, 양갱 등 다양한 시도를 했습니다. 결국 수능 날에 엄마가 김밥을 싸줬지만 차에 두고 내리고, 사회탐구 시험 볼 때 지칠 것에 대비해서 간식을 따로 챙겼다고 합니다.

수능 날에는 새벽부터 일어나서 준비하고 엄청난 긴장 속에서 치르는 첫 시험인 국어에서 흔들리는 아이도 많습니다. 아침형 인간이 아니라면 그렇겠지요. 막판에는 이것에도 대비해야 합니다. 그러면 전날 언제 잘 것이며, 아침은 어떻게 먹고, 긴장은 어떻게 푸는지 시행착오를 거쳐야 합니다. 모의고사를 볼 때 시험 점수만 반성할 것이 아니라 이런 집중 상태도 반성해야 합니다.

평소 공부 때 집중을 확인하는 방법은 의외로 간단합니다. 다만 강한 의지가 필요하니까 고3 때 적용할 수 있겠지요. 대부분의 아이들이 책을 펼치고 공부를 합니다. 그리고 쉴 때는 친구와 얘기하거나 스마트폰을 켭니다. 공부한 내용이 장기 기억으로 자리 잡기도 전에 말입니다. 하지만 의지가 강하다면 한 단위 공부를 끝내고 책을 덮은 상태에서 방금 공부한 내용을 머릿속에 떠올립니다. 공부할 때 집중했는지 안 했는지 스스로 점검이 가능합니다. 《시험지존》의 송재열은 집과 도서관, 독서실을 30분 정도 오가면서, 공부한 내용을 복습했다고 합니다.

초기에는 공부 내용이 잘 떠오르지 않을 것입니다. 그때에는 어떻게 공부하는 것이 효율적인지 공부 방법 등을 생각해봅니다. 이왕이면 가볍게 산책을 하거나 움직이면서 생각하는 것이 좋겠지요. 이렇게 시도하면 하루 종일 공부와 관련된 활동 또는 생각을 하는 것이 가능합니다. 책상에 앉아 공부만 하는 것보다 훨씬 덜 지칩니다.

본능적으로 아이들이 고3 시기에는 친구관계를 발전시키지 않습니다. 공부 환경을 달리 설정하는 것이지요. 이처럼 공부 자체도 중요하지만 공부하는 공간, 주변 관계, 자신의 생체 리듬 등을 고려하면서 공부하는 것이 지치지도 않고 효율적일 것입니다.

고3 때에는 공부를 잘하건 못하건, 의지가 강하건 그렇지 않건, 아무튼 공부를 해야 합니다. 설사 '멍' 때리고 있어도 책상 앞에 책을 펼쳐놓아야 합니다. 그렇다면 저는 집중력을 유지하는 것이 제일 중요하다고 생각합니다. 그 방법으로는 책을 손에 붙잡지 않고도 공부하는 방법을 나름대로 터득하고 실천하는 것이 효율적입니다. 지치지 않고 공부한 아이들이 수능 시험을 자신 있게 볼 수 있습니다.

12년 공부 계획, 길게 생각하고 준비하라

공부의 목표가 대학은 아니지만 일차적으로 대학 입학에서 일단락 짓기 때문에, 대학 입학 전까지 하나의 틀로 큰 계획을 세울 필요가 있습니다. 그럴 때 초기에 중점을 둘 것이 무엇이고 나중에 중점을 둘 것이 무엇인지 생각하게 됩니다. 즉 고3 때는 시간이나 분량에 초점을 두고 공부해야 한다면, 초기에는 학습 능력을 높이는 데 초점을 두어야 합니다.

그런데 요즘에는 초등 5~6학년 때부터 시간을 최대한 사용하니까, 학년이 올라가면서 시간을 늘려서 공부하는 아이들보다 불리해집니다. 더구나 시간에 초점을 두면 학습 능력이나 공부 방법에 대해서는 고려하지 않게 되지요. 아이들에 따라 초등학교 때 시간을 늘리고 문제 푸는 양을 늘리면 성적이 오르기도 하지만 한계에 금방 도달합니다.

따라서 초등학교 때에는 장시간이 필요한 학습 능력에 초점을 두는 것이 좋습니다. 읽기 능력을 키우기 위해 매일 일정 시간 독서에 집중할 수 있는 환경을 만들어주고, 옛이야기나 동화를 꾸준히 읽도록 합니다. 이때 읽은 내용을 그대로 기억할 수 있도록 집중력에 초점을 둡니다. 또 어려운 책을 한 번 읽는 것보다는 아이 수준에 맞는 쉬운 책을 여러 번 읽는 게 좋고, 무리한 선행 학습보다는 지난 학기 또는 지난 학년의 복습으로 기초를 튼튼히 하는 게 좋습니다. 이렇게 학습 능력을 높여가다 보면 당장 성적이 잘 나오지는 않더라도 나중에 유리할 것은 불을 보듯 뻔하겠지요.

중학교 때에는 공부 방법을 연습하는, 즉 시행착오를 겪는 과정에 초점을 두는 것이 좋습니다. 예를 들어 시험공부 때 문제집 풀이와 교과서 읽기 비중을 8:2로 할 수도 있고 2:8로 할 수도 있습니다. 역시 교사나 부모가 그 아이에게 맞는 방법을 알려주면 당장은 성적이 오르겠지만, 아이의 상황이 달라지고 목표나 수준이 달라짐에 따라 과거의 방법이 맞지 않아 성적이 정체될 것입니다. 자신이 방법을 스스로 선택할 수 있어야 조건에 따라 그때그때 방법을 바꿀 수 있습니다.

고등학교 때에는 실제로 지식에 초점을 두고 성적 관리를 해야겠지요. 이때는 시간을 최대한 활용하고 공부량을 늘려서 공부합니다. 하지만 이렇게 초등·중등 과정을 제대로 보내고 학습 능력이나 적절한 공부 방법이 몸에 밴 상태로 고등학생이 된 아이들은 거의 없겠지요. 그렇다면 저는 고등학생이더라도 학습 능력을 어느 정도 갖출 때까지는 여기에 초점을 두어야 한다고 생각합니다.

전체적으로 보면 아이의 에너지 총량이 한계가 있다고 인정하는 것부터 시작하는 것이 좋습니다. 즉 강도를 조절하고 강약을 고려해서 공부하되, 집중력과 학습 능력을 높이는 것이 장기적으로 가장 유리할 것입니다. 학교에서도 수업 6교시 중 두 시간 정도를 강하게 집중하려면 두 시간 정도는 약하게 집중할 수밖에 없습니다.

과목도 영어·수학 중 한 과목에 초점을 두는 것이 효과적입니다. 예를 들어 세 과목 평균이 반에서 10등이라고 해도, 세 과목 모두 10등일 수 있고 과목마다 1등, 10등, 20등일 수 있습니다. 아이들에게 물어보면 앞의 경우가 좋다는 아이도 있고 아니라는 아이도 있습니다만, 제 생각에 앞의 아이는 무기력한 상태라고 생각합니다. 한 과목이 20등이어도 다른 과목이 1등이라면, 그 아이는 자신을 1등과 동일시합니다. 그러면 20등인 과목에도 가능성을 갖게 됩니다. 반면 세 과목 모두 10등이면 그 아이는 자신을 10등과 동일시합니다. 그 상태에서는 굳이 변하려고 하지 않습니다.

또 사교육도, 매일 하기보다는 일주일에 절반만 하는 것이 길게 보면 효과적일 것입니다. 뇌과학에 따르면, 수면 시간뿐 아니라 휴식 중에도 기존 정보를 반복·활용하면서 장기 기억으로 넘긴다고 합니다. 이런 과정이 없으면 단기 기억에 잠시 머물다가 날아가 버리지요. 일주일에 하루나 이틀은 느슨하게 평소 공부한 내용을 속으로 반복할 수 있는 시간이 필요합니다. 어릴 때부터 이런 시간을 인정하지 않으면 빨리 지치거나, 공부하는 척하면서 실은 딴짓을 합니다. 쉬는 시간에 책을 손에 들고 다니면서도 주변 일에 온갖 참견을 합니다. 부작용이 많습니다. 몸이 쉬고 있을 때 정신은 자신이 이해하지 못한 지식들을 정리하고 통합합니다. 물론 가볍게 걷거나 운동하는 것이 좋습니다.

공부할 때는 25분 공부하고 2~3분 동안 그 내용을 되뇐 다음 2~3분 휴식을 취하는 것이 좋습니다. 물론 공부 중 스마트폰 사용은 또 새로운 정보를 받아들이는 것이기 때문에 공부한 내용이 머릿속에서 사라지게 되므로 피합니다.

어쩌면 아이들은 친구관계나 부모의 기대 등의 문제를 해결하는 데 에너지를 더 많이 사용하는 듯합니다. 그러므로 어려서부터 공부 외의 주변 상황을 혼자서 해결하는 경험을 쌓도록 해주어야 합니다. 공부가 중요하다고 해서 공부 외의 많은 생활을 부모가 대신 해결해주고 아이한테는 공부만 하라고 요구하는 것은 단기적 대응일 뿐입니다.

12년 공부에서 단기적 대응보다는 장기적 대응이 유리한 것은 당연합니다. 공부할 때뿐만 아니라 쉬고 있을 때, 지식만이 아니라 친구관계 등을 자신이 종합적으로 생각하고 계획하면서 장기적으로 대응하는 경험이나 태도가 필요합니다. 이것은 아이들 삶에서 앞으로 살아가는 데도 매우 필요할 것입니다.

학습 능력을 기르기 위한 Tip!

- 학습 능력은 **기억력, 사고력, 독해력**이며, 그 바탕에는 **집중력**이 있다.

- 집에서 **일정 시간 독서에 집중할 수 있는 환경**을 만들어주고, 그 시간에는 숙제나 다른 공부를 시키지 않는다.

- 어려운 책을 한 번 읽는 것보다, **쉬운 책을 여러 번 읽는 게 좋다.** 그전에 놓친 내용을 붙잡을 수 있도록 집중해서 읽게 한다.

- 옛이야기나 동화를 꾸준히 읽으면서, **읽은 내용을 자세히 '기억'하는 연습**을 한다. 모르는 내용은 모르는 채로 기억하는 것이 좋다.

- 책을 읽고 나서 **스스로 의문을 갖고 스스로 답을 생각해본다.** 어른이 물어보는 질문에 답하는 형태로는 사고력이 커지지 않는다.

- 읽으면서 모르거나 이해가 가지 않는 내용은 설명을 듣기보다 **전체 속에서 이해하려고 노력**해야 독해력이 올라간다.

- 평소 공부는 시험공부와 다르다. 성적을 올리기보다는 **학습 능력을 높이는 것을 목표로 한다.**

- 문제집에서 너무 쉬운 문제나 어려운 문제는 풀지 말고, **80점 정도 맞힐 수준의 문제를 푼다.** 심화문제는 학년을 넘나들면서 다음 학기 또는 다음 학년에 자기 실력으로 응용해서 풀게 한다.

- 선행 학습보다는 **지난 학기 또는 지난 학년의 복습을 한다.** 어려운 문제를 설명을 듣고 이해했다고 해서 실력이 높아지지는 않는다.

- 틀린 문제는 바로 설명해주지 말고, **하루 뒤 혹은 일주일이나 한 달 뒤에라도 스스로 다시 풀게 한다.** 그래야 성취감과 자신감이 높아진다.

- 계획성 있게 공부하는 스타일이 아니라면, 차라리 **집중력 있게 몰아서 공부하는 게 낫다.** 방학 때 수학 문제집을 매일 3쪽씩 풀어서 한 권을 끝내기보다, 며칠 동안 몰아서 한 권을 풀도록 한다.

- 시험공부는 실력을 올리는 공부가 아니다. **시험을 대비할 때 공부 방법을 다양하게 바꾸면서** 내 실력을 최대한 발휘할 수 있는 방법이나 환경을 찾는다.

- **시험공부는 교과서를 여러 번 읽는 것이 기본이다.** 아이가 집중해서 읽기 힘들어한다면 교과서의 기본 내용을 녹음해서 들려주는 것도 좋은 방법이다. 수능 전 고등학생에게 국사나 사회문화 등을 녹음해주면 큰 효과가 있다.

- 외우는 것을 싫어하는 성향의 아이라면, 억지로 암기하려고 하지 말고 **'열 번 읽기'를 시도한다.** 처음엔 중요한 것만 읽어서 큰 뼈대를 기억한 다음, 차츰 주변 가지를 읽고, 나중에 세부적인 것까지 읽는다.

chapter 7
부모 세대의
미래가 아닌
아이들의 미래를 보라

 요즘 부모들이 아이의 미래를 위해 준비하는 것들을 보면, 마치 부모들이 지금 이 시대를 위해 어릴 때 준비했었더라면 하는 것들이 아닌가 해서 깜짝 놀랍니다. 영어 회화를 강조하는 것은 지금 영어 회화를 잘하면 직장을 구할 때나 직장 내에서 위치가 달라지기 때문에 그런 것이고, 한의학이나 경영학, 교육대학, 경찰대학 등을 선호하는 것은 현재의 인기를 반영하는 것이지요.
 부모들이 어릴 때 지금의 사회 모습을 전혀 예측하지 못했듯이, 지금 아이들이 중장년이 될 때 우리 사회가 어떻게 바뀔지는 아무도 예측하지 못합니다. 그렇기 때문에 오히려 지금 유리한 위치에 있는 것을 선점하라고 부추기기도 하지만, 사회가 크게 바뀐다면 그때 가서 아이들이 부모를 원망하지 않을까 걱정이 됩니다.

시대의 변화가 적고 안정적인 사회라면 지금 유리한 직업이나 높은 사회적 지위가 그대로 유지된다고 기대하고 이를 준비하는 것이 좋습니다. 하지만 변화가 크고 불안정한 사회라면 특정 직업이나 지위보다는 기초 능력이나 토대를 닦아서 어떤 환경에서도 버틸 수 있는 능력을 키우는 것이 적합하지 않을까요?

더구나 미래 사회에서는 실업이나 비정규직이 예외가 아니라 정상적인 활동이 되고, 결혼해서 가족을 구성하는 것이 예외에 속할지도 모르며, 이혼이나 해고 등 한두 번의 좌절은 당연할 것입니다. 요즘 아이들은 실패나 좌절에 매우 취약한데, 불확실한 미래를 생각할 때 이런 약점이 매우 걱정스럽습니다. 어른들도 이혼이나 해고, 친구와의 결별 등에 큰 스트레스를 받는데, 지금의 아이들이 그런 좌절을 과연 이겨낼 수 있을지 가늠하지 못하겠습니다.

제가 진로 지도에서 아이의 적성이나 특기를 크게 중시하지 않는 것을 보고 의아해하는 분들도 있습니다. 또 사회의 비민주적인 측면을 인정하고 그 속에서 버텨야 한다는 주장은 오해를 살 수 있습니다. 하지만 교육 분야의 개혁 세력이 중심을 잡지 못하고 있는데, 개개인이 이상적으로만 접근할 수는 없습니다. 이런 환경에서 개인적으로 접근하는 것과 사회적으로 같이 대응하는 것은 서로 충돌할 수도 있지만 어쩔 수 없습니다. 능력이 높다면 본인이나 주변을 돌아볼 여유가 있기 때문에 미래에 사회적으로도 개혁 세력에 힘을 보태지 않을까 기대할 뿐입니다.

아이들의 미래를 위해서라면, 우리가 어릴 때 미래를 준비했던 것이나 또 지금 어른이 되어서 노후를 준비하는 것과는 크게 달라야 할 것입니다.

장점 한 가지로 버틸 수 있나?

부모들은 심리 검사 등을 통해 아이들의 적성이나 특기를 파악하고, 멘토 등을 통해 이를 연습시키려고 애를 씁니다. 그리고 다른 능력을 포기하더라도 한 가지 특징을 확실하게 살린다면 사회에서 성공할 것이라고 예상하지요. 우리 부모 때에는 기본적인 능력은 집에서 놀이를 통해 갖추었기 때문에 한두 가지 장점이 있으면 성공하는 데 매우 유리했습니다.

하지만 요즘 아이들은 기본적인 능력이 매우 부족한 실정입니다. 온실에서 길들여졌다고나 할까요? 그래서 한두 가지 특기가 있다고 해도 이것을 뒷받침해줄 수 있는 기본적인 능력—이를테면 의사소통 능력, 공감 능력, 창의력, 모험심 등—이 너무 부족합니다. 그래서 전국에서 또는 세계적으로 비슷한 특기를 가진 사람들이 모인 곳에서 두각을 나타내기는 매우 어려울 것입니다.

치열한 경쟁 속에서 살아남으려면 같은 수준의 또 다른 장점이 있어야 하지 않을까요? 예를 들어 행정고시에 합격하는 것과 공무원 생활을 잘하는 것은 전혀 다른 성격의 일입니다. 의과대학교에서 장학금을 타는 것과 개인 병원을 흑자 운영하는 것은 전혀 다른 능력을 요구합니다. 학교에서 공부를 잘했다고 사회에서 성공하는 것이 아닌 것처럼 말입니다.

또 자신의 삶은 연극도 아니고 두 번 살 수 있는 것도 아닙니다. 주식 투자하듯이 삶을 살아갈 수는 없습니다. 사회생활에서는 한두 번의 굴곡이 있을 것이라고 예상할 수 있는데, 주특기만을 계발하고 이를 직업으로 삼는다면 어떤 한계에 부딪혔을 때 이를 극복할 만한 대안을 찾기가 어려울 것입니다. 첫 번째 장점으로 실패한 상태에서 두 번째 재능으로 재기하려면 많은 시간과 투자가 필요하기 때문입니다.

요즘에는 자신이 어려울 때 길게, 깊게 기다려주고 지지해줄 가족이나 친구가 없습니다. 사람을 믿기보다는 연금이나 보험을 통해, 실패했을 때나 나이 들었을 때를 대비하려고 하지요. 실패를 극복하는 요인은 내가 기댈 수 있는 가족이나 친척도 아니고, 내가 도와준 경험이 있는 친구도 아닐 것입니다. 내가 갖고 있는, 숨어 있는 재능만이 나를 살릴 것입니다.

따라서 한두 가지 재능으로 모험을 걸고 크게 성공하기를 기대하기보다는, 2~3가지 능력을 비슷한 수준으로 계발하거나 기초 능력을 튼튼히 쌓는 전략이 유리합니다. 그럼 크게 성공하지는 못해도 변화에 적절히 대응할 수는 있을 테니까요. 격변기에는 크게 성공하기보다는 크게 실패하지 않는 전략이 현명하지 않을까요?

명문 학교가 날 보증할 수 있나?

우리는 특목고나 SKY 대학이 학생들의 실력을 높이기보다는 점수 높은 아이들을 받아서 성과가 좋다는 사실을 알고 있습니다. 특목고에 들어오는 아이들이 SKY 대학에 들어가는 비율을 보면, 중학교 때 성적만큼 고등학교 때 성적을 유지하지 못한다고 합니다. 아마 SKY 대학도 그러하지 않을까 생각합니다.

물론 이런 사실을 알고 있어도 명문고, 명문대의 이름을 활용하기 위해 불법을 감수하고라도 들어가려 합니다. 왜냐하면 명문 학교를 다니면 여러 가지 기회도 많고, 자극도 받고, 우수한 학생들과 경쟁도 하고, 사회에서도 그런 친구나 선배들이 이끌어줄 가능성이 높다고 판단하기 때문이겠지요.

하지만 대학은 단순히 성적이 좋은 아이보다는 집안 배경이 좋은 아이를 더 선호합니다. 경제적 위기 때 휴학을 하지 않는 아이는 부모의 사회적 지위가 높은 아이들입니다. 여러 가지 기회라든가 경쟁이 치열한 상황은 그곳에서 우수한 아이들에게 더욱 유리할 뿐, 보통의 아이들에게는 더 불리할 가능성이 많습니다. 더구나 실력이 벅찬 학교나 학과에 들어가 중하위권에 머무는 경험은 아이의 사회생활에 불리한 영향을 미칠 가능성이 많습니다.

같은 동창이라도 사회적 지위가 다른 사람을 서로 끌어주지는 않습니다. 이보다는 이미 사회적 지위를 갖춘 사람들이 패거리를 만들 때 명분으로 학벌을 들고 있는 것입니다. 우리 사회는 노골적으로 계급적 입장이나 집안 배경을 내세워 차별을 하지는 않습니다. 그 때문에 모든 차별이 학벌이나 지연으로 나타날 뿐, 빈부 차이나 사회적 지위의 차이로 드러나지 않습니다. 이것을 간파하지 않으면 현실을 왜곡해서 바라보게 됩니다.

물론 부모의 사회적 지위가 낮다고 해서 자식이 명문 학교에 들어가지 못한다는 말은 아닙니다. 다만 중간 밑으로 무리해서 명문 학교에 들어갔을 경우 그 학교의 프리미엄을 누릴 수 없다는 얘기입니다. 이것은 우리 사회 구조가 예전과 다르게 바뀌었기 때문입니다. 기업의 인적 구조도 팀 단위로 바뀌면서 중간관리층이 없어지고, 앞으로 어쩌면 정규직은 20퍼센트 정도로 축소될지도 모릅니다. 이런 미래의 직업 구조를 상정하면 상층의 사람들도 경쟁이 치열해지기 때문에, 중간층 또는 그 이하의 동창까지 도와줄 형편이 되지 않을 것입니다.

지금의 유망 학과가 앞으로도 유망할까?

길게 보면 기업이 부침을 겪는 것처럼 학과도 유행을 탑니다. 예전에 한의학과가 그러했고, 정보통신학과가 그러했습니다. 최근에는 사회가 급변하기 때문에 어느 학과가 사회에서, 특정 영역에서 인기를 끌지 예측하기 어렵습니다. 유망 학과라고 알려져 있는 것은 당시에 사회에서 주도하고 있는, 아니 국가나 기업이 투자를 많이 하고 있는 분야일 뿐이지요.

이를테면 지금 정보통신산업이 경제계를 주도하는 것도, 최근에 인문학이 유행을 타는 것도, 여전히 법대나 의대가 높은 지위에서 안정적이라는 것도 언제까지나 그러할 것이라고 예상하기 어렵습니다. 더구나 법대나 의대 출신, 또는 사법·의학 고시 합격자가 사회의 수요(또는 대도시의 수요)에 비해 많다면 누군가는 개업도 못하거나 자신의 전공을 살릴 기회도 갖지 못할 것입니다.

지나고 보면 사회가 지금처럼 흘러온 것이 너무나도 자연스럽다고 생각하지만, 당시에는 이를 예측한 사람이 거의 없었습니다. 우리가 어느 정도 세계화의 물결에 휩쓸려 직업이 개방되면 외국인들이 우리나라에 많이 들어올 텐데 그 영향이 어떠할지 아무도 예측하지 못합니다. 전문직의 경우에도 대형 로펌이나 대형 병원들이 외국과의 경쟁에서 어떻게 대응할지 모릅니다. 아니, 법률·의료 서비스 영역의 외국 기업들이 우리나라에 어떻게 진입할지 아무도 모릅니다. 비정규직이 확대되거나 불황이 장기화되는 것뿐만 아니라 인도나 중국 등에서 전문직들이 대거 한국으로 진출한다면 중상위 계층의 경쟁도 더욱 치열해질 것입니다.

지금 우리 사회에서 유망한 직업이 미래에 전 세계적인 차원에서 여전히 유망하거나 안정적일지를 예측하기는 너무 어려운 문제입니다. 한 사람이 한 직종에서 30~40년 정도 활동한다고 할 때, 그 기간 동안 지속적으로 유망하거나 안정적일 가능성은 거의 없을 것입니다. 그렇다면 유망 학과가 무엇인지를 알아보고 여기에 아이들의 특기를 맞추거나 억지로 여기에 들어가려고 무리하는 것은 적절치 못합니다. 이보다는 아이의 성향에 따라 학과를 준비하거나 의사소통 능력 등 기초 능력을 튼튼히 해서, 어떤 모양의 사회에서도 버틸 수 있도록 준비해야 할 것입니다.

미래는 정말 불확실할 것입니다. 몇 가지 특기를 계발했다거나 지금 시점에서 유망한 학과를 선택했다고 해서 미래가 보장되지는 않습니다. 변화무쌍한 사회에서도 살아남을 수 있는 가능성은, 그런 변화에 운 좋게 준비되어 있는 사람들과, 기본적인 능력이나 기초가 되어 있어서 그런 변화에 따라갈 수 있는 사람, 그리고 집안 배경 등으로 다시 새롭게 준비하는 데 필요한 시간과 돈을 투자할 여력이 있는 사람들에게만 열려 있을 것입니다. 그리고 이들에게만, 상승할 수 있는 기회도 열려 있지 않을까요?

문과/이과, 적성에 맞는 학과

우리나라는 고등 1~2학년 때 문과/이과를 선택해야 합니다. 여기에 따라 탐구 영역이 달라지고 대학 선택뿐 아니라 사회 진출도 크게 달라지기 때문에 상당히 신중하게 결정해야 합니다.

흔히 수학을 잘하면 이과, 못하면 문과로 선택하는 것이 일반적입니다. 그렇기 때문에 수학은 잘하는데 과학은 싫어한다든가 그 반대인 경우, 선택하는 데 애를 먹습니다. 또 과학보다 사회를 좋아하는데 언어 점수가 나오지 않는 경우도 선택하기가 힘이 듭니다. 하지만 건축이나 디자인처럼 종합적인 성격을 요구하는 분야도 있습니다. 또 글재주가 있는 사람이 자연계로 가서 과학 전문 기자가 된다든가, 수학을 잘하는 사람이 경제학 등의 사회과학 분야로 간다면 오히려 유리할 수도 있습니다.

하지만 문과/이과의 구별은 이런 과목의 차이만은 아닙니다. 보통 문과는 인문학·사회과학을 포함하고, 이과는 자연과학·공과대학을 포함하는데, 학문 특성뿐 아니라 그곳에 자리 잡은 사람들의 일반적인 성향이 크게 차이가 납니다. 기본적으로 인문학에 비해 자연과학을 전공하는 사람들은 과학 또는 과학기술에 대한 믿음이 대단히 크지요. 그런 만큼 사회나 인간의 다양하고 복잡한 면에 대해 무시하는 경향이 있습니다.

사회에 진출하는 것도 크게 다릅니다. 공과대학은 사회에 첫 진출할 때는 유리하지만 나중에 기업에서 임원으로 올라가는 데 어려움을 겪는다고 합니다. 주변에 비슷한 전공의 동료들이 없다는 점도 있지만, 사회적 지위가 높은 사람들이 갖춰야 하는 '사람 다루는 기술'을, 기술 계통의 일을 통해서는 배우기 어렵기 때문입니다. 그래서 사회적 성공에 욕심이 많은 아이들에게는 이과 성향이어도 문과, 특히 사회 계열로 진학하라고 합니다. 반대로 융통성이 없고 한 분야에 빠져 있는 경우에는 이과나 비인기 학과에 진학하는 것이 좋다고 권합니다.

좀 더 구체적으로 얘기해봅시다. 적성 검사에서 사람과 친화력이 있으면 교사, 간호사, 사회봉사 직업을 선택하라고 합니다. 하지만 우리 사회에서 간호사는 의사에게, 사회봉사는 관료 조직에 한계를 느끼기 쉽습니다. 그래서 권위에 저항하는 성격이 강하면 이런 직업에서 살아남기 어렵습니다. 교육 분야의 적성을 가졌다고 해도 초등학생과 중고생, 그리고 대학생을 가르치는 것은 생각보다 차이가 큽니다. 또 권위적이고 관료적인 학교와 시장 지향적인 학원이 크게 다르고, 가르치는 일과 연구하는 일도 크게 다르지요.

또 나라마다 직업들이 갖는 사회적 인정이나 권위의 배치도가 다릅니다. 예를 들어 우리나라에서 의사는 비교적 사회활동이 적어 이기적인 집단으로 비치는 반면, 변호사 직업은 민변(민주사회를 위한 변호사 모임) 등의 사회적 활동 덕분에 덜 비판받고 있지요. 그래서 국회의원 등 다른 분야에 변호사 출신들이 많은 것입니다.

흔히 진로 탐색에서 아이의 성향과 학과의 교과 과정, 그리고 직업의 성격을 맞추는 형태로 진행합니다. 하지만 이것은 학교가, 그리고 사회가 정상적인 형태로 운영된다고 전제해야만 가능합니다. 그러면 아이 성향을 반영해서 미래를 계획할 수 있습니다. 그러나 우리나라의 대학은 그렇지 않습니다. 수능을 준비하느라 미처 못한 교양 과목이나 사회에서 자립하는 데 필요한 기본 소양을 가르치기보다, 인기가 있거나 돈 벌 수 있는 분야나 국가·기업에서 요구하는 내용을 가르칩니다. 아이가 공부하고 싶은 분야가 있다고 해도 사회에서 직업 선택에 도움이 되지 않는다면, 좀처럼 대학에서 공부하기 힘들 것입니다.

사회는 더 복잡하지요. 사회가 적성이나 특기로 분야가 나뉘는 게 아니라 집안 배경이나 돈으로 나뉘어 있기 때문입니다. 돈을 잘 벌 수 있는 영역에는 적성과 특기를 무시하고 다른 스펙으로라도 진입하려고 합니다. 요즘 성형외과에 많은 사람들이 모이는 이유가 갑자기 그런 적성의 사람들이 많아졌기 때문은 아니겠지요. 또한 사회에서 제대로 인정받지 못하는 영역에서는 그 특기와 적성을 갖고 있는 사람도 자부심을 갖기 어렵기 때문에, 오히려 성향이 맞지 않은 사람들이 모여 있기도 합니다. 유아교육이나 사회복지 분야는 급여는 적지만 쉽게 진입할 수 있다는 특징 때문에, 돌봄의 성향이 없는 사람도 자격증을 따고 일을 합니다. 돌봄의 사명감을 가진 사람이 이런 사람과 같이 일을 하다 보면 맥 빠지는 경우가 많겠지요.

어떻게든 선택하는 것은 쉽지 않습니다. 예체능의 경우처럼 가까운 친인척이 같은 분야에 있지 않다면 사회생활에서 지원 받기 힘들 것은 예상해야 합니다. 인정하고 싶지는 않지만, 자신의 집안 배경을 감안할 때 너무 동떨어진 학과를 선택하는 것은 위험부담이 클 수 있습니다. 그러므로 현실적인 한 가지 방법은, 자기가 선택하는 학과에 어떤 종류의 사람들이 많이 다니고 있고, 또 졸업 후 어떤 직업이나 분야로 진출하는지 알아보는 것입니다. 적어도 아이가 좋아하는 과목이나 아이의 적성·특기만으로 대학 학과를 선택하는 것은 적절하지 않다고 생각합니다.

입시 선택은
집안 배경 맞춰서 해야

한때 논술이 강조되면서 아이들은 정시, 수시, 논술 모두 준비해야 한다면서 '죽음의 트라이앵글'이라고 불렸다고 합니다. 물론 최근에는 논술 비중이 줄어들었지만 이보다 더 헷갈리는 '입학사정관'이라는 제도가 생겼으니 대입은 여전히 죽음의 관문에 해당하는 셈입니다.

하지만 저는 우리 아이나 주변의 아이들에게 조언을 해주는 데 별로 어려워하지 않았습니다. 어차피 보통의 아이들에게는 정시 외엔 별로 선택할 것이 없기 때문입니다. 여기서 '보통의 아이'란, 부모의 사회적 지위가 아주 높지 않다거나, 아이들 교육에 항상 신경 쓸 여력이 없다거나, 아이들을 적어도 6년간은 모범생처럼 지낼 수 있도록 강제할 수 있는 힘이 없다거나 하는 경우를 말합니다.

수시(논술형 수시가 아닌) 역시 이런 성격이 강합니다. 성적이 조금 낮더라도 집안 배경이 좋은 아이들을 대학에서 선호한다는 소문이 돌았지요. 즉 강남권이나 외고 출신 아이들이 성적에 비해 좋은 대학에 많이 들어갔습니다. 최근 입학사정관 제도에서는 이것이 더욱 편해졌지요.

실제로 대학이나 사회에서 생활하는 데 입학 성적의 점수 몇 점 차이는 다른 특성에 비해 중요하지 않을 것입니다. 그런데 현재의 입시 제도가 다른 특성들을 반영하지 못하니 논술이나 면접, 입학사정관 제도 등을 통해 이런 부족한 점을 보충하려는 것입니다.

우리나라의 대학은 거의 사교육의 성격을 띠고 있기 때문에, 대학의 재정이나 대학 이름, 명문, 브랜드화가 매우 중요합니다. 미국의 대학이 특히 그런 경향이 매우 강한데, 대학의 이미지를 높이면 기부금이 많이 들어오기 때문에 장학금을 많이 준다거나 시설을 고급화하고 이를 선전합니다. 심지어 유명 교수나 학생을 유치하는 방법을 사용하면서 어떤 아이들은 별 이유 없이 탈락시키기도 합니다. 우리나라 역시 그런 브랜드화를 따라갈 것이라고 판단한다면, 수능 점수만으로 뽑는 정시가 점점 비율이 줄어들 것은 불가피한 추세입니다.

점수로 뽑는 것이 문제가 많다고 해도, 점수 말고 다른 기준으로 뽑는 것은 공공성에 더 문제가 많을 것입니다. 사회가 건강하지 않은 상태에서, 객관적인 점수 한 가지로 뽑는다고 비판하는 것은 사교육 성격으로 대학교육을 운영하는 사람들에게 이용당하는 것이 아닌가 생각합니다. 교육 분야가 사회의 평균 민주화 수준을 앞서가는 것은 가능하지 않기 때문입니다. 조선시대에 과거 제도를 통해 관리를 뽑을 때(인문학적 소양만으로 기준을 삼는 것이 문제가 많다고 해도) 그런 객관적인 시험 제도를 비판한 세력은 공부가 부족한 기득권층이었습니다.

따라서 개인의 능력·특성이나 집안 배경 등이 특별하지 않다면 입시로 정시를 선택하는 것은 불가피합니다. 물론 내신이 특별히 좋다거나 아이가 모범생 스타일이라면 수시를 겨냥해도 좋겠지만, 성적 외의 부분에서 자랑할 만한 것이 없다면 정시를 택하는 것이 좋습니다. 매 시험마다, 그리고 수행평가 점수나 임원 활동 등 여러 가지 신경을 쓰면서 학교생활을 하기보다는, 좀 더 여유 있게 생활하면서 착실히 실력을 쌓아 정시를 겨냥하는 것이 더 유리하지 않을까 생각합니다.

성형수술에 대하여

요즘은 알게 모르게 많은 사람들이 성형수술을 합니다. 또 자신을 더 잘생겨 보이게 하기 위해서만 성형하는 것도 아닙니다. 잘 눈에 띄지도 않는 약한 모양의 언청이나 사시, 또는 겨드랑이 땀내 등 수술하지 않으면 남들에게 실례라고 주장하면서 성형하기도 합니다.

그래도 젊은이들이 성형하는 가장 큰 이유는 취직이나 결혼 등에서 남들에게 좀 더 좋은 점수를 받기 위해서일 것입니다. 많은 사람들이 주변의 사례를 들었다고 합니다. 실력이 부족한데도 얼굴이나 몸매가 뛰어나서 취직이 되었다고. 그러니 많은 사람들이 자신도 성형을 해서 자신의 신체적인 단점을 감추었다면 취직이 되었을 것이라고 주장합니다.

성형수술에 대하여는, 몸에 칼 대는 것에 반대한다는 원칙론부터 신체적 장애나 불편을 제거한다는 측면까지 광범위하기 때문에 한마디로 평가할 수는 없습니다. 양악수술 등 부작용을 감수하고 성형하는 것부터 티눈 제거 같은 가벼운 것도 있으니, 어떤 성형은 허용하고 어떤 것은 허용하지 말아야 할지 경계선을 긋기도 어렵습니다.

그렇지만 입시나 면접, 취직, 결혼에서 성형이 소문만큼 영향이 클지 의심스럽습니다. 면접관의 입장에서 조건이 비슷하다면 외모가 뛰어난 사람을 선택할 수도 있겠지만, 실력이 차이가 나는데도 그러할 것이라고는 생각되지 않기 때문입니다. 특히 취직할 때, 기업은 결코 실력이 부족한 사람을 뽑지 않을 것입니다. 그리고 그 실력이라는 것은 동료들의 판단과 면접관의 판단이 크게 다릅니다. 어쩌면 기업마다 다르고 심지어는 필요한 영역마다 다를 것입니다.

일반 대학에서는 사회의 다양한 분야로 진출해서 장기간 생활하는 데 필요한 기본을 가르칠 것입니다. 하지만 특정 기업은 그렇게 장기간 채용할 계획이 없습니다. 특정 영역에서 가능하면 빨리 성과를 만들어내라고 합니다. 그 다음 어떻게 될 것인지는 그 기업이 책임지지 않습니다. 그리고 이런 태도에 대해 기업을 비난하기 어렵습니다. 기업의 성패도 단기간 변동이 심하기 때문입니다.

여기서 개인이 어떻게 대응할지 전략의 차이가 납니다. 특정 영역에서 직접 활용할 수 있는 기술에 중점을 둘 것인가, 다양한 영역에서 간접 활용할 수 있는 기본에 중점을 둘 것인가. 개별 기업이라면 전자를 강조하겠지요. 그래서 요즘 기업이 대학에 강하게 압력을 넣습니다. 사회에서 직접 활용할 수 없는 지식을 가르친다고 비판하고 있습니다. 하지만 국가라면 두 영역을 나눠서 관리할 것이고, 전자보다 후자를 높은 수준으로 대접할 것입니다. 개인이라면 어떻게 해야 할까요? 특별한 변수가 없다면, 후자를 중심으로 준비해야 사회에서 자립할 수 있습니다.

더구나 면접은 언어로 표현하는 내용 이상을 평가합니다. 흔히 '라포'라고 하는 어떤 분위기를 중시합니다.《회사가 당신에게 알려주지 않는 50가지 비밀》의 저자인 신시아 샤피로는, 면접 때 말투나 몸짓이 93퍼센트를 좌우한다고 합니다. 겸손하면서도 자신 있는 태도, 권위에 위축되지 않으면서 당당한 모습 등이 합격을 좌우하지만 성형으로 이를 대신할 수는 없습니다. 외모에서 얼굴이 상당한 비중을 차지하지만 몸짓과 말투, 표정과 함께 어울리지 않으면 오히려 성형으로 예쁜 얼굴이 뭔가 숨기는 듯한, 어색한 분위기를 풍길 것입니다.

사회에서의 자립에 필요한 기본 기술인 의사소통 능력이나 사고력 등을 성형이 대체할 수는 없습니다. 이런 능력을 기업이 어떻게 평가하는지를 알 수 없으니까 그냥 편하게 외모로 뽑는다고 비판할 수 있지만, 기업은 결코 외모로 사람을 뽑지 않습니다. 기업이 생존하고 확장하는 데 필요한 것은 외모가 아니기 때문입니다. 물론 필요하다면 외모로 뽑겠지요. 자연스러운 웃음과 얼굴을 가진 사람으로.

사회에서 성공한다는 것의 의미

말콤 글래드웰은 《아웃라이어》에서, 개인의 재능이나 노력, 열정만으로 사회에서 성공하는 것은 아니라고 주장합니다. 그보다는 사회가 주는 '특별한 기회'와 '역사·문화적 유산'이 뒷받침되어야 한다고 하지요. 전 세계 부자 중에는 1830년대에 태어난 사람이 많았습니다. 1860~70년대에 미국의 철도가 건설되기 시작하는 등 산업이 발전하면서, 부를 축적하는 새로운 규칙이 만들어졌기 때문입니다. 1840년대 후반에 태어났다면 너무 어려서 이런 기회를 붙잡지 못했을 것입니다. 같은 이유로 컴퓨터 산업의 선구자가 된 사람들은 1950년대에 태어난 사람이 많습니다. 빌 게이츠, 스티브 잡스 등이 모두 그러하지요.

그는 1만 시간의 투자를 필수 요건으로 들었습니다. 하루 3시간씩 10년간 노력해야 가능한 시간입니다. 실제로 우리 주변의 아이들은 공부에 하루 3시간 이상을 12년 이상 투자합니다. 아니면 영어나 수학 등 특정 과목을 하루 3시간 이상 공부하기도 합니다. 그래도 그 분야에서 뛰어난 사람으로 인정받지 못하는 것은 이런 '사회적 기회'에 편승하지 못하기 때문일지도 모릅니다. 그래서 우리 부모들은 이런 기회를 붙잡기 위해 어릴 때부터 '영재' 관련 기관에 등록합니다. 그런데도 왜 많은 아이들이 뛰어난 모습으로 성장하지 않는 것일까요?

저는 뛰어난 재능을 뒷받침할 기본 능력이나 집안 배경 없이 한두 가지 능력이나 학벌만으로 사회에서 성공하기는 쉽지 않다고 생각합니다. 흔히 창의성이나 능력이 사회생활에서 제일 중요한 요소라고 생각하지만, 높은 지위에 오르기 전에는 업무 보고, 복종, 동료나 선후배 사이의 협력과 견제 등 다른 요인들이 고위급에 오르기 전 단계를 좌우하고 있습니다. 지금처럼 고실업 상태가 장기화된다면 자기 수준에 어울리는 여러 가지 능력을 골고루 갖춘 사람만이 살아남을 것입니다.

예를 들어 처음 영업직에 들어간 사람은 판매를 합니다. 여기서 우수한 성적을 보이면 판매팀장이 됩니다. 밑에 몇 명의 영업사원을 두게 되지요. 그러면 이들을 가르치고 다독이면서 함께 판매를 해야 합니다. 그러다가 승진하면 판매 교육이나 판매 기획 쪽을 맡게 됩니다. 교육이나 기획은 영업과 성격이 다릅니다. 예전에는 회사에서 연수를 시켜줬지만 이제는 개인이 알아서 준비해야 합니다. 이 관문을 통과하면 부장이나 임원이 됩니다. 판매, 교육, 기획 등 여러 영역을 총괄하거나 생산, 연구, 관리 등 다른 영역과 조정·협의하면서 자기의 영역을 지켜야 합니다. 사람에 따라서는 경험이 많아지면서 이런 다른 능력들이 주어진 일에 따라 계발될 수 있지만 특정 분야에서 무척 힘들어하는 사람도 있습니다.

우리는 성공한 사람의 특정 시기나 특정 모습만 보고 사회적 성공을 판단하고 이를 자녀에게 모방하라고 권합니다. 하지만 그 개인의 인생으로 보면 중년기와 노년기, 배우자나 자녀와의 관계, 주변 사람들로부터의 인정·불인정 등을 종합적으로 볼 때 '사회적 성공'의 겉모습을 마냥 부러워할 수만은 없습니다. 특히 물질적인 성공으로 인해 주변 사람과 불화를 빚는 경우가 많은데 그런 불화를 애써 무시하는 경향이 있지요. 요즘 사회문제가 되고 있는 '황혼이혼'이나 '기러기 아빠'를 보면, 주변 관계를 무시하고 이루는 사회적 성공이 얼마나 허망한가 깨닫게 됩니다.

앞으로 세계화가 어떻게 진행될지, 우리 사회는 어떻게 변할지, 그리고 얼마나 빠르게 변할지 거의 아무도 예측하지 못합니다. 외환위기를 거치면서 30대 재벌 중 10여 개가 해체·매각되기도 하는 상황에서, 기업의 존립 자체도 미래를 예측하지 못하는데 직종이나 직업의 미래는 더더욱 예측하기 어렵지요.

이렇게 불확실한 사회에서는 사회적 성공에 모험을 걸기보다는 여유롭거나 다른 사람들과 함께하는 삶을 목표로 미래를 준비하는 것이, 돈으로 미래를 보장하는 삶보다 더 현명한 선택이 아닐까요? 주위 사람들과 넉넉하게 어울릴 수 있는 삶을 추구한다면 재능이나 특기보다는 의사소통 능력이나 타인의 관점에서 생각하는 사고력 등이 더 필요할 것입니다.

미래는 지금과 다르겠지요. 일하고 싶어도 나한테 맞는 일을 찾기 어렵고, 어려울 때 도와줄 사람을 주변에서 찾아보기도 힘들 것입니다. 선배보다는 직업상담사에게 고민을 털어놓아야 하고, 친구보다는 전문가를 통해서 마음껏 웃어야 할 것입니다. 이럴 때일수록 조심스럽게 능력을 준비하고 적절한 시기를 기다려야 하지 않을까 생각해봅니다.

chapter 8
개인은 무엇을 목표로 공부하면 좋을까?

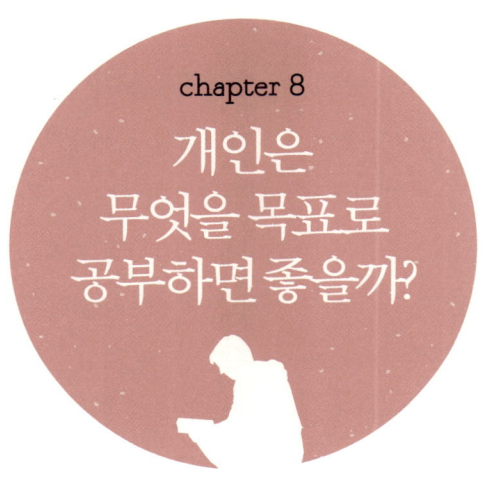

    공부할 때 무엇을 목표로 삼고 어떤 방향으로 공부해야 할까요? 행복을 목표로, 또는 행복하게 공부한다는 것은 너무 막연합니다. 그렇다고 명문 대학을 목표로 삼고 성적을 올리는 방향으로만 공부하는 것은 현실적이긴 해도 너무나 단기적인 목표입니다. 학벌이나 성적이 중요하긴 해도 이것만으로 세상을 헤쳐 나가기엔 벅찰 것입니다.

    의사나 변호사 등 직업을 목표로 삼는 것도 적절치 않습니다. 자립심이 약하면 전문직에 올라선 다음에도 이를 유지하기가 힘듭니다. 요즘에는 성적이 올라가도 불안해하거나 부모에게 의존적인 아이들이 많지요. 부모나 교사의 과도한 개입으로, 공부하는 큰 틀이나 목표 대학, 공부 방법 등을 부모나 교사가 알려주고 강요하기 때문에 아이는 성적이 올라가도 자립심이 올라가지 않습니다.

그렇다고 공부 외의 다른 영역에서, 세상에서 살아남을 능력을 배울 만한 여유는 충분치 않습니다. 결국 공부 속에서 사회에서 자립하는 데 가장 기초가 되는 능력을 배워야 합니다. 유럽에서는 사회에서 자립하는 능력을 교육의 목표로 삼는다고 하는데, 우리도 궁극적으로는 이런 방향으로 나아가야 한다고 생각합니다. 자립 능력은 공부뿐 아니라 직접 경험에서도 목표가 될 텐데, 우리 아이들의 경우 경험의 대부분이 공부라 공부에서 이 능력을 익혀야 합니다.

공부의 목표가 자립 능력이라면 공부의 방향 역시 사고력이나 학습 능력이어야 합니다. 중독에 빠지지 않고 스스로 즐거움을 찾거나 만들어내는 능력, 그리고 상상력이나 사고력, 아니면 이보다 더 기본적인 읽기·듣기 능력을 높이는 방향으로 공부해야 합니다. 예를 들어 집중력이 떨어지는데도 성적이 올라간다면 아이를 꾸짖어야 합니다. 반대로 집중력이 올라가는데 성적이 떨어졌다면 혼내지 말아야 하지요.

저는 아이들에게 집중력에 초점을 두고 공부하도록 요구했고, 이것이 어느 정도 갖춰졌다고 보면 책을 많이 읽도록 요구했습니다. 그리고 그 다음에는 수학과 영어를 공부하게 하면서 공부 방법을 바꾸도록 유도했습니다. 하지만 아이들이 성적이나 친구관계 등 여러 가지 이유로 흔들릴 때 다시 영어를 빼고, 다음에 수학을 빼고, 독서를 빼는 식으로 단계적으로 줄이면서도 최종적으로 집중력은 포기하지 않았지요.

또 지식을 쌓는 것은 여전히 사고력이나 상상력보다 덜 중요한 것으로 생각했고, 이런 능력도 부모·자식 관계보다 덜 중요한 것으로 생각했습니다. 그래서 기본이 흔들리면 공부도 포기할 수 있다는 입장을 지키려고 했습니다. 역사에서 보면 전쟁이나 선거에서의 패배 등이 쌓여도 마지막 싸움에서 승리를 이룬 경우에 최종 승자가 되는 사례는 매우 많습니다. 작은 승리나 한두 번의 시험 등수에 휘둘리기보다는 큰 흐름에서 이를 해석할 수 있는 12년 공부 계획이 필요합니다.

집중은 공부의 시작과 끝

요즘 아이들에게 가장 중요한 것을 꼽으라고 하면 저는 집중력을 듭니다. 특히 긴 집중력보다는 강한 집중력. 뭘 배운다거나 한 단계 높이 성장하려 한다면 그만큼 힘들거나 애쓰거나 하는 과정을 거치지 않고는 가능하지 않습니다. 편하게, 익숙하게, 생각 없이, 노력 없이 성장하는 것이 가능하다면 누군들 못하겠습니까?

아이들이 학교나 학원에서 공부를 많이 하지만 정말로 성장하는지는 의심스럽습니다. 생각하는 힘이 없으니까 초등학생부터 대학생까지 같은 책을 읽고 독후감을 쓰게 해도 별 차이가 나지 않습니다. 대학생이 색다른 경험이나 어려운 낱말, 개념을 쓴다는 것 말고, 사고의 깊이라든가 논의를 전개하는 수준 등에서는 실제로 학년을 구별하기 어렵지요.

소설이나 동화는 재미있으면 몇 시간이고 집중해서 끝까지 읽을 수 있지만 학교 공부는 하기 싫어서 그런지 집중 시간이 무척 짧습니다. 심지어는 30분마다 뭔가를 바꾸어야 할 정도이지요. 수학 문제도 한 문제당 5분 이상 생각하는 것은 비효율적입니다.

지식에 중점을 두면 결과를 보고 판단해도 되겠지만, 능력을 중시한다면 결과를 보고 판단하기가 어렵습니다. 중간 변수들이 많으니까요. 이를테면 내용을 너무 모르거나, 문제가 어려웠다거나, 기초가 부실하거나 하면 집중한다고 해서 좋은 결과를 낳을 수는 없습니다. 공부 내용도 중요하지만 집중하는 능력 또한 중요합니다. 그러므로 저학년의 경우에는 결과보다는 집중하는 태도를 보고 판단하는 것이 더 좋습니다.

집중력을 중시한다면 학과 공부의 방식이 크게 달라질 것입니다. 아이가 강하게 집중해야만 통과될 정도로 목표를 조금 높게 정하고—예를 들면 3~5번에 한 번 통과될 수준으로—통과된 다음에는 자신이 하고 싶은 것을 하도록 허용해야 합니다. 그래야만 목표에 도달하기 위해, 공부 시간을 줄이기 위해, 집중해서 공부를 하게 되지요. 저는 아이들 눈높이에 맞춰서 이렇게 말합니다. '왜 공부해야 하는지'는 아직 모르겠지만, '왜 집중해서 공부해야 하는지'는 알겠다, 그것은 '놀기 위해서'라고요.

집중의 강도는 끝이 없습니다. 운동선수들이 매일 기본기를 익히고 기초 체력을 다지듯이, 공부하는 아이들도 기본을 반복하고 능력을 연습할 필요가 있습니다. 집중력은 공부하는 데, 그리고 살아가는 데 가장 중요한 기본 능력입니다.

중독에서 벗어나기
: 즐거움을 내가 만든다

요즘 아이들은 하기 싫은 것을 정말 하기 싫어합니다. 우리는 어렸을 때 하기 싫은 것도 억지로 했습니다. 그런데 지금 아이들은 실제로 안 하는 경우가 많습니다. 어떤 부모들은 하고 싶은 것만 열심히 해도 먹고사는 데 지장이 없다면서, 하기 싫은 것은 하지 말라고 합니다.

어쩌면 하고 싶은 것이 없어서 더 문제입니다. 매사에 의욕이 없고, 하더라도 열심히 하려 하지 않습니다. 결과가 안 좋게 나와도 열 받지 않습니다. 세상을 깨달은 사람마냥 '이런들 어떠하리 저런들 어떠하리' 하는 태도를 취하고 있지요. 물론 스마트폰이나 게임,

쇼핑이나 쇼 프로그램 등은 대체로 좋아하지요. 열심히 참여하기도 하고요.

많은 부모들이 자기 자녀가 중독성이 있다는 것을 인정하지 않습니다. 하지만 알코올중독인 어른들이 술 마실 때와 같이, 아이들도 준비 없이, 단계 없이, 노력 없이 즐거움을 느낀다면 중독에 빠졌다고 간주해야 합니다. 컴퓨터 게임이 그러하고, 쇼 프로그램이 그러하지요. 아이들이 미리 준비하고, 어떤 단계를 거치고, 힘든 노력을 거쳐야 즐거움을 느낄 수 있다면 이것은 아이들이 노력하고 집중하는 것입니다. 하지만 이런 과정 없이 즐거움을 느낀다면 이것은 텔레비전이나 스마트폰처럼 매체가 가진 중독성 때문에 착각하는 것입니다.

이런 즐거움이 반복되면 스스로 즐거움을 만들어내는 능력이 떨어지게 됩니다. 처음부터 재미있지 않으면 하지 않으려고 합니다. 또 열심히 하지 않으니까 매사에 지루함을 느끼지요. 힘든 과정을 거쳐야만 재미를 느끼는 것은 회피하게 됩니다. 심지어 책 읽어 주는 것도 싫어합니다. 자극적인 영상으로 보는 것이 같은 이야기라도 훨씬 재미있다고 생각하니까요.

어릴 때에는 아이와 매체가 같이 즐거움을 만들어내곤 합니다. 그런 환경에서 어른들은 곧잘 아이가 만들어내는 즐거움을 무시하고 매체의 새로움이나 신기함에 빠져서 그쪽을 강조하는 경향이 있습니다. 그래서 아이들이 '얼음땡'처럼 규칙을 바꿀 수 있는 놀이에 빠진 모습보다는 레고나 바둑 등 어른들이 결과물을 인정할 수 있는 놀이에, 이왕이면 학습에 도움이 되는 놀이에 강조점을 둡니다. 그래서 아이들은 스스로 즐거움을 만들어내는 능력을 계발하지 못합니다.

공부 외에 취미나 예체능을 선택한 경우에도 마찬가지입니다. 처음에는 먼저 좋아해서 열심히 연습하지만, 공부 대신 그런 취미나 예체능을 선택하고 이를 전공으로, 직업으로 결정한 시점부터는 그런 활동의 의미가 달라집니다. 단계도 거치고, 평가도 거치고, 지루하고 힘든 과정을 거쳐야 합니다. 그런 과정을 이겨내지 못하면 전문가 수준에 도달하지 못합니다. 취미일 따름이지요.

취미 생활에서도 즐거움의 단계를 높이려면 비슷한 과정을 거칩니다. 힘들게 산에 올라간 다음에 정상에서 느끼는 즐거움은 케이블카를 타고 올라가 느끼는 즐거움과 종류가 다르지요. 케이블카를 타고 올라간 아이는 맨몸으로 올라간 아이가 즐거움을 다르게 느끼는 것을 감지하지 못합니다.

지금이라도 아이들이 느끼는 즐거움이 어떠한지 살펴보세요. 매체인지 아이의 노력 덕분인지. 그래서 아이의 노력으로 느끼는 즐거움을 강조하고, 매체의 즐거움을 우습게 생각해야 합니다. 공부뿐 아니라 예체능이나 취미 생활에서도 하기 싫은 것을 참고 견딜 줄 알아야 합니다. 그래야 스마트폰 같은 매체의 중독에 빠지지 않고 스스로 즐거움을 만들 수 있습니다.

공부하는 데
자존심은 버려도 괜찮은가?

예전에는 가난한 사람, 배우지 않은 사람들도 자존심이 강했습니다. 어쩌면 그래서 더 강했는지도 모르겠습니다. 한 재일동포는 '길에 떨어진 것은 못이라도 줍지 마라'는 가훈을 귀가 따갑도록 듣고 자랐다고 합니다. 《시튼 동물기》에 나오는 어미 여우 빅스는 새끼에게 독이 든 먹이를 갖다 줍니다. 사람들에게 길들여져 살 바에는 차라리 죽는 것이 낫다고 판단해서 그랬을 것입니다. 이 이야기에 비춰보면 현대인은 자존심이 무척 약한 편입니다.

지나고 보면 저 자신도 아이들에게 자존심을 세워주려고 딱히 노력한 것 같지는 않습니다. 저 자신이 자존심을 지키는 데 급급해서 그랬을 것입니다. 현대 사회에서는 자존심을 굽혀야만 풀리는 일이 많습니다. 그래서 한두 가지라도 붙잡으려고, 그 한두 가지를 정하는 데 벌써 반평생이 지났습니다.

어쩌면 저는 아이들에게 자립과 의존의 균형을 맞추느라고 힘을 소진한 듯합니다. 예전에는 너무나도 자연스럽게 부모의 무조건적인 지지와 애정을 확신했고, 또 때가 되면 독립하는 것을 당연하게 생각했습니다. 그런데 요즘에는 부모가 아이들을 조건 없이 지지하는 것도 어렵고, 자립시키는 것도 마냥 불안하기만 합니다. 아이들 역시 부모의 애정을 조건부로 받아들이는 경우가 많고, 자립하기를 두려워하면서도 부모의 간섭에 심하게 반항하기도 합니다.

아마도 현대 사회에서 부모와 자녀의 관계가 크게 흔들리고 있기 때문일 것입니다. 동화책이나 텔레비전 등에서 부모들의 비정상적인 모습이 자주 나타나면서, 부모와 자녀의 바람직한 관계나 무조건적인 지지가 예외인 듯이 비춰지고 있습니다. 부모나 아이 둘 다 관심과 개입을 헷갈리고, 무관심과 신뢰를 구별하지 못합니다. 또 통제와 절제가 상황에 따라 해석이 달라지고, 자유인지 방치인지 판단하기가 어렵습니다.

흔히 부모들은 아이들에게 삶의 목표를 빨리 정하라거나 정체성을 찾으라고 요구합니다만, 저는 어른 자신도 목표나 정체성이 흔들리는데 아이들에게 이를 요구하는 것은 무리라고 생각합니다. 그래서 아이들이 공부를 할 때 부모가 큰 방향을 잡아주면서 부모·자녀 간의 기본적인 인간관계를 믿을 수 있는 관계로 만드는 것을 큰 목표로 삼는 것이 좋다고 생각합니다. 이것은 아이의 자립과도 연관되고, 또 자존심으로 발전할 것입니다.

자존심은 자기가 손해를 보거나 남에게 욕을 먹으면서도 뭔가를 지키려는 마음입니다. 아마도 자기 조건이나 상황을 자신이 가장 잘 안다고 전제할 때 그렇게 할 것입니다. 또는 드러내고 싶지 않은 목표를 갖고 있을 때에도 그러할 것입니다. 교사나 부모는 아이가 엉뚱한 방법으로 공부를 할 때 그렇게 하지 말라고 요구하고, 그 말을 듣지 않으면 비판하거나 혼을 냅니다. 그런데 아이가 분명히 설명하지는 못해도 자기 방식을 고집한다면 그것을 일단 허용할 필요가 있습니다. 남의 말에 따라 공부해서 효과를 보는 것보다, 설사 효과를 못 보더라도 자존심을 세운 것은 다른 의미에서 중요하기 때문입니다.

'자신의 행동이나 생각이 중요하다', '나 자신이 소중하다'는 것을 스스로 확인할 수 있는 기회는 많지 않습니다. 요즘 아이들은 공부하는 방법을 바꾸면서 그런 자존심을 내세울 수 있습니다. 남들의 명령이나 시선에 따르지 않고 자기 방식을 고집하는 것이지요. 주위 어른들은 그런 방식을 허용하고 그것이 어떤 결과를 낳는지 스스로 확인하도록 기다려주는 것이 필요합니다.

공부를 하면서 자립심이나 자존심을 고려하지 않는다면 아이는 12년 동안 중요한 가치를 배우지 못하게 됩니다. 아이들에게 공부 외의 영역에서 이런 가치를 가르치는 것이 매우 힘들뿐더러 그런 영역에서는 대중매체의 영향이 더 크기 때문입니다. 공부와 가치를 분리시키는 것은 매우 위험한 발상입니다. 무기력을 극복하고, 매체 중독에서 벗어나고, 자립심과 자존심을 지닌 아이로 성장하는 것은 공부를 어떻게 하느냐, 공부를 매개로 부모나 교사와 어떤 관계를 형성하느냐에 달려 있다고 봅니다.

자립심과 자존심이 없다면 공부를 잘해서 명문 대학이나 좋은 직장을 다닌다고 부러워할 것이 없습니다. 요즘 유행하는 이야기처럼 '국가나 사돈 등 남에게 좋은 일 시키는' 꼴이 되기 때문입니다.

돈은 잘 벌어도 남에게 이용당하기만 할 뿐 자신의 가치를 실현하기는 어려울 것입니다.

상상력과 사고력, 미래와 현재에 필요한 능력

상상력과 사고력이 필요하다고 하면 다소 한가한 얘기처럼 받아들이곤 합니다. 일단 수능이 목표인데 수능 점수가 좀 나오면 그때 생각하지, 아니면 사회 나가서 필요한 능력인데 지금 준비할 필요가 있을까 주저합니다. 어쩌면 사회에 나가서도 별로 필요성을 느끼지 못하는지도 모르겠습니다. 부모들이 주로 영어 얘기를 하는 것이 지금 영어 때문에 애를 먹기 때문이라고 본다면, 지금 상상력이나 사고력 때문에 사회생활에 지장을 받는다고 생각하지는 않는 모양입니다.

예전에 저는 후배들과 송년 모임을 하면서 1년 반성과 계획에 대해 이야기를 나눈 적이 있었습니다. 그런데 후배들이 과거를 반성하면서도 미래의 그림을 그리지 못하는 것을 보고 무척 답답함을 느꼈지요. 당시에 미래가 불확실했던 저도 그림을 그리면서 희망을 가져보는데, 나보다 활동이나 직업이 분명한 후배들이 아무런 전망 없이 산다는 것이 이해가 가지 않았습니다.

어쩌면 아이들도 그럴 것입니다. 내가 지금 공부를 열심히 한다고 할 때 앞으로 어떻게 될 것인지, 또는 앞으로 되고 싶은 모습에 비추어 내가 지금 어떻게 해야 할지 구체적으로 생각하는 것이 바로 상상력일 테니까요.

사고력도 마찬가지입니다. 생각하는 힘은 미래에 필요한 것이 아니라 바로 지금 필요한 능력입니다. 이를테면 지금 이런 형태로 공부를 하는데 기대만큼 결과가 좋지 않다면 어떻게 할 것인가 하는 문제를 두고 고민을 합니다. 이때 사고력이 있다면 다음의 실천 방향을 생각하겠지만, 사고력이 없다면 '난 어쩔 수 없어'라고 자포자기하거나 또는 그저 '다음에 열심히 하지' 하는 현상 유지 형태를 취할 것입니다.

일반적으로 사고력은 독서에서 자신의 해석에 반론하는 모양을 취합니다. 실제로 공부를 잘하는 아이들도 자신의 생각을 풀어가기는 하지만 그 생각에 의문을 갖지는 못하지요. 이것은 일상생활에서, 특히 아이들의 경우, 공부하는 자신에 대해 반성하고 변화를 꾀하는 힘이 없다는 얘기입니다. 그래서 성적이 좋은 아이들도 효율이 떨어지는 공부 방법을 바꾸지 못하면서 불안해하고 있지요.

또한 사고력은 어떤 맥락인지를 중시하고 숨어 있는 전제나 가정을 고려합니다. 그래서 사고력이 있는 아이들은 자신이 어떠한 상황에서 공부하고 있는지, 또는 자신의 성격이나 특성을 감안해서 어떻게 공부하는 것이 좋은지 고려할 수 있습니다. 반면에 사고력이 부족하면 자신이 처해 있는 상황을 고려하지 않고 친구와 비교하면서 불평합니다. 또 부모의 조건이나 자신의 특성을 자각하지 못하고 뭔가 만족스럽지 않은 주변 환경 때문에 힘들어합니다.

자신감 있게 공부하려면 자신의 공부 방법에 대해 반성을 하고 끊임없이 변화를 주어야 합니다. 그때그때 현재의 수준과 목표에 따라 공부 방법이 달라져야 하기 때문입니다. 또 실천 방법을 바꿀 수 있는 자신감으로 미래의 좌절을 극복하는 내 모습을 상상할 수 있어야 합니다. 상상력과 사고력이 없으면 가능하지 않을 것입니다.

읽기·듣기 능력
: 읽기에도 단계가 있다

제가 아이들에게 "집중 좀 해라. 그래서 어떻게 공부할 수 있냐?"고 잔소리를 하면 아이들은 이렇게 대꾸합니다.

"우리도 집중하고 싶고, 잘 듣고 싶어요. 하지만 수업이 10분 정도 지나면 집중이 흩어지고, 선생님은 재미있는 사례를 들면서 '앞에서 설명한 개념을 알아들었지?' 하고 말하는데 그 개념이 무엇인지 기억나지 않아요. 더군다나 우리는 듣기에만 신경 쓸 수가 없어요. 들으면서 생각도 하고, 정리도 하고, 의문도 갖고 하면서 내 생각을 속으로 표현해야 덜 지루할 텐데, 선생님은 쉴 틈 없이 듣기만

하라고 하지요. 결국 아무 생각 없이 듣다 보면 어느새 '멍 때리게' 돼요."

컴퓨터나 텔레비전에 빠져드는 아이들은 집중력이 약합니다. 영상 매체를 시청하는 것과 달리 책으로 공부를 하려면 스키마(배경지식)를 활성화시켜야 하기 때문이지요. 영상 매체는 정신을 긴장시키기보다는 오히려 긴장을 풀어헤치고 빨려들게 하면서, 생각하는 힘을 마비시켜 '멍 때리게' 하지요.

마치 최면에 걸린 듯이 영상을 보고 듣는 데 익숙한 아이들은 이야기를 책으로 읽거나 듣는 힘이 매우 약합니다. 어릴 때 영상 매체로 지식을 습득한 아이들은 그렇지 않은 아이들보다 아는 것은 많지만 학습 태도가 좋지 않습니다. 집중도 못하고, 또 교재도 선생님도 재미없다고 말합니다.

읽기를 어떻게 배웠느냐에 따라 읽기 능력도 차이가 납니다. 낱말이나 짧은 글 중심으로 공부하거나 수시로 평가를 받으면서 배운 아이들은 긴 글에 약하거나 숨은 뜻을 이해하기 힘들어합니다. 예전에는 사물과 경험을 통해 글을 배웠지만 요즘에는 공부로 글을 배웁니다. 그래서 글을 많이 읽고 또 유창하게 읽는 아이들도 그 내용을 머릿속으로 그림처럼 그리지 못하기 때문에 장기 기억으로 남지 않습니다.

아직도 대부분의 공부 재료는 읽기책입니다. 주변에 그림과 도표가 있고 색색의 표시가 혼란스럽기는 하지만 여전히 주 내용은 이야기 형태이고, 시험 역시 제시문 읽기를 바탕으로 진행됩니다. 학년이 올라갈수록 차츰 글의 길이가 길어지고, 내용이 복잡해지고 깊어지면서 속뜻을 요구하는 경우가 많습니다.

그래서 읽기가 서툴거나 읽으면서 요점 정리를 못하는 아이들은 아무리 지식이 많아도 배움의 효과가 적을 것입니다. 또 조금 어려운 내용은 읽지 못한다거나 읽어도 기억하지 못하는 아이들은 공부 시간이 길어도 공부 효과가 적습니다. 문제를 푸는 식으로 공부하거나 백과사전식으로 지식만 쌓는 형태로 공부한 아이들은 지식 구조가 단순하기 때문에 학년이 올라갈수록 공부하는 것을 힘들어합니다.

읽기·듣기 능력은 기본 능력이고 어릴 때 정복하는 것이라고 알려져 있습니다. 그런데 그 차이가 얼마나 큰지는 관심이 없습니다. 초등학생들은 중고등학생보다 대체로 기억하는 힘이 높지만 초등학생 사이에서도 듣는 힘은 크게 차이가 납니다. 여러 아이들을 모아놓고 옛이야기를 30분 정도 들려주면 1분도 기억하지 못하는 아이부터 20분 정도 기억하는 아이까지 놀랄 만큼 차이가 납니다.

읽기·듣기 능력이 떨어지면 공부할 때 기억하거나 사고할 만한 내용을 붙잡지 못합니다. 이미 알고 있는 내용만 반복할 뿐이지요. 그러니 공부 효과가 떨어질 수밖에 없습니다. 어릴수록 지식의 양보다는 지식의 질을 중시하고, 지식 자체보다는 능력에 강조점을 두어야 합니다. 지금 똑똑해 보이지 않아도 앞으로 공부할 때 필요한 바탕을 만들어주어야 합니다.

그런데 읽기에도 단계가 있습니다. 읽기 단계라니, 의아하게 생각할지도 모르겠습니다. 우리는 낱글자만 알면 바로 이야기를 읽기 시작합니다. 그리고 내용을 모르면 설명을 듣습니다. 그러면서도 읽기 자체를 배우거나 연습한 적은 없었지요. 책을 읽기가 힘들면 내용이 어렵다거나, 재미가 없다거나, 아니면 배경지식이 부족하다고 판단해서 다른 방도를 찾습니다.

책을 읽으면서 밑줄을 긋거나 빈틈에 메모를 하면서 읽는 사람이 거의 없습니다. 도서관이 확대되고 책을 빌려 읽는 분위기가 퍼지면서 책에 아무런 표시를 하지 않지요. 컴퓨터 때문에 연필로 글을 쓰는 일도 없어졌으니 결국 책은 눈으로만 봅니다. 읽는 것이 아니지요.

부모들도 자기계발서나 교육 관련 책만 읽을 뿐 자신의 전공이나 관심 분야의 책을 꾸준히 읽지 않습니다. 또 현대 기술에 뒤지지 않으려고 새로운 정보를 받아들이는 매체를 바꿉니다. 학교에서도 시청각 재료를 사용하면 열심히 강의 준비를 한 것으로 간주합니다. 그래서 어떻게 가르쳐야 효과적인가를 고민하기 이전에 그런 매체를 어떻게 활용할 수 있는지 공부하는 것이 더 급한 형편입니다. 요즘 시대의 변화에 따라 책읽기를 어떻게 달리 해야 하는지에 대한 논의는 거의 없습니다. 영상 매체에 대한 논의만 무성할 뿐입니다.

하지만 이런 분위기와 달리 저는 요즘 아이들에게 읽기 단계를 차근차근 가르쳐야 하는 것이 아닌가 고민합니다. 책을 눈으로 읽는 것만이 전부가 아니고, 책을 잘 읽는 아이는 그렇지 않은 아이와 다르게 읽는다는 것을 깨닫게 해야 하는데, 이런 사실을 설명하기가 힘듭니다. 부모나 주변 어른들이 책을 눈으로만 보기 때문에 아이들 역시 그런 읽기만 존재한다고 생각하기 때문입니다.

읽기를 가르친다면 우선 밑줄을 긋게 합니다. 처음에는 어디에 그어야 할지 몰라서, 또는 동화나 소설이니까 등의 이유로 밑줄을 긋지 않습니다. 하지만 억지로라도 중요하다고 생각하는 곳에는 밑줄을 긋는 것이 좋습니다. 처음에는 하도 여러 군데에 밑줄을 그어서 책이 지저분하고 창피하기까지 합니다. 그래도 이런 과정을 거쳐야 합니다.

이것이 익숙해지면 여러 가지 표시를 합니다. 납득하기 어려운 곳이나 이상하다고 생각하는 곳에, 또는 내가 중요하다고 생각하는 곳과 저자가 중요하다고 생각하는 곳에 다르게 표시를 합니다. 그리고 포스트잇을 붙이거나 책갈피를 꽂습니다.

이런 습관이 붙으면 일정 단위, 이를테면 한 장(章)이 끝날 때마다 중요 내용을 기억해본다든가 의문을 갖는다거나 비슷한 경험을 떠올린다거나 하면서 잠시 읽기를 멈추고, 자신의 기존 지식과 연결시킵니다. 아무 생각 없이 책에 몰두하는 태도는 경우에 따라서는 최면 상태, 즉 드라마를 보는 것과 비슷한 상태로 책을 읽는 것입니다. 몰입이나 집중은 그 상태에 빠져들어 주변을 의식하지 않는다는 것이지, 내 사고력까지 멈춰 있는 것을 뜻하는 것은 아닙니다.

다음 단계는 중간중간에 내 생각을 써놓는 것이지요. 낮은 단계라면 분량보다는 10~20분 정도 시간 단위로 끊는 것이 좋고, 높은 단계라면 한 장(章)이나 한 권 등 일정 분량이 끝나면 자기 생각을 말이나 글로 정리하는 것입니다.

참고로 제가 아이들을 가르칠 때 시범 삼아 만들어본 읽기 10단계를 소개합니다. 단계별로 10종류의 책갈피를 만들어서 아이에 따라, 책에 따라 적합한 책갈피를 1~2개 줍니다. 이것을 글자 밑에 대고 책을 빠르게 읽어가라고 하지요. 일정 시간이 지나면 책갈피에 나오는 대로 점검합니다.

읽기의 단계
Tip!

1단계	최면 독서	읽은 후에 아무 기억도 나지 않는다.
2단계	밑줄 읽기	읽으면서 중요한 내용에 밑줄을 긋는다.
3단계	표시 읽기	읽으면서 모르는/이상한 내용에 표시를 한다.
4단계	구분 읽기	작가/나에게 중요한 점을 구분해서 표시한다.
5단계	갈피 읽기	핵심 부분에 책갈피를 꽂는다.
6단계	경험 읽기	잠깐, 읽기를 멈추고 비슷한 내 경험을 떠올린다.
7단계	기억 읽기	잠깐, 읽기를 멈추고 통째로 기억해본다.
8단계	의문 읽기	잠깐, 읽기를 멈추고 읽은 내용에 의문을 갖는다.
9단계	기록 읽기	잠깐, 읽기를 멈추고 책 구석에 생각을 기록한다.
10단계	각성 독서	읽고 나서 현실이 달라 보인다.

chapter 9
사회적 차원에서 함께 노력할 것들

흔히 사회적 차원에서 교육 문제를 다룰 때에는 학교를 염두에 두고 공교육 개혁을 언급합니다만, 여기서는 다른 것들을 검토하려고 합니다. 즉 주변 사람들이 고민하고 실천하는 것, 아울러 학교 밖에서 함께 노력할 것은 없는지 살펴봅니다.

개인적으로 기존 제도를 활용하는 것과 사회적으로 이 제도를 개혁하겠다는 것은 모순처럼 보입니다. 이를테면 사교육을 이용하면서도 사교육을 비판하는 것처럼 말입니다. 그래서 많은 사람들이 사교육을 이용한다는 점 때문에 사교육을 비판하지 못합니다. 하지만 잘못된 기존 제도를 이용하는 것이 잘못이거나 이중적인 태도는 아닙니다. 특히 우리 교육처럼 사교육이 너무나도 광범위하게 퍼져 있는 상황에서는, 기존 제도를 올바르게 활용하면서 그 잘못된 점을 개혁하려고 노력하는 태도가 더 중요합니다.

우선 대안학교의 성격을 살펴봅시다. 이것이 진정 '대안'인지 아닌지는 판단하기 어렵지만, 여기서 새로운 길을 찾는 분들이 많기 때문에, 또 새로운 수업 방식도 여기에서 얻을 것이 많기 때문에 관심이 많습니다. 그런데 많은 경우 독서보다는 체험 중심으로 진행하고, 공부를 힘들게 하기보다는 재미있게 하려고만 해서 걱정이 앞섭니다. 대안학교 중 하나인 ○○학교를 졸업한 한 친구는 "지루하고 긴 공부의 상황에 던져졌을 때 진득하게 앉아 있을 힘, 엉덩이 내공도 우리가 부족한 게 확실하다"고 비판하기도 했지요(《민들레》 67호).

이보다 소규모의 품앗이 교육이 있습니다. 다소 자발적으로 꾸릴 수 있어 기대가 크지만, 전문가 수준의 부모가 참여하게 되면 교육 방향을 협의하기보다 그에게 맡기는 결과를 낳아 품앗이가 갖는 상호 돌봄의 장점이 약해지는 것이 아닌가 우려됩니다. 그래서인지 품앗이 교육은 학년이 높아질수록 사라지고 있습니다.

과도한 사교육비에 대한 걱정을 듣거나 학교 자체에 대한 비판을 접할 때마다, 교육의 공·사 경계를 어떻게 허물 수 있을까 고민합니다. 공교육/사교육 논란 때문에 오히려 교육의 공공성 논의가 사라졌습니다. 또 시민이 요구하는 교육과 국가가 필요로 하는 교육은 성격이 다른데 이런 구분조차 관심이 없습니다. 배우는 입장에서는 사교육 자체는 문제가 아닙니다. 어떤 교육이 올바른 방향을 취하고 있는지, 우리 아이에게 적합한 교육이 무엇인지 선택하고, 필요하면 제대로 활용하는 것이 더 중요합니다. 가능하면 평생교육까지 포함해서 모든 교육을 통합해서 생각하고 같이 논의하는 틀이 있으면 좋지 않을까 생각합니다.

최근에는 부모들을 위한 교육 관련 강좌나 프로그램들이 많이 있습니다. 문화센터나 도서관 등에서 강연도 많고 전문가도 많습니다. 부모들도 공부하고 성장해야만 시대 변화를 따라갈 수 있으니 이런 강의를 듣는 것은 필요합니다. 그런데 정작 이런 프로그램을 쫓아다니면서도 본인이 변하거나 자기 자녀와의 관계가 달라지는 경우는 많지 않다고 합니다.

어쨌든 부모들도 공부하려고 합니다. 그런데 이왕이면 독서모임을 할 수 있으면 좋겠습니다. 집에 와서 쉬는 시간에 부모는 텔레비전 본다고 아이들이 불평하는 소리도 듣기 싫습니다. 또 영상 시대에 사는 아이들이 왜 글자 책을 읽기를 싫어하는지, 아니 세상이 이렇게 빠르게 변하다가 어떻게 될 것인지 알기 위해서라도 책을 읽어야 하지요.

이런 독서모임이 발전해서 이를 중심으로 가족 간 모임을 꾸릴 수 있기를 기대합니다. 이런 모임 속에서 아이들에게 또래만이 아닌 선후배 관계를 맺어줄 수 있으니까요. 욕심을 더 부리면 이것이 대부·대모 형태로, 또는 멘토 형태로 확대될 수 있습니다. 또 여러 가족이 함께 가족 봉사를 실천할 수 있습니다. 이런 활동들이 모이면 아이들에게 넓은 사회적 연결망을 확보해줄 수 있을 것입니다. 이렇게 보면 작은 독서모임을 만드는 것은 매우 시급한 일입니다.

대안교육 운동
: 체험과 성과 위주에서 벗어나 새로운 시도가 필요하다

학교나 교육의 비인간적인 모습 때문에 대안교육 운동이 활발한 편입니다. 또 공동체 운동에서도 교육 문제가 중요한 성패 요인으로 꼽히고 있지요. 초기에는 학교에 적응하지 못하는 학생들 중심으로 대안학교가 운영되었다면, 이제는 학교를 적극적으로 거부하는 아이들이나 다른 삶을 모색하는 사람들을 중심으로 대안교육이 이뤄지고 있습니다.

제가 지금 하고 있는 '스키마독서' 교육이나 '슬로독서문화' 운동도 어느 정도는 대안적인 성격을 갖고 있습니다. 아직 부족한 점이 많아서 총체적인 운동으로 나서지는 못하고 있습니다만. 차이가 있다면 기존 교육을 대체하기보다는 뒷받침하는 방향을 택했다고 할까요? 다수가 대안학교를 선택하는 것은 거의 불가능할 것입니다. 많은 부모들에게는 현실적으로 공·사교육을 뒷받침하는 교육이 더 필요하다고 판단해서 그런 것입니다.

타협인지도 모르겠습니다. 그렇지만 대부분의 아이들은 지금의

교육 제도와 비슷한 사회에서 살아가야 합니다. 지금은 성적 경쟁이 치열한 비인간적 환경과 다를 바 없지요. 그렇다면 그 속에서 버티거나 살아남기 위해, 또는 여유를 갖거나 이런 환경을 바꾸기 위해 어떤 기초를 닦으면 좋을까 하는 생각이 앞서는 것입니다.

그래서 다른 대안교육 운동에서 중시하는, 체험을 많이 하거나 성과를 발표하는 방향에 대해 우려하고 있습니다. '수유너머'라는 학습 공동체를 학교 밖에서 정착시킨 고전평론가 고미숙은 《호모 쿵푸스》라는 책에서, 대안교육 운동이 독서를 중시하지 않고 집중해서 공부하는 것을 강조하지 않는다고 비판했는데, 저도 여기에 동의합니다.

어떤 아이들은 정서를 끝없이 받아주거나 아이의 욕구를 강하게 지지해주면 스스로 목표를 정하고 열심히 성과를 만들 것입니다. 그런데 문제는, 의욕도 없는 보통의 아이들에게 성과 위주의 교육은 역시 지루하게 비슷한 수준의 내용이 반복되는 것일 뿐입니다. 아이들의 능력이 높아가지 않기 때문이지요.

어쩌면 지금 대안교육 운동을 하고 있는 사람들의 문제는 아닐 것입니다. 더 다양한 시도들이 이루어져야 하는데, 지금 열심히 하고 있는 사람들한테 왜 그 모양으로만 하고 있냐고 탓할 수는 없는 일이지요. 이제는 다른 사람들이 새로운 대안교육 운동을 시도해야 합니다. 저 자신부터 반성하고 있습니다.

품앗이 교육
: 상호 돌봄의 가치가 중요하다

대안학교보다 널리 활용되는 것이 품앗이 교육일 것입니다. 영어나 독서 등 특정 영역을 전공하거나 가르친 경험이 있으면 다른 재능 있는 분들과 힘을 합쳐서 자녀들을 공동으로 가르칩니다. 공동육아 어린이집 운영에 함께 참여하는 분들도 많고, 초등 저학년 공부에도 많이 활용합니다. 어른 독서모임을 그렇게 운영하는 경우도 있다고 합니다.

그런데 아이들 학년이 올라가거나 시간이 오래 지나면 대체로 모임이 해체되곤 합니다. 아마도 부모들 직장이나 이사 등의 이유로 지역이 멀어지거나, 아이들 수준 차이가 컬어지거나, 구성원들의 교육철학이 갈등을 빚거나 해서 그럴 것입니다.

품앗이 교육은 그 시작부터 전문가 중심 교육과 다른 것입니다. 기본 정신이 품앗이라면 전문가 성격을 억누를 수 있어야 합니다. 품앗이로 재능을 기부하는 사람은 서로 영역을 침범하지 말아야 할뿐더러 자신의 특성을 크게 드러내지 말아야 합니다. 예를 들어 품앗이로 영어와 독서를 가르친다고 할 때, 회화 중심의 영어 공부와 학습 능력 향상을 위한 독서법은 서로 충돌할 수 있습니다. 또 특별한 교육 방법은 어떤 성향의 아이에게는 부정적인 효과가 나타날 수 있습니다.

같은 학년의 아이들을 대상으로 학원에서 가르치는 것처럼 집에서 재능 기부 형태로 가르친다면 아마도 실패할 확률이 높을 것입니다. 그보다는 내용을 직접 가르치는 것을 최소로 하는 것이 좋습니다. 그리고 학년이 차이나는 아이들도 함께 공부할 수 있는 공간을 유지하면 더 좋지요. 일정한 시간에 모여서 같은 과목을 아이들끼리 공부할 수 있도록 부모가 돌아가면서 관리해준다면 학년이 올라가서도 유지할 수 있을 것입니다.

품앗이로 어른들이 독서모임을 할 때, 돌아가면서 자신의 전공이나 자신 있는 영역을 맡아서 주도하기로 정하면 효율적이고 공평할 것 같지만, 실제로는 그렇지 않습니다. 지식이 많은 사람이 모임을 주도하면서 그 성격이 강의와 질문 형태로 바뀌게 됩니다. 구성원이 주도자와 방관자로 나뉘게 되는 것이죠. 그러니 그보다는 각자 준비한 책을 조용히 읽는다거나, 돌아가면서 책을 소리 내서 읽는다거나, 아니면 심도 있는 내용을 갖춰 대화하기 이전에 집중이나 기억에 대해서 얘기한다면 모임 사람들이 모두 참여할 수 있습니다. 즉 책을 읽을 때 집중이나 기억이 어떠했다든가, 어떤 장면이 영화 보듯이 그림을 그릴 수 있었다든가 하는 얘기들 말입니다.

품앗이 교육은 전문성보다 상호 돌봄이 돋보이는 방법입니다. 상호 돌봄의 가치는 교육의 내용보다 더 소중합니다.

공·사교육 통합 감시단
: 교육의 '공공성'을 생각한다

얼마 전 사교육을 범죄로 간주하겠다는 글을 보았습니다. 그렇다면 대다수 학부모와 학생들은 범죄인이 되는 셈이네요. 많은 논객들이 그렇게 된 상황을 비판하고 책임 공방을 벌이고 있습니다만, 이런 논쟁에서 사교육을 어떻게 규정할 것인지에 대해서는 논란이 벌어지지 않습니다. 놀라운 일이지요.

공·사 구분은 공기업·사기업처럼 운영 주체가 국가인가 개인인가에 따라 나눌 수 있습니다. 전기나 물을 공기업이 운영하면 서비스 비용이 싸지요. 교육 서비스 역시 학원보다 학교가 비용이 적게 듭니다. 이렇게 보면 사기업이 대리 운영하는, 학교의 방과후교실도 공교육에 속합니다. 반면 대학교 연구소나 주민센터, 언론사, 백화점이 운영하는 문화센터는 모호합니다.

그런데 의료 영역은 다르지요. 대학병원을 기업 병원과 구분하지 않습니다. 서비스 비용도 크게 차이나지 않습니다. '공공성'은 오히려 보건소를 통해 실현됩니다. 공공성의 특징은 이렇게 정리할 수 있습니다. 첫째, 개인보다는 집단, 특히 약자를 우선시합니다. 둘째, 치료 등 단기 효과보다는 예방 등 장기 경향을 염두에 둡니다. 셋째, 특정 질병보다는 전체 건강을 중시합니다.

이런 '공공성'의 시각에서 보면, 우리나라의 대다수 학교나 대학, 특히 특목고나 사립대학은 공교육 성격에서 크게 벗어납니다. 첫째, 학생 전체보다 공부 잘하는 학생을 우선시합니다. 둘째, 단기 성적을 목표로 가르치고 학습 능력이나 창의성 같은 장기적인 공부는 고려하지 않습니다. 셋째, 영어·수학 등 특정 과목을 분리해서 생각하고 전체 과목 또는 건강이나 심리 등을 고려한 학생 전체를 중시하지 않습니다.

예를 들어 대학 입시인 수능도 학습 능력 평가가 아니라 배경지식 점검에 가깝습니다. 또 많은 아이들이 노출 형태로 영어를 공부하는 데 익숙해져서 수학을 공부할 때도 집중해서 공부하지 않습니다. 또 문제 풀이식 수학 공부에 길들여진 아이들은 국어나 탐구 영역도 문제만 풀려고 합니다. 교사·교수들은 과목 전체의 연관성을 고려하지 않고 자신의 과목에만 신경씁니다.

이렇게 공교육과 사교육을 기업 논리로 구분하기는 어렵습니다. 실제로 부모들은 자녀를 위해 공교육, 학원·과외 등의 사교육, 공기업·사기업의 인터넷 강의, 언론사 등의 문화센터, 상담소 등의 자기주도 학습 프로그램 등을 구분하지 않고 활용하고 있습니다.

그러므로 국민에게 영향을 미치는 모든 교육을 통합적으로 생각할 필요가 있습니다. 건강에 비유한다면 양의원·한의원을 넘어서서 국민 건강에 크게 영향을 미치는 운동, 생활 습관, 음식까지 포함해서 대응해야 합니다. 마찬가지로 공교육이 중요하다고 해도 국민교육에 영향을 미치는 모든 활동—지역아동센터나 교육문화센터, 평생교육원뿐 아니라 심리상담기관 등—을 배제해서 생각하면 안 됩니다.

이런 활동을 통합적으로 감시하거나 최소한의 사회적 약속과 인권 등을 요구하는 것부터 시작해야 하지 않을까 생각합니다. 공교육을 대변하는 정부가 사교육을 통제한다고 수업료나 수업 시간을 단속하기보다는, 체벌을 한다거나 언어폭력을 가한다거나 수업 시간 이후까지 아이들을 붙잡아두는 행동 등을 인권 차원에서 통제해야 합니다. 역시 학원끼리 경쟁하는 것이나 독특한 교육 방법이라고 스파르타식 교육을 강행하는 것은 '악화가 양화를 구축'하는 결과를 빚을 수 있습니다. 지역사회 차원에서 통합적으로 접근하는 일이 매우 시급합니다.

교육 관련 강좌, 강연, 프로그램
: 인간 성장의 기본을 생각한다

교육에 열성적인 부모들, 특히 공교육의 한계를 실감한 분들은 교육 관련 강좌나 강연, 단기 프로그램 등을 통해 대안을 찾습니다. 입시 설명회나 공부법 강의부터 시작해서 부모 역할 훈련, 비폭력 대화, 또는 독서나 행복, 명상을 주제로 한 강좌·강연을 많이 쫓아다닙니다. 어떤 분은 강좌를 거의 다 들었다면서 그중 가장 적합한 방법을 찾아 그쪽으로 매진합니다. 선택 가능한 모든 방법 중에서 하나를 택했으니, 가장 현명한 선택이라고 생각할 것입니다.

하지만 저는 그렇게 생각하지 않습니다. 시중에 유명하다는 강연·강좌는 그 시대의 유행을 반영합니다. 최근 학교나 연구소, 각종 프로그램에서 자기주도 학습법이 유행하는 것처럼, 지금 시대에 맞는 방법이라기보다는 유행을 주도하는 세력의 입장을 반영한다고 봅니다. 또 대부분의 강좌가 심리학적인 경향을 띠는 것은 우리 사회의 특성을 반영합니다. 우리나라 여론은 어떤 문제를 역사적·사회적으로 접근하지 않고 심리적으로 접근하는 것이 대세입니다.

강연은 그 시대나 사회의 고민을 담고 있어야 하지만, 자기 자녀 한 명을 위해서는 시대와 사회의 한계를 넘어서야 합니다. 그렇다면 다른 시대나 다른 사회에 알려진 방법들을 같이 공부해야 합니다. 예를 들면 부모 역할 훈련은 직관적인 양육을 무시하고 전문가를 중시하는 현대 사회의 가치를 전제하고 있습니다. 영재교육도 '빨리 익으면 빨리 상한다'는 것을 당연하게 생각했던 시대의 가치와 상충합니다.

스마트폰 문제 등 시대의 문제를 해결하는 것도 중요하지만, 뇌과학에서 얘기하는 것처럼 인류 역사부터 계속된 인간 성장의 기본이 무엇인지 고민하는 것도 중요합니다. 이를테면 운동을 하면 뇌 활동이 활발해진다는 것은 길고 긴 수렵·채취 시대를 생각하면 너무나도 당연한 얘기입니다.

강연이나 강좌는 특별한 내용이나 방법을 담고 있습니다. 주목을 받아야 하고 인정을 받아야 하기 때문이지요. 의료 서비스로 비유하면, 특정 질병에 특별한 치료 성격이지요. 특별 치료로 단기간 효과를 볼 수는 있지만 부작용이 어떠한지 아무도 알지 못합니다.

자녀를 양육하는 것은 예방하는 것이고 건강을 유지하는 것입니다. 기본이 중요합니다. 교육보다는 건강, 지식보다는 학습 능력, 공부보다는 인간관계 등을 중시해야 합니다. 이를 무시하는 방법은 조심할 필요가 있습니다. 지금 시대에는 오히려 상식과 직관이 더 필요한 시대입니다.

가족 연합 모임
: 아이의 사회적 지지망 넓히기

자녀 한 명을 키우는 데 마을 전체가 필요하다는 얘기가 있습니다. 한 가족이, 부모 둘이 자녀 한두 명을 키우는 것은 거의 불가능할 정도입니다. 학교나 학원·과외에서 만나는 교사도 많고 또래 친구들이 있어도, 아이와 성향이 비슷한 어른이 있었으면 하고 절실히 원할 때가 많습니다.

요즘 아이들과 부모가 갈등할 때 가장 크게 드러나는 성격 차이는 이런 것들입니다. 부모는 계획을 세우고 정리를 잘하는데 아이는 그렇게 하지 못합니다. 또 부모는 현실적인데 아이는 비현실적이고 엉뚱한 생각이나 행동을 자주 합니다. 특히 아이가 어릴 때 똑똑하다고 주목받거나 해서 영재교육 등을 시켰다면 부모와 아이의 갈등은 더 심해집니다.

엄마와 아이의 갈등이 심해질수록 아빠들은 여기에 끼어들어 해결하기보다는 뒤에서 비난하는 경우가 많습니다. 아빠가 엄마와 같은 성향이면 왜 아이를 제대로 통제하지 못하냐고 지적합니다. 엄마와 다른 성향이면 잘못 가르치는 것 아니냐고 비난합니다. 대다수 아빠들은 아이나 교육 문제에 대해 주변 사람들과 대화를 나눌 기회가 없습니다. 그래서 자신이 어렸을 때 겪었던 경험을 예로 들어 해결책을 제시합니다. 엄마들은 주변 사람과 정보를 나누기 때문에 지금 상황이 크게 달라졌다고 반박하지요.

많은 가정에서 엄마와 아빠의 성격 차이는 교육 문제로 인해 불거집니다. 어릴 때 겪은 경험이 다르고 가치관이 차이가 나지요. 아이가 학교에 다니기 전에는 서로 양보할 수 있었는데, 아이가 기대에 못 미치거나 문제가 발생하면 양보할 수 없습니다. 어떤 해결책을 찾아야 하기 때문에 서로 갈등하지 않을 수 없습니다. 아동관이나 교육에 대한 생각이 다르므로 좀처럼 해결책을 합의할 수 없습니다.

저는 가족 연합 모임을 추천합니다. 물론 아이의 유치원 동기 모임이 많은 것으로 알고 있습니다. 하지만 같은 학년 또래의 부모 모임은 아이들의 성적 수준이 차이나면서 오래 유지하기 어렵습니다. 부모의 나이도 다르고 아이의 학년도 다른 부모 모임이 좋고, 또 아빠도 참여하는 것이 좋습니다. 물론 나이가 많은 부모나 공부 잘하는 아이의 부모가 목소리가 큰 경우 불편할 수도 있습니다. 그러니 운동이나 여행 등 다른 기준이 드러나는 활동을 같이 해야 합니다.

가족이 여럿 모이면, 이해하지 못했던 내 자녀의 행동을 당연하게 바라보는 부모가 있습니다. 그렇게 보면 그런 성격도 나름대로 잘 살 수 있다는 안심을 하게 되지요. 좀 더 가까워지면, 그리고 학년이 올라가면 그들이 멘토 역할을 할 수 있습니다. 더 가까워지면 대부·대모 역할도 어느 정도 가능하겠지요. 그런 모임에서 자기 자녀의 특이한 성향을 예뻐하는 어른을 만난다면 아이는 강력한 사회적 지지망을 확보하는 것입니다.

어른 독서모임
: 독서모임에서 가족 모임까지, 유사 확대가족 만들기

이런 모임을 만드는 손쉬운 방법으로 어른 독서모임을 추천합니다. 독서가 그래도 가장 무난하다고 생각하기 때문입니다.

우리 사회에서 독서모임이 잘 진행되지 않고, 또 독서모임에 참가하는 사람들이 매우 적다는 사실을 알고 있습니다. 그런 모임은 대체로 대학 때 하던 세미나 방식을 차용하는데, 일부 발제하고 내용을 바탕으로 토론하는 방식으로는 어른들을 모임으로 끌어들일 수 없다고 봅니다. 이 방식은 구성원의 지식 차이를 그대로 드러낼 뿐만 아니라, 말 잘하는 사람을 제어하지 못합니다. 대등한 수준에서 모임을 유지하지 못하면 장기간 지속되기 어렵습니다.

독서모임을 운영하는 다른 방식을 소개합니다. 책을 집에서 읽어오거나 모여서 함께 읽습니다. 그리고 여기에 덧붙여서 누가 읽어주거나 돌아가면서 소리 내서 읽어봅니다. 또 녹음한 것을 듣습니다. 이때에는 속도를 빠르게 하거나 소리를 크게 하는 등 변화를 줍니다. 이렇게 읽거나 들은 다음 내용에 대해 얘기를 주고받는 것이 아니라, 어떻게 읽었는지(들었는지) 기억이나 집중에 초점을 두고 얘기를 나눕니다. 어떤 장면이 가장 잘 떠올랐다든가, 웬일인지 집중이 잘 안 됐다든가 하는 식으로요.

보통 우리는 소설책과 철학책을 다르게 읽지 않습니다. 또 소설을 읽을 때에도 새로운 정보를 얻는다는 입장에서만 읽을 뿐, 읽기 능력을 높인다거나 읽기 방법을 달리한다는 식으로 접근하지는 않습니다. 하지만 언제 어디서나 같은 방식으로 읽는다는 것은 관성적으로 읽는다는 것이므로 한계가 분명합니다. 읽기를 다양하게 변화시키는 것은 이런 관성적 읽기를 깨고 집중력을 다시 회복하는 것입니다. 읽기를 다양하게 변화시킬 수 있다면 책의 종류나 수준에 따라, 읽는 목적이나 상황에 따라 다르게 읽을 수 있습니다.

조금 발전시킨다면 베껴쓰기를 할 수 있습니다. 평소처럼 한 줄 읽고 기억에 따라 공책에 옮깁니다. 기억이 가물가물해도 그냥 씁니다. 그리고 바로 확인하고 고칩니다. 생각보다 다르게 읽는다는 사실을 깨닫게 됩니다. 읽기 자체에 집중할 수 있게 되지요. 이런 베껴쓰기는 조금 어려운 책 또는 평소 한 번 더 읽고 싶었던 책으로 할 수 있습니다.

읽기와 쓰기를 병행할 수도 있습니다. 책을 읽고 자신의 생각을 쓰는 것은 물론 어렵고 부담스럽기 때문에, 쉬운 책을 읽고 서평처럼 글을 씁니다. 그리고 글 쓴 것을 같이 돌려보면서 평을 할 수 있습니다. 평을 할 때에도 이태준의 《문장강화》나 명로진의 《베껴쓰기로 연습하는 글쓰기 책》, 이희재의 《번역의 탄생》같은 책을 참고해서 동료의 글을 평합니다. 예를 들면 문장의 길이를 줄인다거나, 접속사를 살펴본다거나, 주어-술어의 호응을 점검한다거나, 이중 부정을 찾아본다거나 하는 식으로, 한 사람이 한 가지 기준으로만 평하는 것입니다. 저희 연구소에서 그림책을 읽고 서평을 쓴 다음 다른 사람들한테 한 가지씩 평을 받았더니, 몇 차례 하지 않았는데도 대부분 글 보는 눈이 높아졌다고 말했습니다.

예전에 구로시민센터에서 책을 30분씩 세 차례 읽어주기를 시도한 적이 있었습니다. 제가 《장길산》을 읽어주면 모임 회원들은 눈을 감고 장면을 떠올리면서 들었지요. 또 얼마전 한살림서울의 남부지부 동아리에서는 읽기와 듣기를 반복하는 형태로 독서모임을 운영해보았습니다. 소설은 위화의 《허삼관 매혈기》로, 비소설은 플로리안 오피츠의 《슬로우》로 시도했습니다.

이런 방법의 장점은 집에서 책을 읽어오든 그렇지 않든 참여할 수 있다는 것입니다. 또 내용을 평가하지 않기 때문에 지식의 차이가 드러나지 않습니다. 주로 집중과 기억에 대해서 얘기하기 때문이지요.

저는 이런 모임들이 발전해서 가족 모임으로 확대되고, 그런 유사 확대가족을 통해 아이들이 자신들의 모델을 부모 외의 사람에서도 찾을 수 있기를 바랍니다. 물론 어른일 수도 있고, 선배일 수도 있겠지요.

저는 독서 관련 연구소를 운영하면서 연구원 가족 캠프를 종종 합니다. 여기서 대학생 중심으로 중고등학생들이 조교를 하고 초등학생들이 같이 활동을 하는 프로그램을 진행합니다. 물론 부모들이 뒤에서 지켜보고 있지요. 이때 아빠와 자녀의 대화가 필요하다고 생각해서 '다른 아빠와의 대화' 시간을 시도했습니다. 아이들은 다른 아빠이기 때문에 질문을 활발하게 합니다. 이렇게 아이들은 부모들이 서로 친할 때에만 친구나 선후배 관계를 장기적으로 받아들입니다. 또 이런 관계가 지속되면서 힘들 때 선배 중에서 고민을 털어놓을 수 있는 사람을 찾을 수 있을 것입니다.

가족 봉사
: 희망의 '책 읽어주기'

독서모임을 오래 하면 지루해집니다. 방식이나 참여하는 사람들이 익숙해서 편하긴 한데, 또 그렇기 때문에 긴장하지 않아서 성장하는 느낌이 없기도 합니다. 독서모임에 아빠나 아이들을 포함시키거나 다른 독서모임과 연합해서 행사를 해도 크게 바뀌지 않습니다.

이때 새로운 변화를 줘야 합니다. 독서를 통한 자원봉사 활동이 비교적 무난한 시도입니다. 유치원이나 초등학교에서 수업 시간에 대신 책을 읽어줄 수도 있습니다. 또는 양로원이나 정신장애 또는 노숙자 쉼터의 취약계층을 대상으로 책을 읽어주는 것도 좋습니다.

아이들이 직접 봉사할 수 있는 환경을 만들어주면 더 좋습니다. 취약계층 사람들에게는 책을 꾸준히 읽어주는 것이 중요합니다. 평소에는 어른들이 읽어주다가, 방학 때 아이들이 읽어주면 효과가 크겠지요.

물론 취약계층에게는 독서가 시급한 것은 아닙니다. 그렇지만 함부로 그들에게 마음을 열라고 요구하는 것은 부담스러운 일입니다. 전문가나 직업이 아닌 이상 조심스럽게 접근해야 합니다. 그런 점에서 책을 통한 관계 맺기는 적절합니다. 대상이 다르면 읽기나 읽어주기도 목표가 달라야 합니다. 자기 표현 능력이 떨어지거나 그런 경험이 없는 어른에게는 책을 이해하는 것보다는 책의 내용에 자극 받아 말이나 그림으로 자기를 표현하도록 권유하는 것이 좋습니다.

아이나 아빠가 한두 번 봉사에 참여했다면 가족 단위로 그들과 만나는 것은 더 좋을 것입니다. 가족은 살아야겠다는 의지를 불러일으키는 원천입니다. 프랑크 쉬르마허의 《가족, 부활이냐 몰락이냐》라는 책을 보면, 위기 상황에서 가족이 있는 구성원이 그렇지 않은 건강한 어른보다 더 오래 살아남았다고 합니다. 가족의 화목한 모습을 보여주는 것은 취약계층에게 중요한 계기가 될 것입니다.

또 봉사에 참여한 아이들한테도 큰 도움이 됩니다. 평소에 만나지 못하는 사람들과 얘기를 나누면서 '인간'을 다시 생각할 수 있고, 자신이 그들에게 도움이 된 경험은 정체성에 긍정적인 영향을 미칩니다. 물론 독서모임을 하는 어른들도 다시 활력을 찾을 수 있습니다. '독서'에 대해서도 다시 생각하는 계기가 됩니다.

처음부터 너무 많은 시간과 에너지를 쏟지 않는 것이 좋습니다. 취약계층에 속한 사람들이나 종사자들이 기대를 많이 한다고 해도 말입니다. 오랜 기간 관계를 유지할 수 있는 수준으로 참여를 하고, 그들의 어떤 '완고함'을 수용할 수 있는 수준만큼 조금씩 다가가는 것입니다. 저도 지금 노숙자 쉼터에서 독서 봉사를 하고 있는데, 이들에게는 읽어주기보다는 각자 읽고 싶은 책을 소리 내서 읽거나 속으로 읽고 1~2분 정도 기억해보라고 했습니다. 아직 소규모이고 아이들을 어떻게 참여시킬 수 있을지 고민 중이지만, 이 모임이 조금씩 확대되지 않을까 희망을 갖고 있습니다.

Part 3

12년 공부계획
실전편

12년 공부를 마라톤과 비교하면 알기 쉬울 것입니다.
처음부터 빨리 뛴다고 우승하는 것은 아닙니다.
물론 처음에 힘을 비축한다고 너무 천천히 뛰는 전략도 좋지 않습니다.
자신의 체력과 준비 경험에 따라야지요.

chapter 10
과목 유형별 공부 계획 1

    초등학생들은 학교에서 시험을 보지 않기도 하고, 시험을 보더라도 등수를 알려주지 않습니다. 그래서 우리 아이가 어느 위치에 있는지 가늠하기가 어렵지요. 이렇게 등수를 표시하지 않는 것은 장점이 더 많습니다. 시험의 등수는 상대 비교이기 때문에 아이들의 노력이나 실력을 제대로 반영하지 않습니다. 그래서 등수를 표시하지 않으면 흔들림 없이 장기 계획을 실천할 수 있습니다.

    그래도 부모들은 시험 점수로 아이를 판단합니다. 같이 공부하는 친구들과 비교하면서 신경이 날카롭지요. 하지만 친구와 비교하기보다 과거와 비교하는 게 낫습니다. 예전보다 점수가 올라갔는지 내려갔는지를 살펴보면 열심히 공부하고 있는지 알 수 있지요. 그리고 미래의 목표도 세울 수 있어 좋습니다. 하지만 이것 역시 불확실합니다. 시험 난이도를 알 수 없으니까요.

하지만 이렇게 점수로 과거와 비교하는 것보다 더 분명한 방법이 있습니다. 바로 주요 과목인 수학, 영어, 국어를 서로 비교하는 것입니다. 이를 통해 아이가 어떻게 공부하고 있는지, 앞으로 어디에 중점을 두고 공부하면 좋을지 판단할 수 있습니다. 특히 주요 과목의 비중을 정하는 것은 온전히 부모의 몫입니다. 각 과목 교사들은 자기가 가르치는 과목이 중요하다고만 얘기할 뿐, 전체 공부 중에서 비중을 얼마만큼 두면 좋을지는 얘기하지 않습니다. 어쩌면 얘기할 수도 없겠지요.

부모는 공부와 다른 일상생활—수면, 운동, 친구관계, 예의 등—이 서로 충돌하는 것을 조정합니다. 잠잘 시간까지 숙제하지 않았을 때 어떻게 할 것인지, 뇌 활동에 좋다고 해서 운동을 권하는데 피곤하다고 일찍 자면 이를 어느 정도로 허용할 것인지, 심지어 공부 시간 중에 아빠가 퇴근해 집에 들어오면 바로 인사를 시키는 것이 좋은지 아니면 공부 시간이 끝난 다음에 인사를 시키는 것이 좋은지 판단하기가 쉽지 않습니다. 여기에 주요 과목과 사회, 과학 등 주변 과목의 비중을 몇 대 몇으로 둘 것인지, 주요 과목인 수학, 영어, 국어는 어떤 비율로 배합할 것인지 고민하지 않을 수 없습니다. 누군가는 방향을 정하고 결정을 내려야 하니까요.

성적만 비교하기보다는 공부 시간이나 노력 등을 비교하는 것이 더 좋습니다. 예를 들어 누구는 국어 공부를 하는 데 문제집을 풀고 교과서 설명을 암기하는 등 많은 시간을 투자합니다. 그런가 하면 누구는 국어 시간에 나눠준 자료도 보지 않습니다. 국어는 아예 시험공부를 하지 않는 과목으로 알지요. 또 수학 공부는 하지 않고 영어에만 엄청 시간을 쏟는 아이가 있는가 하면, 영어는 조금만 하고 수학에만 집중하는 아이가 있습니다. 적게 투자하는 과목은 이미 성적이 좋아서 그렇기도 하고, 아예 포기해서 그렇기도 합니다. 또는 아이 성향이나 부모의 방향 때문에 그렇기도 합니다.

아이가 주요 과목인 수학, 영어, 국어를 어떻게 비중을 두고 공부하는지 그 차이를 살펴봅니다. 이에 따라 아이가 어떻게 공부하는지 추정하고 장기적으로 성적을 올리기 위해 어떻게 공부하면 좋을지 그 방향을 진단해봅니다. 편의상 시간이나 노력 등 비중을 많이 두는 것과 성적이 좋은 것을 같은 차원으로 보고 얘기를 전개해봅시다.

한 과목만 잘하는 유형

[유형1] 수학 유형 : 수학을 영어·국어보다 잘하는 유형

수학을 잘하는 아이는 일단 숫자에 강하고 논리를 좋아한다는 특성이 있습니다. 문제를 많이 풀어서 그렇기도 하지요. 간혹 문제를 적게 풀었는데도 잘하는 아이가 그렇습니다. 또 수학만 하려고 하거나 수학만 열심히 하는 아이도 그렇습니다. 다른 과목도 비슷하게 공부를 하는데 수학이 상대적으로 점수가 좋은 아이는 특히 그러합니다. 모두 수리 능력이 뛰어난 아이라고 볼 수 있습니다.

수학은 영어나 국어에 비해 독해를 직접 묻지 않습니다. 언어 영역은 이해했다 또는 이해하지 못했다 하는 구분이 명확하지 않습니다. 정답을 맞혔는데도 이해했다는 느낌이 들지 않는 경우도 많습니다. 제시문을 독해했지만 문제를 틀린 경우도 많지요. 반면 수학은 그렇지 않습니다. 정답을 맞히면 이해한 것입니다. 틀리면 이해하지 못한 것입니다.

수학은 설명을 듣거나 개념을 소화시키려면 이해력이 필요하지만 시험 볼 때 문제를 독해할 필요는 없습니다. 1970년대엔 공부 잘하는 고3 아이들 가운데 일본의 수학 문제집을 구해서 공부한 아이도 있었습니다. 일본어로 된 문제를 읽지 못해도 문제를 풀고 답을 맞히는 데는 지장이 없었지요.

그렇다고 이해력이 크게 부족하면 곤란합니다. 초등 4~6학년 중에는 문장제 문제를 틀렸는데 집에서 엄마가 문제만 읽어줘도 '아하' 하면서 제대로 푸는 아이도 있습니다. 문제를 눈으로 읽어서는 독해하지 못했는데 귀로 들으니까 독해를 한 것이지요. 문장제와 단순 연산의 성적 차이가 많이 난다면 잘 관찰해볼 필요가 있습니다.

문장제 점수가 낮은 것이 단순 이해 부족이라면 다행이지만 문장제를 회피하는 느낌이라면 수리 능력이 점수만큼 높지 않을 것입니다. 단순 계산 문제를 많이 풀거나 시험 대비 공부를 많이 해서 점수가 높다면 특히 그럴 수 있습니다. 평소에 항상 예제나 낮은 단계 문제를 풀거나 훑어본 다음에 문제를 푸는 경우도 그럴 것입니다.

여기에 함정이 있습니다. 쉬운 문제를 풀었다고 개념을 이해한 것이 아닙니다. 수리 능력이 높아지는 것도 아니고요. 그런데 쉬운 연산 문제를 많이 풀도록 하는 것은 오히려 아이들이 수학적으로 생각하지 않아도 된다고 허용하는 것입니다.

90점 이상 맞는 쉬운 문제만 푼다면 자신감이 자만심으로 변하기 쉽고, 오히려 실패 극복의 경험이 적어 무기력에 빠지게 됩니다. 20퍼센트 정도는 틀리는 수준의 문제들을 풀고, 틀린 문제는 곧바로 설명해주지 않고 두세 번 다시 풀게 시킵니다. 물론 다음 날, 다음 주, 다음 달 이런 식으로 간격을 점차 벌리면서 풀게 합니다. 이렇게 틀린 문제를 스스로 다시 풀어서 맞혔을 때 학습 흥미와 성취감을 느끼고 수리 능력이 높아집니다.

틀린 문제를 다시 풀 때엔 문제집에 표시를 없애야 합니다. 또 설명을 해줬다면 설명을 잊어버릴 만큼 시간이 지난 다음에 풀도록 해야 합니다. 또 좀 헤매면서 푼다면 개념을 스스로 설명해보라고 합니다. 예를 들어가며 설명할 수 있어야 개념이 이해가 갑니다.

또 틀린 문제와 개념을 연결시키라고 요구합니다.

수학을 높은 학년에서도 잘하려면 수리 능력이나 수학적 사고력을 키워야 합니다. 수학 공부에도 이해력이 따라가야 합니다. 수학이 영어나 국어에 비해 월등하게 점수가 높거나 수학에만 비중을 두고 공부한다면 이해력을 점검해봐야 합니다. 수학 공부에서 연산과 문장제, 처음 푸는 문제와 다시 푸는 문제, 문제 풀이와 개념 설명에 대한 실력이나 점수가 비슷하지 않다면 위험합니다. 생각하지 않고 문제만 많이 푼다면, 틀린 문제에 대해 설명만 듣는다면, 이해했다고 다시 풀지 않는다면, 스스로 개념을 설명하지 못한다면 수리 능력은 높아지지 않을 것입니다.

[유형2] 영어 유형 : 영어를 수학·국어보다 잘하는 유형

영어를 잘하는 아이는 영어를 좋아합니다. 영어는 일상에서 배울 수 없으니까 영어에 많이 노출된 편입니다. 부모가 영어 관련 전공·직업을 갖고 있거나 외국에서 오래 살았다면 자연스러울 수 있지만, 대부분은 부모의 의도와 노력에 의해 학원에서 또는 테이프 등으로 노출이 많은 경우입니다.

초등 영어의 목표는 일상생활에서 사용하는 기초적인 영어를 이해하고 표현하는 능력을 기르는 것입니다. 의사소통의 바탕이 되는 언어 기능교육, 특히 음성 언어교육을 주로 합니다. 또 영어에 대한 흥미와 관심을 갖게 하는 것도 주요한 목표이기 때문에 게임,

놀이, 역할극, 노래 등의 방법을 많이 사용합니다.

여기에 나오는 일상생활은 국어로 치면 초등 저학년 또는 유치원에서 배웠던 것입니다. 너무 쉬운 내용들이지요. 물론 이것을 영어로 이해하고 표현하려면 쉽지 않습니다. 그렇다고 새롭게 다른 경험을 겪거나 생각을 깊게 할 필요는 없습니다. 그래서 노출 형태로 반복해도 영어 공부가 됩니다. 아니, 다른 과목을 공부할 때처럼 집중하면 안 된다고 합니다. 잘못하면 영어에 흥미를 잃게 되니까요.

수학이나 국어에 비해 영어를 잘하는 아이는 이런 공부 방법이 몸에 익숙합니다. 집중하지 않고 재미있게 공부하려고 합니다. 영어 지문은 일상생활에서 쉽게 접하는 것들이라, 딴생각을 해도 엉뚱한 방향으로 독해할 가능성이 별로 없습니다. 그리고 한번 이해하고 암기했다고 해도 반복하지 않으면 잊어버리기 때문에 처음부터 강하게 집중하지 않습니다.

수학이나 국어는 그렇지 않습니다. 조금 어려운 수학 문제를 만나면 순간 강하게 집중해서 어떻게 문제를 풀지 방향을 결정해야 합니다. 조금 어려운 국어 지문을 접하면 내 경험이나 지식과 다르게 독해할 수 있는 가능성을 열어야 합니다. 숫자로 문제를 해결하는 과정이나 문자로 새로운 삶을 접하는 경험에 호기심이 없다면 공부에 흥미를 붙이기 힘듭니다.

영어는 외국어이기 때문에 모국어인 국어 능력 이상 높아지지 못합니다. 또 영어는 국어에 비해 고급 언어보다 일상 언어를 많이 사용합니다. 그래서 기본적으로 일상 언어 능력이 높은 아이가 영어 공부에 유리하기 때문에, 공부와 성적의 상관관계는 수학만큼 뚜렷하지 않습니다. 그래서 저학년 때 영어 성적이 좋은 아이는 학년이 올라갈수록 떨어지는 경향이 있습니다.

또 그런 아이는 집중해서 공부하는 습관이 들지 않았기 때문에 학년이 올라갈수록 영어와 멀어질 수 있습니다. 초등 영어가 일상생활 중심으로 듣기에 치중한다고 해도 고등 영어나 수능 영어는 일상생활에서 벗어나 어법과 독해를 요구합니다. 이런 고급 영어는 국어나 수학 공부와 같은 방식으로 집중해서 공부해야 합니다.

초등 영어가 일상회화라고 해도 공부는 공부입니다. 다른 과목을 감안해서 집중해서 공부하는 버릇을 들여야 합니다. 또 학년이 올라갈수록 문어체의 고급 언어 능력을 요구합니다. 추상 언어를 통해 낯선 경험을 이해하는 언어 능력을 높이기 위해서는 국어 능력을 먼저 높여야 합니다.

[유형3] 국어 유형 : 국어를 수학·영어보다 잘하는 유형

국어를 잘하는 아이는 언어 능력이 뛰어난 아이입니다. 책을 많이 읽거나 또는 일상에서 언어 사용이 뛰어난 아이입니다. '감'이 빠르다고나 할까요? 국어 공부를 안 해도 국어 점수가 잘 나오는 아이들이 있습니다. 그만큼 국어 점수는 일상생활의 의사소통 능력과 밀접하게 관련되어 있습니다. 이런 아이는 국어 공부를 하지 않습니다. 공부를 안 해도 점수가 잘 나오므로 다른 과목도 공부를 열심히 안 하는 경향이 있습니다.

심지어 책을 많이 읽지 않았는데도 그런 아이들이 있지요. 일상생활에서 융통성이 강하거나 맥락 파악을 잘하는 아이, 이른바 '잔머리'가 강한 성향입니다. 이런 성향의 아이들은 '감'으로 문제를 맞힙니다. 초등 영어나 수학까지 '감'으로 문제를 풀 수 있습니다. 그래서 초등학교 때까지는 성적이 잘 나옵니다. 거의 공부를 하지 않았는데도 말입니다. 그러다가 중학교 때부터 성적이 크게 떨어집니다.

아이에 따라서는 중학교 내신 점수도 높을 수 있습니다. 흔히 말하면 '당일치기' 공부를 통해서 그렇게 합니다. 이것은 아마도 뛰어난 '감'으로, 교사가 중요한 것을 암시할 때 눈치를 채기 때문일 것입니다. 하지만 힘들게 공부하지 않았으므로 이것이 실력으로 몸에 배지 않습니다. 시험이 끝나면 공부한 내용을 대부분 잊어버립니다.

책은 많이 읽었지만 학교 공부를 안 해서 국어가 다른 과목에 비해 점수가 잘 안 나온다면 나중을 기대할 수 있습니다. 책을 많이 읽으면 언어 능력이 높아지고, 언어 능력이 높으면 공부를 할 때나 수업을 들을 때 더 잘 이해하고 기억할 수 있으니까요. 그래서 책을 많이 읽은 아이가 나중에 마음먹고 공부를 하면 성적이 크게 올라갑니다.

그런데 많이 읽은 책이 대충 읽어도 되는 판타지나 추리소설이라면 성격이 조금 다릅니다. 국어 점수가 잘 나오고 심지어 영어 성적에도 도움이 된다고 해도, 대신 편하게 책을 읽었기 때문에 수학을 공부하기 싫어합니다. 수학은 힘들게 풀어야 합니다. 눈으로 공부해서는 안 되지요. 연습장에 쓰면서 생각해야 합니다.

책을 읽지 않으면, 또 책을 읽으면서도 생각을 하지 않으면 공부 자체가 힘듭니다. 학년이 높아질수록 공부의 내용은 일상에서 겪기 힘든 삶에 대한 것이고, 구어체의 일상 언어보다는 문어체의 고급 언어로 표현되어 있습니다. 초등 교과서는 일상에서 겪을 만한 내용을 일상 언어로 표현한 것들이라 '감'으로 파악해서 높은 점수를 받을 수 있습니다. 그러니 단지 높은 점수를 받았다고 칭찬을 하면 아이는 그 수준에 머물게 되고, 학년이 올라가면서 공부하는 것을 힘들어합니다. 힘들게 생각하면서 책을 읽어야 합니다.

두 과목을 잘하는 경우

[유형4] 영·수 유형 : 영어·수학을 국어보다 잘하는 유형

영어와 수학은 잘하는데 국어를 못하는 아이들은 책을 읽지 않고 공부만 열심히 하는 경우가 대부분입니다. 많은 시간 공부하기

때문에 영어와 수학은 점수가 잘 나옵니다. 또 그런 과목을 좋아합니다.

수학과 영어는 공부의 단계가 있습니다. 수학은 곱셈도 2자리, 3자리, 4자리 곱셈으로 나뉘어 있고, 일차방정식, 이차방정식 등으로 단계가 있지요. 수도 자연수, 정수, 유리수, 무리수, 실수, 허수 등 체계적으로 구분됩니다. 또 영어는 어휘 수부터 다릅니다. 초등 3학년은 120낱말인데 초등 6학년은 520낱말 이내, 고1은 총 1,810낱말 이내로 정해져 있습니다. 단일 문장의 길이도 초등 3~4학년은 7낱말 이내로 권하고 있지요. 또 학년이 올라갈수록 구문이나 문법이 복잡해집니다.

국어도 초등 국어와 중등 국어가 다르지만 영어나 수학만큼 분명하지는 않습니다. 학년이 올라갈수록 어려운 어휘나 복잡한 문장이 많아지고 추상 언어를 많이 사용하기는 하지만, 쉬운 동화에서도 긴 문장이나 복잡한 글을 접할 수 있습니다. 풍자나 반전이 포함된, 내용이 어려운 글로 단계가 구분되기도 하지만, 그 구분이 영어나 수학에 비해 분명치 않습니다.

단계가 분명하기 때문에 영어·수학은 기초부터 차근차근 공부합니다. 공부하기로 마음먹을 때 꼭 자기 학년 것부터 공부하지 않아도 좋습니다. 학년과 상관 없이 기초부터 공부합니다. 어른들도 영어를 배울 때 그러하지요. 그래서 영어와 수학은 공부를 한 것과 안 한 것이 차이가 납니다. 성적에서도 그러하고, 본인도 그렇게 느낄 수 있습니다. 계획을 세우고 점검할 수 있습니다. 공부할 맛이 나지요.

그런데 국어 공부는 그렇지 않습니다. 공부를 해도 효과가 잘 나타나지 않습니다. 기초부터 공부하기가 애매합니다. 수학이나 영어는 알면 아는 것이고 모르면 모르는 것입니다. 하지만 국어는 아는 것과 모르는 것이 분명치 않습니다. 일상이나 경험과 분명히 구분되어 있지 않기 때문에 교과서 국어를 집중해서 공부하기가 힘이 듭니다.

국어 성적을 위해 책을 읽는 경우도 있습니다. 시도를 하고 노력을 하지요. 그런데 책읽기는 효과가 당장 나타나지 않습니다. 그러다 영어·수학 성적에 욕심을 부리면 다시 책을 읽지 않습니다. 책을 읽지 않은 상태에서 국어 공부를 해도 효과가 없습니다. 결국 국어 공부를 하지 않습니다.

그런 아이들은 국어 제시문 독해를 힘들어합니다. 국어 중에서도 소설이나 시 등 비정형적인 것, 불확실한 것을 힘들어합니다. 중학교 내신은 수업 시간에 공부한 내용으로 어느 정도 따라갈 수 있지만, 고등학교 때나 수능에서는 좀처럼 성적이 올라가지 않습니다. 국어 실력이 뒷받침되지 않기 때문입니다.

흔히 이과 유형이라고 하지요. 성향이 그럴 수도 있고, 책을 읽지 않아서 그럴 수도 있고, 책을 읽어도 단순하게 해석해서 그럴 수도 있습니다. 성향이 그렇다고 해도 책을 읽지 않으면 높은 수준의 공부를 할 때, 또는 사회생활에서 애를 먹을 수 있습니다. 그러므로 책읽기는 효과가 적더라도 학습의 기초라고 생각해서 언어 능력을 높이는 노력을 꾸준히 해야 합니다.

[유형5] 국·영 유형 : 국어·영어를 수학보다 잘하는 유형

국어·영어를 잘하고 수학을 못하는 아이는 흔히 문과형입니다. 언어에 강하고 수리에 약하지요. 숫자를 싫어하고 수리나 논리를 싫어합니다. 심한 경우는 따지는 것 자체를 싫어합니다.

수학 공부를 잘 하지 않거나 회피하는 경우는 일단 성향의 문제입니다. 숫자나 수리를 좋아하지 않는 것이지요. 이런 아이는 수학은 영어와 달리 시험 때에만 필요하다고 생각합니다. 수학은 계산이라고 생각합니다. 계산기가 있는데 왜 공부해야 하는지 이해하지 못하겠다고 하지요. 부모도 그런 생각에 동조하면 아이는 그야말로 숙제만 간신히 합니다.

수학에 비해 국어나 영어는 공부에 재미가 있습니다. 내용에 이야기가 있고 자신의 삶과 관련이 있어 뭔가 배웠다는 느낌이 듭니다. 어제 배운 것을 부모와의 대화에 적용할 수 있습니다. 생각을 깊게 할수록 다른 맛이 납니다. 자신이 성장한다는 느낌이 듭니다. 그에 비하면 수학은 아무 생각 없이 계산만 하는 것입니다. 수학을 잘하건 못하건 수학 문제 풀이는 무의미하다는 느낌만 듭니다.

책을 많이 읽고 영어를 자연스럽게 공부해서 성적이 높은 아이들은 수학을 힘들게 공부하려 하지 않습니다. 공부는 재미있어야 한다고 강조하면서 실제로도 그 효과를 보기 때문에, 재미가 없으면 공부하지 않습니다. 어떤 계기로 책을 읽고 영어 공부를 했는지는 잊어버리고 재미있어서 열심히 했다고 기억합니다. 성적은 결과적으로 좋을 뿐이라고요. 따라서 재미없어서 공부하지 않는 것은 어쩔 수 없다는 입장입니다.

하지만 이런 성향의 아이도 처음부터 수학을 싫어하지는 않았을 것입니다. 그런데 힘들게 공부하는 습관이 들지 않고 연산 같은 단순한 학습 과정을 견디지 못하니까 차츰 수학을 회피하는 것이지요.

이런 유형의 아이에게 수학 공부는 조심스럽게 접근해야 합니다. 잘못하면 수학 공부를 많이 했는데도 성적이 나오지 않습니다. 아마도 어릴 때 공부하면서 수학적 사고력이 다쳤기 때문이 아닌가 생각합니다. 이런 유형은 아이의 성향에 비해 연산이나 단순한 계산, 많은 문제 풀이 등으로 수학적으로 생각하는 능력을 잃어버려서, 숫자만 보면 머리가 멈추는 것입니다. 국어나 동화를 읽을 때 엉뚱한 생각을 잘 하면서도 수학 문제만 보면 '멍'하고 있습니다. 본인도 답답하다고 하지요.

수학적 사고력을 위해서는 초기에 수학이 흥미를 붙여야 하고, 연산보다는 문장제를 자기 식으로 풀도록 허용해야 합니다. 그리고 수학 문제 중에서 단순 계산보다는 문장제를 중요하게 생각하도록 합니다. 틀린 문제를 다시 푸는 과정에서 어떤 성취감을 느끼도록 합니다. 이야기로 수학을 풀어 쓴 책을 읽고 수학이 우리의 삶과 떨어진 것이 아니라는 것을 깨닫게 해야 합니다. 수학적 사고력으로 논리력이 커지면 국어의 이야기 구성을 파악하는 데 도움이 된다고 얘기해줍니다. 또 사고를 체계적으로 정리할 수 있어 글을 쓰는 데 좋다고 얘기해줍니다.

(유형6) 국·수 유형 : 국어·수학을 영어보다 잘하는 유형

국어·수학을 잘하고 영어를 못하는 경우는 영어 공부를 하지 않은 경우입니다. 언어 능력도 있으니까 영어를 못하지는 않습니다. 수리 능력도 있으니까 집중해서 공부할 줄도 압니다. 그런데도 영어 점수가 잘 나오지 않는 것은, 영어 공부를 하지 않거나 하기 싫어하는 것이지요.

우선 영어를 못하는 것은 영어에 재미를 붙이지 못했기 때문입니다. 이런 아이들은 국어나 수학을 공부할 때는 새롭게 배우는 것이 있는데 영어를 통해서는 배우는 것이 없다고 생각합니다. 새로운 언어로 이해하고 표현하면서 나타나는 어떤 미묘한 차이 등에 관심이 없기 때문에 영어를 통해서 아무것도 못 배우는 것이지요.

언어나 수리 한쪽으로 치우치지 않고 비슷하게 성적이 나오는 아이는 학교 수준의 공부를 쉽게 하는 것입니다. 아마도 공부 IQ가 높을 것입니다. 그런데 언어나 수리 하나라도 집중해서 공부한 결과라면 나중에 영어를 잘할 수 있지만, 둘 다 열심히 하지 않은 결과라면 조금 걱정이 되기도 합니다.

그렇다고 해도 영어를 강요하는 것은 적합하지 않습니다. 강제로 공부를 시키는 것은 이런 성향의 아이가 수학·국어를 공부하는 방식과 어긋나기 때문입니다. 영어를 싫어하는 아이한테는 영어를 집중해서 공부하고 성적이 오르기를 기대할 수 없습니다. 이보다는 국어나 수학 중 좋아하는 것을 선택하는 것이 좋습니다. 둘 다 잘하는 것보다 하나를 월등하게 잘하라고 요구해야 집중해서 공부할 것입니다. 그렇게 집중하는 힘을 바탕으로, 하기 싫은 영어를 마음먹고 할 수 있습니다.

영어 공부를 하긴 하지만 교과서 공부나 단어를 외우지 않아서 성적이 안 나오는 아이도 있습니다. 이야기 듣기는 할 만하다고 해서 따라하지만 특히 단어는 외우지 않는 것이지요. 이런 아이는 국어 어휘를 쉽게 배운 아이들입니다. 책을 많이 읽거나 삶에서 표현력이 높은 아이들입니다. 영어로 이해하고 표현하기 위해 따로 외우는 것이 싫은 것이지요.

영어 공부를 너무 안 하면 걱정이 되지만 영어책을 접하면 최소한 기초는 준비하는 것입니다. 제일 좋기로는 영어 동화를 반복해서 듣고 따라 읽기를 매일 조금씩 하는 것입니다. 중학교 때 문법을 하고 고등학교 때 구문 분석이나 독해를 해도, 영어 단어를 외우지 않으면 최상위권에 도달하지는 못합니다. 그래도 국어·수학이 점수가 높으면 평균을 높이기 위해 영어도 막판에는 점수를 높일 가능성이 높습니다.

어떻게 배합할 것인가?

수능으로 비교해서 세 과목 합산 6등급은 세 과목 모두 2등급일 수도 있고, 한 과목 1등급, 한 과목 2등급, 한 과목 3등급일 수 있습니다. 또 두 과목이 1등급인데 한 과목은 4등급일 수 있습니다. 장기적으로 어느 유형이 유리할까요? 또 1, 2, 3등급으로 나뉠 때 어느 과목이 1등급이고 어느 과목이 3등급인 경우가 장기적으로 유리할까요?

부모들은 모든 과목을 강조해야 한 과목도 포기하지 않을 것이라고 예상합니다. 그래서 아이들의 성적은 대체로 들쑥날쑥합니다. 어느 때는 수학이 좋아졌다가 떨어지기도 하고, 국어가 높다가 낮아지기도 합니다. 성적의 추세나 유형을 판단하기 힘들 정도로 불규칙한 것은 어떤 방향성 없이 공부하기 때문입니다. 전략이 없는 것이지요.

이렇게 힘들게 모든 과목의 성적 향상을 요구하면 아이들은 겉으로 공부하는 시늉만 할 뿐 일찍 포기하곤 합니다. 집중해서 공부하지 않는다거나, 공부해도 올라갈 것이라고 확신을 갖지 않기 때문에 포기한 것과 마찬가지입니다. 성적이 올라갈 것 같지 않은데도 공부를 열심히 하라고 강요하거나 그런 겉모습을 허용하면 아이들은 무기력에 빠집니다.

성적이 오를 만한 과목에 집중하는 것이 좋습니다. 국어, 영어, 수학을 30퍼센트씩 배당하는 것보다는, 한 과목은 80퍼센트, 다른 과목은 10퍼센트씩 배당하면 집중한 과목의 성적은 오르겠지요. 아이들한테는 열심히 한 과목은 성적이 오른다는 자신감을 줍니다. 전 과목 또는 국·영·수 세 과목을 동시에 끌어올리는 전략은 매우 위험합니다. 노력해도 효과가 없거나 불규칙하다면 아이는 포기할 가능성이 높기 때문입니다.

저는 수학부터 성적을 높이라고 권합니다. 이는 수학이 중요해서가 아니라, 수능을 기준으로 하면 그렇다는 말입니다. 가장 오랫동안 기억이 남는 과목은 수학입니다. 같은 수준의 사고력이나 이해력으로 수학 개념이나 문제 풀이가 영어 구문이나 단어보다 훨씬 오래 기억에 남습니다. 또 수학은 공부할 때 순간적이라도 집중할 수 있습니다. 또 집중해서 공부했는지 아닌지를 문제 풀면서 바로 확인할 수 있습니다.

그래서 수학부터 점수를 높이거나 열심히 하는 것이 좋습니다. 그런 집중력이나 공부 습관이 드는 것과 비슷하게 영어 공부를 시킵니다. 그전에 가볍게 영어 듣기 공부를 할 수는 있지만, 본격적으로 공부하려면 수학에서 집중하는 모습을 보여야 합니다.

집중력은 수학보다는 독서가 더 적합합니다. 수학에서 한 문제마다 끊어지는 것에 비해 이야기는 구성이 있기 때문에 한 권을 다 읽을 때까지 집중할 수 있습니다. 또 책을 읽고 언어 능력이 높아지면 교사의 설명을 듣거나 교과서를 읽고 이해하고 기억하는 데 유리합니다.

제 아이들한테는 집중력을 중심에 놓고 책읽기를 강조했습니다. 초등 2~3학년 때는 저녁 먹고 두 시간 동안 책을 읽으라고 요구했습니다. 집중하지 않으면 읽지 말라고 했지요. 그런 다음에 수학 문제집을 풀라고 했습니다. 모르는 문제는 설명해주지 않고 왜 혼자 풀어야 하는지 반복해서 강조하니까, 나중에는 알아서 하겠다고 하더군요. 잘 따라하면 그 다음에는 영어 공부를 시켰습니다. 그림책의 테이프를 틀어놓고 설명이나 번역 없이 그림책을 보면서 듣게만 했습니다. 그러다가 아이들이 저항하면 영어를 빼고, 또 힘들어하면 수학을 빼고, 또 저항하면 책 읽는 시간이나 권수를 줄이고, 그래도 집중력은 포기하지 않았습니다. 그러다가 다시 열심히 하면 수학을 시키고, 버틸 만하면 영어를 시키고, 힘들면 다시 영어를 빼고…….

독서나 수학을 먼저 시키는 것에 반대하는 의견도 있을 수 있습니다. 집안 분위기나 아이 성향에 따라 다르게 접근하는 것이 유리할 수도 있지요. 하지만 세 과목을 동시에 올리겠다고 주장하는 입장은 강하게 반대하고 싶습니다. 요즘 아이들은 지쳐 있기 때문에 동시에 두 가지를 요구하면 쉬운 것부터 먼저 합니다. 그리고 어려운 것은 하기도 하고 안 하기도 하지요. 한 가지씩 차근차근 요구해야 합니다.

chapter 11
과목 유형별 공부 계획 2

 부모들은 대부분 자기 자녀가 무슨 과목의 성적이 좋은지, 또는 무슨 과목을 주로 공부하는지 잘 알고 있습니다. 그래서 부족한 과목을 어떻게 보완할지 걱정합니다. 반면에 성적이 좋은 과목은 어째서 성적이 좋은지 고민하지 않습니다. 기대만큼 성적이 나오지 않는 경우에도 아쉽다고만 생각할 뿐, 이것으로 아이의 공부 특성을 추론하지 않습니다.
 학교 공부는 상대평가이고 성적을 비교하는 것이기 때문에 진짜 공부는 아닙니다. 즉 현대 사회를 이해하기 위해 공부를 한다거나 진리를 탐구한다거나 하는 것과 성격이 다릅니다. 학교 공부는 다른 사람이 정한 기준에 따라 평가받아야 하기 때문에 효율성이 중요합니다. 즉 결과를 항상 시간과 노력에 비추어서 평가합니다. 같은 성적이 나왔다고 해도 자신의 능력에 비해 노력을 적게 들인 경우와 많이 들인 경우는 전혀 성격이 다릅니다.

12년 공부를 마라톤과 비교하면 알기 쉬울 것입니다. 처음부터 빨리 뛴다고 우승하는 것은 아닙니다. 물론 처음에 힘을 비축한다고 너무 천천히 뛰는 전략도 좋지 않습니다. 자신의 체력과 준비 경험에 따라야지요. 당연히 적절한 선을 유지하는 것이 쉽지 않습니다.

12년 공부도 마찬가지입니다. 아이 능력에 비해 시간이나 노력이 과도하면 1~3년 지나면서 차츰 지치게 되고, 그러면 무기력에 빠지거나 공부 이외의 것을 찾게 됩니다. 반면 시간과 노력이 너무 부족해도 공부 습관 자체가 들지 않아서 열심히 하려고 하지 않습니다.

따라서 결과가 좋다고 할 때, 원인이 어떠하냐에 따라 판단을 달리해야 합니다. 시험공부를 거의 하지 않았는데도 성적이 좋다면 저는 기뻐하지 않습니다. 왜냐하면 학습 능력이 높거나 학교 수업 시간에 집중해서 공부한 것이 아니라면 장기적으로는 성적이 떨어질 것이기 때문입니다. 이런 아이들은 IQ가 높아서, 또는 '감'이 뛰어나거나 '잔머리'를 써서 성적이 좋은 경우가 대부분입니다. 따라서 시간이 지날수록 힘들게 노력하거나 길게 집중하려고 하지 않습니다.

시험공부를 열심히 해서 성적이 잘 나오는 경우도 조금 걱정이 됩니다. 12년을 그렇게 공부에만 투자할 수 있는지, 공부 때문에 친구관계나 취미, 자신의 성격 등을 계발하지 못하는 것은 아닌지 염려가 됩니다. 성적이 좋으면 명문 대학과 급여 많고 안정적인 직장에 갈 확률이 높겠지만, 그곳에서도 여전히 경쟁해야 하는데 다른 경쟁자에 비해 공부 외의 경험이나 특기가 부족할 가능성이 많습니다.

반대로 시험공부를 정말 열심히 하는데 성적이 안 나온다면 당연히 안타깝지만 이때에는 성적을 문제 삼지 않습니다. 그렇다고 IQ를 탓하지 않습니다. 아이의 학습 능력이 어떠한지, 공부 방법은 효율적인지, 그리고 공부 방향은 적합한지 살펴봅니다. 집중력이나 기억력, 사고력이 떨어지고 있지는 않은지 관찰하면서 학습 능력을 점검합니다. 또 끊임없이 자기만의 방법을 찾기 위해 적극적으로 시행착오를 겪는다면 기다릴 수 있습니다.

공부 방향은 큰 방향을 제시해줘야 합니다. 독서를 통해 학습 능력을 키우고 점검합니다. 공부 방법은 효율성을 고려하는 것으로, 결과가 아니라 시간 대비 결과를 중시하도록 유도합니다. 수학은 생각하면서 공부하는지를 살펴보고, 영어는 초등 영어가 아닌 수능 영어의 방향으로, 즉 회화를 강조하지 않는 방향을 선택하는 것이 좋습니다.

독서가
학습 능력의 기본이다

　책을 읽지 않는다면 국어 점수가 높아도 걱정이고 낮아도 걱정입니다. 아니, 국어 점수가 높다면 오히려 불안합니다. 일상생활에서 맥락 파악을 잘하고 '감'이 뛰어난 아이는 '벼락 공부'를 잘할 수는 있어도 실력이 오르지 않습니다. 가르치는 교사가 시험 문제를 내는 내신에서는 성적이 좋아도 그렇지 않은 수능 점수는 좋지 않을 수 있습니다. 책을 읽고 생각을 하지 않은 채 국어 점수가 좋다면 '감'으로 공부하는 아이입니다.

　공부의 기본은 언어 능력, 특히 읽기·듣기 능력입니다. 읽기 능력이 높아야 교과서를 읽고 이해를 하고 기억을 합니다. 듣기 능력이 높아야 교사의 설명을 잘 이해하고 정리할 수 있습니다. 언어 능력은 책을 읽어야 키울 수 있습니다. 그리고 초기에는 동화를 읽어야 합니다. 동화는 구성이 있는 긴 글이기 때문에 언어 능력, 특히 문어체 언어 능력을 높이는 데 도움이 됩니다. 또 동화를 읽으면 사고력이 높아집니다. 동화는 우리 삶과 사회의 축소판이기 때문에 자신의 삶과 비교하면서 생각하게 됩니다. 생각할 거리가 없는 추리나 판타지만을 찾는다면 사고력이 멈췄다고 볼 수 있습니다. 책을 읽고 다 이해했다고 자랑하거나 아무 생각이 없다고 말하는 것도 걱정스럽습니다. 책을 읽고 이해하지 못한 내용을 붙잡고 고민·

의문이 있어야 합니다.

그런데 책을 많이 읽는데도 국어 점수가 높지 않은 아이도 있습니다. 이유가 무엇일까요? 먼저 생각이 단순한 경우, 선입견이 심한 경우, 생각이 엉뚱한 경우로 나눠서 검토해봅시다.

생각이 단순한 아이는 독해력이 매우 낮습니다. 책을 읽을 때 큰 줄거리만 기억할 뿐 세부 내용에 대해서는 생각하지 않습니다. 마치 요약 정리된 내용을 암기하는 형태로 책을 읽는 것이지요. 책을 읽고 주제를 짐작하는 아이들은 많지만, 아무런 힌트도 주지 않고 몇 단계로 줄거리를 쓰거나 문단을 요약하라고 하면 엉뚱하게 쓰는 아이들이 많습니다. 이들에게는 책을 읽는 것이 아니라 책을 본다는 표현이 맞을 것입니다. 마치 드라마를 보듯이요. 어른들은 드라마를 중간에 한두 편만 봐도 앞뒤 내용을 거의 짐작하지요. 생각이 단순한 아이들은 자신이 이해하기 힘든 내용은 거의 무시하는 듯합니다.

선입견이 심한 아이들은 대체로 배경지식이 많은 편입니다. 이들이 동화를 읽는 것을 보면 인물의 성격을 사건 해결 과정에서 판단하지 않고 발단 단계에서 미리 규정합니다. 300쪽짜리 동화를 30쪽만 읽고도 인물 성격을 규정짓고 교훈을 끌어냅니다. 이들은 시험 문제를 풀 때도 반전이 포함된 제시문을 제대로 독해하지 못합니다. 자신이 예상한 답이 5지선다 보기 가운데 없는 경우가 많다고 하고, 세 시간짜리 논술 문제를 풀 때도 10분이 지나기가 무섭게 글을 쓰기 시작합니다.

한편 생각이 엉뚱한 아이는 책을 읽고 독후감이나 토론에서 곧잘 우수한 성과를 내기도 합니다만, 시험에서는 그러지 못합니다. 다른 사람의 의견을 수용하기보다는 자신의 입장만 고집하기 때문이지요. 이들은 출제자의 정답을 인정할 수 없다는 말을 가끔 합니다. 틀린 문제를 확인하면서 반성하지 않고, 심지어는 시간을 충분히 줘도 자신이 선택한 답에서 잘못된 부분을 파악하지 못합니다.

이렇게 책을 많이 읽어도 국어 성적이 잘 나오지 않는 경우는 책읽기 습관이 잘못 형성되었기 때문입니다. 생각이 단순한 아이에게는 모르는 내용을 기억하려고 애쓰면서 책을 읽도록 합니다. 자신이 알고 있는 것을 확인하고 주제를 파악하는 것으로 책을 읽었다고 만족하지 않아야 합니다. 세부 내용을 기억해서 비슷한 주제를 다룬 책과의 차이점을 비교할 수 있게 합니다.

선입견이 강한 아이는 자신의 생각에 의문을 던질 수 있어야 합니다. 처음부터 빠르게 판단을 했다고 해도 읽어가면서 생각을 바꾸면 됩니다. 그럴 수 있어야 시험 볼 때 맥락이 낯설거나 반전이 포함된 글, 중심생각이 뒤에 나오는 지문을 제대로 독해할 수 있습니다. 평소 책을 읽을 때 이해했다고 생각을 멈추지 말고, 자신이 이해한 것에 의문을 던져야 합니다. 맥락에 따라 다르게 해석할 수 있기 때문입니다.

엉뚱하게 생각하는 아이는 저자의 주장과 근거를 일단 받아들여야 합니다. 아이들이 읽는 책은 우리 사회에서 널리 알려진 내용입니다. 자신의 생각을 고집하는 아이일수록 자기가 비판하고자 하는 저자의 생각이 무엇인지 분명하게 파악해야 합니다. 특히 시험 볼 때 판단을 잠시 보류하고, 제시문을 객관적으로 분석하려고 시도해야 합니다. 자신이 알고 있는 지식으로만 제시문을 독해하면 틀릴 가능성이 많기 때문입니다. 자신의 생각이 뚜렷하거나 사고력이 높다는 것이 타인의 입장을 이해하지 못하는 것은 아닙니다. 오히려 사고력은 자기 생각에 스스로 반론을 전개할 정도로 사고의 유연성을 요구하는 것이고, 이것은 당연히 질문자의 의도를 파악하는 것뿐 아니라, 전체를 파악하기 전에 판단하는 것을 보류하는 능력을 필요로 합니다.

우리 아이가 어떤 유형인지는 이렇게 판단할 수 있습니다. 모의고사 같은 학교 밖 문제지를 다시 풀어봅니다. 2주일 이상 지난 다음에 아무 표시가 없는 문제지를 놓고 다시 시간 제한 없이 풉니다. 그러면 세 가지 결과가 나오지요. 점수가 높아지든가, 점수는 비슷한데 같은 문제를 틀렸다든가, 또는 다른 문제를 틀렸다든가.

점수가 높아지는 아이는 시간이 충분할수록 출제자의 의도를 생각하는 습관이 들은 아이입니다. 공부할수록 성적이 올라갈 것입니다. 반면 시간을 충분히 줘도 같은 문제를 틀리는 아이는 선입견이 강한 아이일 가능성이 높습니다. 이 경우는 공부를 많이 해도 쉽게 점수가 올라가지 않습니다. 그러므로 배경지식으로 해석하는 습관을 버리고, 자기 생각에 옳은 답이 무엇일까를 생각하기보다는 출제자의 의도는 무엇일까를 생각하도록 해야 합니다. 풀 때마다 틀리는 문제가 달라지는 아이는 생각이 엉뚱할 가능성이 높습니다. 이런 아이들은 많은 문제를 풀기보다는 기본적인 설명을 반복해서 공부하고, 그것을 강의하듯이 설명해보는 것이 좋습니다.

책을 많이 읽었는데도 국어 점수가 안 나오는 아이한테는 이런저런 시도를 할 수 있지만, 책을 적게 읽어서 점수가 안 나오는 아이는 문제를 많이 푼다고 좋아지기 힘듭니다. 최소한의 독해력이나 언어 능력이 뒷받침되어야 점수가 잘 나올 수 있습니다. 책을 많이 읽어야, 공부하는 것이 수월해집니다.

수학적 사고력이 중요하다

수학을 공부하는 데 두 가지 유형의 아이들이 있습니다. 첫 번째 유형은 생각하기 싫어서 단순 계산을 참고 잘하는 경우입니다. 저학년 때에는 크게 생각할 문제가 없으니 별 어려움이 없지요. 그러다 학년이 올라가면서 심화문제에서 틀리기 때문에, 이런 문제만 집중해서 풀거나 높은 학년의 문제로 선행 학습을 합니다. 낮은 학년의 쉬운 문제를 다르게 접근하면서 생각하는 힘을 키워야 하는데 어려운 문제를 접하는 것이지요. 아무 생각 없이 설명만 들으면서.

두 번째 유형은 엉뚱한 생각을 잘하고 어려운 문제를 곧잘 풀지요. 이런 유형은 속도를 요구하는 시험에 적응하지 못합니다. 쉬운 문제, 특히 연산에서 실수를 많이 합니다. 부모는 아이들이 크게 저항할 때까지 반복 연습을 시키고, 풀이 과정을 교사의 방식대로 훈련시킵니다. 이런 아이들은 자기 방식대로 풀면서 사고력을 키워줘야 하는데, 수학 교사들은 대체로 이런 유형의 아이들을 이해하지 못합니다.

어느 유형이건 수학을 공부하는 방법이 대부분 동일합니다. 선행 학습을 하고, 문제를 많이 풀고, 설명을 듣습니다. 선행을 하니까 스스로 공부하지 않습니다. 문제를 많이 풀기 때문에 지쳐서 그렇기도 하지요. 틀린 문제를 다시 풀기보다는 설명을 듣습니다. 학원은 심하게 선행을 나가고, 학교는 조금 앞서갑니다. 비슷하지요.

일부만이 다르게 공부합니다. 문제를 적게 풀고, 복습을 스스로 합니다. 그렇다고 한 문제를 10분 이상씩 푸는 것은 아닙니다. 풀 만한 수준의 문제를 풉니다. 그래서 혼자 공부합니다. 남들 따라 선행을 하지 않습니다. 오히려 낮은 학년의 심화문제를 푼다거나 예전에 틀린 문제를 다시 풉니다.

어떤 유형이건 대부분의 아이들에게 선행 학습은 오히려 독이 됩니다. 스스로 하는 힘을 꺾게 되고, 설명을 들으면서 의존하게 됩니다. 어려운 문제만 접하기 때문에 수학은 어렵다고, 나는 혼자서는 못한다고 스스로 세뇌를 합니다.

혼자 집중해서 마음먹고 공부하려면 자신의 학년보다 낮은 학년의 문제를 푸는 것이 좋습니다. 예를 들어 중3~고1 학생으로 성적은 낮은데 목표가 높다면 초등 5학년의 심화문제를 풀고, 목표가 낮다면 중등 2학년의 기본문제를 풀라고 하지요. 중1~2학년에게는 목표가 높다면 초등 4학년 심화문제를, 높지 않다면 초등 5학년 실력문제를 풀게 합니다.

또 문제집을 풀 때 학년별로 올라가기보다는 수준별로 올라가는 것이 좋습니다. 대부분의 문제집은 다양한 수준의 아이들이 활용할 수 있도록 기본문제, 실력문제, 심화문제를 적절한 비율로 배합합니다. 그렇지만 한 아이 기준으로 볼 때 기본문제를 풀었다고 해서 곧바로 실력문제를 풀 수 있는 것은 아닙니다. 그래서 학년별로 공부하지 않는 것이 좋습니다.

예를 들어 초등 5학년 문제집을 기본, 실력, 심화 순으로 풀고 초등 6학년 문제집을 기본, 실력, 심화 순으로 푸는 것이 아닙니다. 초등 5학년 기본문제를 풀고 그 다음 초등 6학년 기본문제를 풉니다. 다시 초등 5학년 실력문제를 풀고 이어서 초등 6학년 실력문제를 풉니다. 또 초등 5학년 심화문제를, 다음에 초등 6학년 심화문제를 풉니다.

기본문제부터 할지 실력문제부터 할지 어떻게 판단할 수 있을까요? 5분에 1~2문제를 풀면서 80점 정도 맞을 문제를 선택합니다. 수학을 좋아하고 잘하는 아이라면 한 문제에 10분 이상 고민할 수도 있고, 50~60점 맞을 어려운 문제에도 도전의식이 있겠지만, 수학을 싫어하는 아이라면 틀릴수록 하기 싫고 자신감이 없어지면서 '멍' 때리는 경우가 많게 되지요.

또 문제를 읽고 식을 쓰기 전에 머릿속에서 생각하는 모양을 연습장에 표시하는 것이 좋습니다. 수학을 잘하는 아이는 정답이나 간단한 식이 순간적으로 떠오르겠지만, 수학을 싫어하는 아이는 다른 사람, 특히 교사의 풀이 과정을 흉내 내려다 보니 그냥 '멍'하게 앉아 있습니다. 마치 생각한다는 표정만 짓고는요. 그럴 땐 문제를 수학적 언어로, 즉 그림과 숫자로 표시해서 문제의 의미를 파악하라고 합니다. 그래도 이해가 안 되면 예상 숫자를 집어넣어 문제의 식을 만들어본 다음, 자신이 예상한 숫자에 문자를 대입시켜보도록 합니다. 다시 말하면 식을 쓰기 전에 뭔가를 생각하고 쓸 수 있게 하는 것입니다.

예를 들어 "샘에 있는 물을 양수기로 퍼내려고 할 때, 2대로 퍼내면 8분이 걸리고 3대로 퍼내면 5분이 걸린다고 합니다. 2분 만에 퍼내려면 몇 대가 필요할까요?(단, 샘에서 물이 솟는 양은 일정하다고 가정한다)"라는 문제를 풀 때, 먼저 샘을 그리고 문제에 나오는 숫자를 기호를 써서 전부 표현합니다. 그래도 식을 쓰기 힘들면 예상 숫자를 넣어봅니다. 샘에 고여 있는 물은 400리터(x), 솟는 양은 분당 10

리터(y), 양수기 한 대로 퍼내는 양은 분당 30리터(z), 이런 식으로 생각하면 식을 만들기가 쉽습니다. 그리고 예상 숫자에 문자를 넣으면 되지요. 8분 기준으로 400L+10L/분×8분=2대×8분×30L/분·대, 이것을 식으로 표시하면 x+8y=16z가 됩니다.

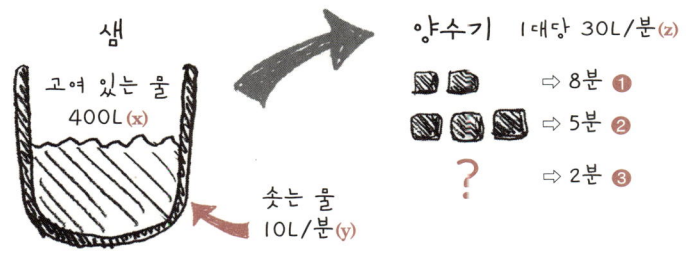

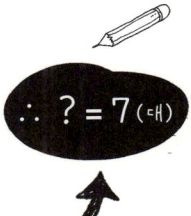

샘의 물의 총량 = 양수기로 퍼내는 물의 총량

❶ 400L + 10L/분 × 8분 = 2대 × 8분 × 30L/분·대
　　(x)　　(y)　　　　　　　　　　　　(z)
　　x　+　8y　=　16z

❷ 400L + 10L/분 × 5분 = 3대 × 5분 × 30L/분·대
　　x　+　5y　=　15z

❸ 400L + 10L/분 × 2분 = ?대 × 2분 × 30L/분·대
　　x　+　2y　=　? × 2 × z

❹ ❶-❷　3y = z

❺ ❹를 ❶에 대입 ⇒ x + 8y = 16 × 3y
　　　　　　　　　　x = 40y

❻ ❹,❺를 ❸에 대입 ⇒ 40y + 2y = ? × 2 × 3y
　　　　　　　　　　42y = ? × 6y

∴ ? = 7 (대)

수학적 사고력을 중시하는 입장은 말 그대로 문제를 풀어서 답을 맞히는 것보다 문제를 읽고 생각하기를 요구합니다. 대부분의 아이들이 문제를 읽고 이해하지 못한 상태로 식을 쓰고 있습니다. 앞의 식을 예로 들면 x+8y는 8분이 지난 샘의 물 총량이라고 답해야 하지요. 16z는 양수기 2대로 8분 동안 퍼낸 물의 양입니다.

어느 유형의 아이들에게도 수학적 사고력은 중요합니다. 하지만 이를 가르치는 방법이 달라야 합니다. 첫 번째 유형, 즉 생각하기 싫어하는 아이들에게는 답이 맞고 식이 맞다고 해도 복잡하게 계산했다면, 단순하게 접근해서 다시 풀어보라고 권해야 좋습니다. 그렇다면 어려운 문제보다 쉬운 문제를 풀게 해야 하지요.

엉뚱한 생각을 잘하는 두 번째 유형의 아이들에게는 정답처럼 최적의 방법이 아닌, 자기 식으로 멀리 돌아가는 과정을 허용해야 합니다. 23-7은 10을 꿔주면서 푸는 방식 말고도 많은 방식이 있지요. 3을 먼저 빼서 20을 만든 다음에 다시 4를 뺄 수도 있고, 미리 4를 꿔줘서 27-7을 한 다음에 4를 뺄 수도 있지요.

영어, 문어체의
고급 언어 구사력을 배운다

회화를 중심으로 공부하는 것은 구어체의 일상 언어를 배우는 것입니다. 초등 영어의 목표이지요. 하지만 고등 영어에서 상위권 점수는 문어체의 고급 언어에서 차이가 납니다. 영어는 외국어이기 때문에 구어체에서 문어체로, 일상 언어에서 고급 언어로 자연스럽게 발전하지 않습니다. 각각 힘들게 공부해야 합니다.

흔히 하루에 단어 몇 개씩 강제로 외우게 하는 영어 교육을 당연하게 받아들입니다. 국어도 어휘를 위해서 한자를 가르치듯이, 영어 단어는 기본에 속한다고 보는 것입니다. 단어를 중시하고 글을 나중에 가르치는 입장과, 글을 중시하고 단어를 나중에 가르치는 입장은 대립되는 이론입니다. 처음에 가르칠 때 효과가 어느 쪽이 더 있느냐는 것은 여전히 논쟁적입니다.

그런데 수능 일자를 기점으로 생각하면 단어는 미리 암기한다고 남는 것이 아닙니다. 단어는 미리 외우더라도 끝까지 반복해야 합니다. 나중에 시간은 줄어들지만 총 시간은 많이 필요합니다. 이에 비해 구문이나 문장 구성은 단어보다는 오래 남습니다. 처음에 단어를 외우지 않으면 나중에 단어 암기에 시간이 더 들지만 총 시간은 적게 필요합니다.

이보다 중요한 것은, 단어를 중시하면 독해를 못할 때 단어 뜻을 몰라서 못하는 것이라고 합니다. 그래서 독해를 하려고 노력도 안 하지요. 반면 독해를 중시하면 한두 단어를 몰라도 독해하려고 애를 씁니다. 앞뒤 맥락을 따져서 독해하지요. 수능 때 단어를 엄청 많이 외운다면 독해를 아주 못하지는 않겠지만, 그렇지 않다면 독해 능력이 부족해서 문제를 틀릴 것입니다.

독해를 못한다고 문법을 강조하는 입장도 있습니다. 문법적으로 분석하지 못해서 독해를 못한다는 것이지요. 하지만 우리말도 문법을 모른다고 독해를 못하는 것은 아닙니다. 더구나 문법은 상당히 추상적인 법칙입니다. 이것은 추상적인 조작기를 지난 아이들한테 효과가 있습니다. 그러면 적어도 중1은 지나야 합니다. 또 한국어 문법을 어느 정도 익힌 다음에 영어 문법을 배워야 효과가 있을 것입니다.

영어는 외국어입니다. 국어와는 다른 식으로 공부해야 합니다. 국어는 일상생활에서 구어체의 일상 언어를 바탕으로 기본을 쌓습니다. 학교에서 문어체의 고급 언어를 배울 때도 일상 언어에 능통할수록 유리합니다. 하지만 영어는 이런 일상 언어에 익숙하기가 어렵습니다. 아무리 하루 2~3시간 노출된다고 해도 하루 종일 부모와 친구와 주변에서 국어 환경에서 생활하는 것과 비교할 수 없습니다.

또 일상 언어에 익숙하다고 해도 고급 언어로 자연스럽게 발전하기 어렵습니다. 구어체에 능통하다고 해도 문어체를 쉽게 익히지 못합니다. 처음에 구어체의 일상 언어에 익숙해지는 형태로 공부를 하면 나중에 고급 언어를 배우기 힘듭니다. 공부하는 과정이 다소 다르기 때문입니다. 그래서 처음부터 문어체의 고급 언어를 목표로 공부하는 것이 결과적으로 유리합니다.

말하기·쓰기는
원어민이 오히려 불리하다

최근에 말하기·쓰기에 대한 걱정 때문에 다시 영어 사교육이 성행하고 있습니다. 특히 교육과 관련이 없는 원어민들이 고액 강사로 부각되는 현상이 나타나고 있습니다.

우리 사회에서 영어와 관련된 논쟁은 사고력이나 언어 능력과 무관하게 벌어졌습니다. 조기교육 논쟁은 해외 연수와 맞물려 문제가 되었지만, 국가 차원에서 세계화 바람에 힘입어 초등 저학년부터 영어를 가르치는 것으로 매듭지었지요. 또 읽기·듣기에 비해 말하기·쓰기 능력이 부족하다는 지적에 대해서는, 교사 양성보다는 평가 방법을 달리하는 것으로 결론짓고, 읽기·듣기만 평가하는 대학 수능이 아니라 말하기·쓰기를 추가한 국가영어능력평가시험(NEAT)●을 개발해서 활용하려고 합니다.

학부모들은 '엄마표' 공부나 테이프를 활용한 '노출' 형태의 공부로 대응하고 있지요. 또 공교육 교사들의 회화 또는 쓰기 실력 부족에 대비하기 위해 과도한 비용을 감수하고 캠프, 연수, 유학 등을 선택하고 있습니다. 또는 비싼 돈을 들여 원어민 선생들한테 배우

● 교육부에서는 국가영어능력평가시험(NEAT)을 수능과 연계하지 않기로 결정한 데 이어 시험 자체를 아예 폐지하는 방안을 검토 중이라고 합니다. 그래도 저는 장기적으로 영어 시험에서 말하기·쓰기 평가를 자체 개발할 것이고, 그렇다면 그것은 지금 개발한 NEAT와 크게 다르지 않을 것이라고 예상합니다.

고 있습니다. 그들이 영어 전공인지 아닌지, 교사 자격이 있는지 아닌지는 묻지도 않습니다. 물론 말하기나 쓰기는 국어 수준에서 볼 때 매우 낮은 수준을 요구합니다. 그래서 높은 자격을 요구하지 않는가 봅니다. 하지만 시험은 크게 보면 상대 비교이므로 학생들이 말하기·쓰기 영역에서 실력이 올라가면 상위권에서는 사고력의 차이가 드러날 것입니다.

NEAT의 말하기 평가 영역은 '과제 완성', '유창성', '구성', '언어 사용', '발음'인데, 유창성과 발음은 차이가 날 것이고 이를 국내에서 익히는 것은 쉽지 않을 것입니다. 그렇지만 어법의 정확성이나 표현의 정확성 같은 '언어 사용'은 일상회화와는 다른 측면이므로, 단순히 회화를 잘하는 교사보다는 언어 능력이 우수한 교사한테 배우는 것이 유리할 것입니다. 논리적 연결성을 요구하는 '구성' 영역은 회화 형태로 배울 수는 없는 부분이지요.

언어는 사상이나 감정을 표현하는 것입니다. 일상 언어는 주로 감정을 다루는 데 비해 학교 시험에서 평가하는 언어는 주로 사상을 다루고 있습니다. 영어에 부담을 갖지 말라는 의미에서 회화부터 접근하는 것은 맞습니다. 하지만 결국 외국어 평가라는 측면에서 볼 때 중요한 것은 일상 언어가 아니라 학술 언어입니다. 회화에서 요구하는 감정 읽기(듣기)보다는 어법이나 표현의 정확성이 더 중요하다는 말입니다.

NEAT에서 추가된 말하기·쓰기 영역 때문에 얼핏 보면 회화를 더 강조하게 되고 원어민 교사한테 배워야 한다고 생각할 수 있지만, 저는 오히려 학술 언어를 자유롭게 구사할 수 있는 사람이 더 필요하다고 생각합니다. 어법에 맞게 말하고 논리적으로 조직해서 글을 쓰는 것은 회화를 통해 배울 수 없습니다.

교시	영역	NEAT 2급		NEAT 3급	
		기초학술적 소재	실용적 소재	기초학술적 소재	실용적 소재
1교시	듣기	40%	60%	–	100%
2교시	읽기	70%	30%	30%	70%
3교시	말하기	70%	30%	–	100%
4교시	쓰기	50%	50%	–	100%

　　NEAT 2급 평가의 영어는 읽기·듣기뿐 아니라 쓰기·말하기도 일상회화가 아닙니다.● NEAT 설명에 나와 있듯이 '기초학술적 소재'를 바탕으로 영어 능력 평가를 합니다. 말하기·쓰기는 기초학술적 소재가 각각 70퍼센트, 50퍼센트나 되지요.

　　우리 국어에서도 일상회화를 잘하는 사람이라고 국어 점수가 높지는 않습니다. 국어 능력이 뛰어나다고 인정받지 못합니다. 영

● 3급은 일상생활에 필요한 실용 영어 사용 능력 평가로, 대학의 학업에 필요한 영어 사용 능력을 평가하지는 않습니다.

어에서도 그러하지요. 가끔 외국에서 오랫동안 살다 온 사람들이 영어 평가시험에서 낮은 점수를 받고 억울해하지만 당연한 일이지요. 영어권의 '시트콤'이나 드라마, 영화를 잘 듣고 이해한다고 해서 학술 교재를 잘 읽고 대학 강의를 잘 이해하는 것은 아니니까요.

영어 능력 평가시험 중 TOEIC이 "국제적 환경에서 근무하는 사람들의 일상적인 영어 사용 능력을 측정"하는 것이라면 TOEFL은 "북미의 대학에서 공부하길 원하는 외국 학생들의 영어 사용 능력을 측정"하는 데 사용되고 있다고 하지요. 우리가 최근에 개발한 NEAT도 "대학에서 학업하는 데 필요한 기본적인 영어 사용 능력 평가"를 목표로 하고 있습니다. 일상 대화가 아니라 "기초학술 주제와 관련된 정보를 이해하고 활용하는 능력"을 평가하는 것입니다.

물론 영어 능력은 국어 능력에 비해 훨씬 낮은 수준에서 평가합니다. 고등학교 3학년 국어 능력을 갖춘 아이라면 NEAT 2등급 A 수준에 도달하는 데에는 어휘력이나 문법, 회화 등의 경험으로 충분할 것입니다. 문제는 대부분의 아이들이 고3 수준의 국어 능력을 갖추지 못하고 있다는 점입니다. 심지어는 중3 수준의 국어 능력에 미치지 못하는 아이들도 있습니다.

이런 아이들은 만화를 좋아하고 책을 많이 읽지 않은 경우가 많습니다. 그래서 엄청 많은 시간을 들여 영어를 공부해도 수능 1등급에 도달하기가 힘듭니다. 어휘를 많이 알고, 문법에 능통하고, 회화를 잘한다고 해도, 또 영어 소설을 빠르게 읽고 내용을 대충 파악한다 해도, 독서를 통해 배우는 국어 능력이 뒤떨어지면 영어 역시 최상위권에 도달하지 못할 것입니다.

부모들이 헷갈리는 것은, 초등학생 때나 중학생 때에는 언어 능력이 떨어져도 최상위권에 도달하기도 하기 때문입니다. 중학교 문제까지는 높은 언어 수준을 요구하지 않기 때문이지요. 하지만 수능이나 NEAT에서는 어느 정도의 언어 수준을 요구하기 때문에 영어 공부만으로는 부족한 것이지요.

중요한 것은, 학생들의 언어 능력과 상관없이 공부를 열심히 하면 어떤 것이 가능하고 어떤 것은 가능하지 않은가 하는 점입니다. 과제 완성이나 구성은 가능할 것입니다. 특히 NEAT 측에서는 많은 표현 예시를 보여줍니다. 예를 들어 서론 부분에서 자신의 주장을 표현할 때 "I think that~", "In my opinion/view~", "I fully support that~" 같은 표현들을 사용하라고 하지요. 본론에서도 자신의 주장에 대한 첫 번째 근거를 제시할 때 "First~", "First of all~", "In the first place~", "First and foremost~", "To begin with~" 등등의 표현을 사용할 수 있습니다.

언어 능력의 영향을 받으면서 상위권에서 차이가 크게 날 부분은 여전히 내용 측면입니다. 평가 항목인 '내용의 충실성'과 '내용의 구체성'은 다른 학생과 비교해서 드러날 것입니다. 그리고 이것은 영어 공부로 습득하기 어려운 것이지요. 내용의 깊이는 우리말 공부를 통해서만 기를 수 있습니다. 표현 능력은 그 자체로 연습할 수 있지만 한 단계 높이려면 국어의 말하기·쓰기 표현 능력을 높여야 합니다.

말하기·쓰기는 읽기·듣기와 달리 혼자 공부하기가 매우 힘듭니다. 또 말하기·쓰기는 국내에서 공부하기가 쉽지 않습니다. 그래서 커다란 부담을 감수하고 영어 캠프나 해외 연수를 보내는 것이지요. 그렇지만 외국계 학교에서 영어 교사한테 배우지 않는 이상, 언어 능력이 뛰어난 원어민 교사를 만나는 것은 거의 가능하지 않을 것입니다.

초·중등에서 일상회화가 중요하다고 해도 회화에만 능통한 교사한테 배우는 것은 한계가 있지요. 국어나 영어, 즉 언어 능력이 있는, 특히 학술 언어에 익숙한 교사한테 배우는 것이 더 낫다고 생각합니다. 그 교사가 비록 회화에 능통하지 않더라도요.

학교에서 평가하는 언어는 고급 언어입니다. 어법·문법 등 언어 구사력과 내용에 깊이를 주는 사고력 등을 전제로 한 언어입니다. 어른들이 듣기를 못하기 때문에, 그리고 일상적인 대화를 못하기 때문에 아이들에게 회화를 강조하긴 하지만, 요즘 아이들은 우리보다 훨씬 영어 문화에 젖어 있어서 회화를 빨리 익힙니다. 듣기는 중국이나 일본보다 낫다고 하니까요. 공부를 열심히 안 한다면 회화에서도 차이가 나겠지만, 열심히 한다면 회화에서는 차이가 나지 않습니다. 바로 정확한 표현과 깊이 있는 사고력에서 차이가 납니다.

저는 영어 책을 집중해서 듣기를 권합니다. 회화는 구체적인 맥락 속에서 이루어지기 때문에 비언어적 표시에 주의를 기울이게 됩니다. 또 일상 언어를 순발력 있게 사용하고, 반복하지 않습니다. 이에 반해 책은 추상 개념이 포함된 고급 언어를 사용하고, 글자를 통해 맥락을 파악합니다. 똑같은 내용을 반복해서 읽을 수도 있습니다. 그래서 듣기·말하기를 잘하는 사람이 읽기·쓰기를 잘하지는 못해도, 읽기·쓰기를 잘하는 사람은 매끄럽지는 않아도 듣기·말하기를 하는 데 큰 지장이 없습니다. 그러니 동화를 많이 읽고 많이 들어야 합니다.

흔히 동화를 선택해서 공부할 때 많은 책을 읽고 이해하는 것에 초점을 두는데, 이보다는 쉬운 그림책을 외울 수 있을 정도로 반복해서 듣는 것이 유리합니다. 언어 공부는 글을 배우기 전에 말을 배우는 것이고, 이해하기 전에 몸으로 익히는 것이 중요합니다. 특히 외국어이기 때문에 들으면서 따라 읽고 따라 쓸 정도로 반복해야 합니다. 당연히 우리말로 된 책을 많이 읽고 반복해서 읽는 것이 먼저입니다. 우리말 수준 이상으로 영어 실력이 올라갈 수는 없기 때문입니다.

chapter 12
성적 유형별 공부 계획

부모는 평균이나 전체 등수를 중시합니다. 그런데 성적표에 평균이나 전체 등수가 나오지 않는 경우가 많습니다. 그래서 아이의 점수나 현재 성적의 위치를 정확히 알지 못합니다. 과목별로 물어봐도 분명하게 답하지 못합니다. 상담을 하다 보면, 성적에 민감한 부모들 가운데는 성적 통지표가 어디 있는지 모르겠다는 분도 있습니다. 공개하기 싫어서 그러는 것만은 아닌 듯싶습니다.

더구나 성적의 흐름이나 추세에는 관심이 없습니다. 상담할 때 "성적이 올라가는 중입니까, 내려가는 중입니까" 하고 물으면 애매하게 대답합니다. 성적과 관련해서 상담을 요청할 때도 그러합니다. 과거에 받은 높은 성적 또는 낮은 성적만이 분명하게 각인된 듯합니다.

　아이의 성적을 과목별로 정확하게 기억하는 것은 물론 어렵습니다. 그래도 추세나 변동폭 등은 기억해야 합니다. 좋은 방법은 도표로 그리는 것입니다. 중시하는 과목만 표시하면 되지요. 등수나 성적 자체로는 내 자녀가 어떻게 공부하는지 평가하기가 어렵습니다. 하지만 성적이 올라가는지 내려가는지 알려주는 추세는 같은 환경에서 자신의 과거와 비교하는 것이라, 자녀의 전반적인 공부 모습을 짐작할 수 있습니다. 그리고 성적 추세를 통해 아이가 공부하는 데 걸림돌이 되는 것이 무엇인지 추론할 수 있습니다.

　성적 유형은 모두 여섯 가지로 나눠봤습니다. 중하위권에 속한 아이들은 중학생이 되면서 뚜렷하게 비교되는 경쟁 속에 어찌할 바를 모릅니다. 경쟁 속에서 길을 잃고 헤매는 아이들의 성적은 중간 밑에서 맴돌거나, 갑자기 하락하거나, 기복이 심하게 나타납니다. 중상위권에 속하는 아이들은 경쟁을 이겨내는 듯하지만 뭔가 부족합니다. 경쟁 논리에 비틀거린다고나 할까요? 중간과 상위권의 경계선에 멈춘 아이도 있고, 상위권인데도 왠지 불안한 아이, 경쟁에 무관심한 것처럼 보이는 아이도 있습니다.

중하위권
: 경쟁 속에서 길을 잃고 헤매다

(유형1) 중간 밑에서 맴돌다 : 초기의 구조적 조건을 극복 못하다

　초등학교 입학할 당시 아이들은 대등한 위치에서 출발하는 것이 아닙니다. 물론 부모들도 이를 알고 있기에 유치원 때부터 열심히 공부를 시키지요. 하지만 이보다 더 중요한 구조적인 차이들이 있습니다. 나이 차이, 남녀 차이, 우뇌·좌뇌 차이입니다.

　우리나라는 입학 나이가 최대 1년이 차이가 납니다. 빠른 입학을 한 2월생과 그렇지 않은 3월생은 거의 1년 차이가 나지요. 어린 시절의 1년 차이는 엄청납니다. 더구나 형제 차이가 더해져서 여덟 살 형과 일곱 살 동생은 차이가 더 심하지요.

　말콤 글래드웰은《아웃라이어》에서, 캐나다 하키 대표선수들 중 1~3월생이 40퍼센트나 된다는 사실을 처음 밝혔습니다. 어릴 때 대표선수를 뽑는 시점이 1월이기 때문에 몇 개월 더 신체가 발달한 아이들이 뽑힐 것이고, 그때 뽑힌 아이들이 좋은 조건에서 연습할 기회를 잡는 것이지요. 미국에서 학교 외 야구 리그는 7월 31일 기준으로 연령을 구분하고 선수를 뽑기 때문에, 메이저리그에 출전한 선수들 중에는 8월생이 많다고 합니다.

　또 남자·여자의 차이가 있습니다. 남자아이들은 대부분 언어 능력이 여자아이에 비해 떨어집니다.《남자아이 여자아이》라는 책

에서 레너드 삭스는 "언어나 소근육 운동과 연관된 뇌의 부위는 여자아이가 약 6년 정도 빨리 발달하지만, 목표 적중이나 공간 기억과 연관된 부위는 남자아이가 약 4년 정도 빨리 발달한다"고 말합니다. 그래서 여자아이는 수학을 힘들어하고, 남자아이는 읽기를 싫어합니다. 또 청력에서도 차이가 납니다. 그래서 교실 뒤쪽에 앉은 남자아이에게는 교사의 말소리가 거의 들리지 않는다고 하지요.

이런 남녀 차이는 우리나라 초등학교에서 더 벌어집니다. 교사의 90퍼센트 이상이 여자이기 때문이지요. 여교사들은 남자아이의 활동성이나 공격성을 감당하기 힘듭니다. 심한 아이들한테는 ADHD 검사를 받아보라고 권합니다. 공평하게 대하려고 애를 쓰긴 합니다만, 예뻐하기는 힘들지요. 남자아이들은 친구를 만들기 위해 장난스럽게 공격적인 행동을 합니다. 이런 특성을 인정하지 않으면 과격한 행동을 조장한다는 이유로 피구를 못하게 하거나, 심지어 미국에서는 쉬는 시간에 신체 접촉하는 것이 부적절하다고 말하는 학교까지 있다고 합니다.

또 우뇌·좌뇌의 차이가 있습니다. 베티 에드워즈는《오른쪽 두뇌로 그림 그리기》에서 말합니다.

"오른쪽 두뇌는 언어를 조절할 수 없고 추리할 수가 없다. 어떤 것부터 먼저 해야 하는지에 대한 순서의 개념이 희미해서 아무 때나 시작하고 한꺼번에 모든 것을 취해버린다. 또 시간 개념이 없어서 분별력 있는 왼쪽 두뇌가 이해하는 것과 같은 '시간 낭비'라는 단어의 뜻과 개념을 이해하지도 못한다. 뿐만 아니라 분류하고 정의를 내리는 것에도 둔감하고, 오로지 사물을 현 시점에서 있는 그대로만 받아들이는 것 같다."

학교생활의 대부분이 언어, 순서, 비교, 분류, 추상으로 이뤄졌는데, 이런 오른쪽 두뇌 성향이 강한 아이라면 학교에 적응하는 것이 무척 힘들 것입니다.

입학 초기 이런 구조적인 차이들로 인해 아이들은 똑같은 상태에서 출발하는 것이 아닙니다. 이런 차이는 지식이 많다고 해서, 유치원 때 미리 공부했다고 해서 극복할 수는 없습니다. 3년 정도는 불리한 조건을 인정하고 기다려줘야 합니다. 그렇지 않고 학교 공부를 따라가는 것에 중점을 둔다면 아이는 기초 능력을 갖추지 못하고 여전히 중간 밑에서 맴돌 것입니다. 그러니 학교 성적을 포기하고 기초를 쌓아야 합니다. 중학생이 되어서도 그렇다면 학교의 일반적인 과정을 무시하고 아이의 수준에 맞춰 낮은 단계를 반복합니다. 그리고 기초적인 학습 능력인 읽기·듣기 능력을 높이기 위해 책을 읽게 하고, 많이 읽어주고, 녹음한 것을 반복해서 듣도록 합니다.

누구는 ADHD로 의심할 정도로 활동성이 강한 남자아이에게 책을 읽어주는데 아이가 옆에 앉는 데만 2년이 걸렸다고 합니다. 그전에는 태권도를 하면서 듣기도 했다지요. 옆에 앉았다고 해도 뭔가 하면서 움직이긴 했고요. 그래도 듣는 힘이 강해져서 그런지 학교생활이 불안하긴 해도 큰 문제를 일으키진 않았습니다.

가정은 비교적 아이 중심으로 움직입니다. 아이는 형제자매 두 셋과의 비교 속에서 생활했습니다. 그러다가 10~30명의 집단 속에서 성적 또는 몇 가지 기준으로 비교되는 생활을 하는데 집에서처럼 기다려주지 않습니다. 바로 평가받고 지적받습니다. 이렇게 구조적으로 불리한 아이들은 가정과 달리 학교에서 생활하는 데 무척 힘이 듭니다. 이럴 때 성적을 통한 자신감을 중시해서 문제를 반복해서 풀게 하는 것은 최악의 선택일 것입니다.

성적보다는 공부에 호기심을 갖도록 학습 환경을 만들어주는 것이 좋습니다. 어쩌면 공부보다도 학교 자체에, 뭔가를 배운다는 것에 관심을 갖도록 하는 것입니다. 수업 시간에 집중하거나 애를 쓰도록 하는 것이 중요합니다. 느리더라도, 이해를 못했다고 해도 기다려야 합니다. 현실적으로는 자신의 성적이 중간 밑에 있지만 가능성은 그렇지 않다는 것을 확인시켜줘야 합니다. 성적이나 교사의 평가가 아니라 학습 능력이나 집중력으로 아이가 자신감을 느끼게 해줘야 합니다.

[유형2] 갑자기 하락하다 : 학교나 교사에 적응 실패

학교는 사회의 다양한 집단 중에서 특별한 집단입니다. 우리는 학교 교육이 보편적이라 그 교육기관인 학교도 보편적이라고 생각합니다만, 학교는 다른 집단—이를테면 연구소, 사단법인, 조합, 기업 등—과 비교하면 매우 특별한 조직입니다. 교재 선택이나 학생

평가에서 자율성이 거의 없으면서도 교실에서는 학생들에 대한 절대적인 권한을 갖습니다. 그리고 대등하지 않은 상태에서 늘 가르치기만 합니다. 교실 내부에서 교사가 지적받거나 비판받지 않고, 큰 잘못이 없는 이상 1년 동안 상황이 변할 가능성이 거의 없습니다. "교실 문을 닫고 나면 그때부터 교사는 왕"●입니다.

학교는 권위를 중시하고 교사들은 대체로 권위에 순응적입니다. 행동이 상당히 모범적이지요. 여러 형태로 아이들의 사고력과 창의성을 고려한다고 하지만, 기본적으로 아이가 교사 또는 학교의 권위에 복종해야 한다는 전제를 포기하지 않습니다. 교사가 시킨 것을 아이가 열심히 하고 있어도 교사가 '주목!' 하고 말하면 아이는 하던 것을 멈추고 교사를 쳐다봐야 합니다. 배움보다는 복종이 우선입니다.

또 교사들은 대부분 수업에 적극적으로 참여하기 위해 미리 갖춰야 할 것들을 부모에게 떠넘깁니다. 읽기 능력부터 집중력, 권위에 복종하는 태도에서 예절까지. 독일의 저널리스트인 로테 퀸은 《발칙하고 통쾌한 교사 비판서》에서 교사를 비판합니다. 교사들이 "집에서 어떻게 가르쳤기에 이 상태인가?" 지적하면서 학교에서 가르칠 내용을 엄마에게 책임 전가한다고 하지요. "아이와 매일

● 로테 퀸은 《발칙하고 통쾌한 교사 비판서》에서, 왕따 현상의 원인으로 교사가 드러나지 않는다고 하면서 학교 폭력의 진짜 가해자는 교사라고 주장합니다.

맞춤법 카드를 체크하세요, 아이가 구구단의 9단을 매우 어려워하니 연습시키세요" 등등. 로테 퀸은 이렇게 풍자합니다. 집에서 부족한 영어 단어를 외우라고 숙제를 시킨다면 부모는 교사에게 이렇게 숙제를 내고 싶다고 합니다. "젖은 양말을 어디 벗어놔야 하는지, 다 먹은 요구르트 통을 어떻게 처리해야 하는지 영어 수업 시간에 지도해주길 바란다"고.

그들의 성향이 원래 그러하다기보다는 학교가 그렇게 진행되고 그런 관습에 익숙한 사람들이 교사가 됩니다. 그들은 예습과 복습을 중시하고 시간표를 짜서 계획을 세우고 정리정돈을 중시합니다. 특히 교사들이 쓴 교육법은 대체로 이것을 강조합니다.

또 교육 과정에서 학습 단계를 중시합니다. 덧셈과 뺄셈은 두 자리, 세 자리, 네 자리를 공부할 때 한 학년씩 진행합니다. 세 자리 덧셈을 아는 아이가 네 자리 덧셈을 아는 데 1년이 필요하지는 않습니다. 그렇다면 두 자리 덧셈은 너무 빠르게 가르치는 것이고, 네 자리 덧셈은 너무 늦게 가르치는 것일 테지요. 아이의 수준이나 호기심을 고려하기 어렵습니다. 또 실력이 부족한 중학생에게 초등 과정을 공부시키는 것은 고려조차 하지 않습니다.

시간표도 중시합니다. 미국 뉴욕의 공립학교 교사인 존 테일러 개토는 《바보 만들기》라는 책에서, 아무리 중요한 내용을 공부하더라도 종이 치면 끝나야 하는 점을 지적합니다. 교과 과정이나 수업 시간 등 영역이 분명히 나뉘었기 때문입니다. 교과 내용보다 시간

엄수가 더 중요하지요. 초등 저학년 시절에는 교사에 따라 융통성이 있습니다만, 학년이 높아질수록 그렇지 못합니다. 이런 학교나 교사의 특성에 적응하지 못한 아이들은 초등 4~5학년이나 중1 때 갑자기 성적이 하락하는 경우가 많습니다.

아이들은 수업 내용도 알아듣고 자기 일도 열심히 하는데 어느 순간 학교 질서나 교사 권위와 충돌한다는 것을 의식합니다. 특히 부모가 교사의 성향과 크게 다를 때, 가정이 학교의 구조와 크게 다를 때 아이는 권위 충돌을 해결하지 못합니다. 아이는 내가 틀렸다거나 내가 잘못했다는 느낌만 받습니다. 왜 그런지는 이해하지 못하고.

또 초등학교 때에는 성적도 잘 나왔는데 중학교에 들어가서 갑자기 떨어지는 아이도 있습니다. 초등학교 공부는 중학교 공부보다 훨씬 직관적이고 통합적입니다. 분량도 적지요. 그래서 '감'이 뛰어나거나 융통성이 강한 아이들은 공부하지 않아도 성적이 잘 나옵니다. 그런데 중학교 교육 과정은 그렇지 않기 때문에 갑자기 성적이 떨어집니다.

예를 들어 초등 수학은 네모, 세모 형태로 문제를 풉니다. 구체적으로, 감각적으로 접할 수 있는 형태로 풀어서 접근합니다. 중등 수학은 다릅니다. 피아제의 이론에 따르면, 12세에 추상적 조작기로 넘어가면서 추상적인 사고를 시작하기 때문입니다. 그렇지만 중등 수학은 과도기 없이 곧바로 x, y로 문제를 풀고, 집합이나 속력,

농도 등 추상적인 개념을 다루지요.

갑자기 성적이 떨어지는 아이들은 학교나 교사의 특성에 적응하지 못해서 그렇다고 봅니다. 이런 아이들에게 학교나 교사의 부정적인 측면을 감추는 것은 최악의 선택입니다. 부모들은 부정적인 측면을 드러내면 학교에서 열심히 공부하지 않을 것이라 생각하고 가급적 교사나 학교를 좋게 얘기합니다. 하지만 아이들은 몸으로 압니다. 교사 개개인의 잘못도 알지만 학교의 일반적인 특성이 자신과 맞지 않는 것도 압니다.

이런 갈등 속에서 부모는 교사나 학교보다는 아이를 지지해야 합니다. 특히 아이가 권위에 순응하지 않고 엉뚱한 생각을 즐기는 편이라면 학교에 적응하기 힘들다는 점을 인정해야 합니다. 그리고 아이도, 교사도 잘못이 아니라고 알려줘야 합니다. 즉 교사한테 칭찬받지 못해도 공부를 잘할 수 있고, 또는 잘할 수 있는 기초를 닦을 수 있다고 말입니다.

(유형3) 기복이 심하다 : 부모 성향과 격차가 크다

성향 때문에 학교에서 문제가 있는 아이들은 대체로 이렇습니다. 내향성보다 외향성이 심해서 가만히 앉아 있지 못합니다. 비현실성이 강해서 엉뚱한 생각이나 공상을 즐겨 합니다. 이것이 외향성과 겹치면 엉뚱한 행동을 갑작스레 저지릅니다. 또 정리정돈을 싫어하고 계획을 세우지 못합니다.

이런 아이들과 부모, 특히 엄마의 성향이 정반대이면 일상생활에서도 항시 서로 힘들어합니다. 아이는 엄마가 쫓아다니면서 잔소리를 해도 항상 똑같습니다. 책상을 정리하고 차분하게 앉아서 공부하지 않고, 돌아다니면서 합니다. 책상이 지저분해도 한쪽으로 밀어놓습니다. 계획을 세워서 실천하기보다는 즉흥적으로 합니다. 계획을 세워도 계획대로 하지 않습니다. 수시로 바꾸지요.

학교 공부에서도 이런 성향의 아이들은 불리합니다. 부모는 이를 알기 때문에, 또는 자신은 그렇지 않아서 효과를 봤다고 생각하기 때문에 더욱 그런 습성을 고쳐주려고 합니다. 강제로 '엉덩이 공부'를 시키고, 정리정돈을 시킵니다. 계획을 세우라고 하고, 제대로 실천했는지 확인합니다.

제가 아는 어느 집의 점검표를 한번 볼까요? A4 한 장짜리 양식에서 점검 항목이 엄청납니다.

'일찍 일어남, 영어 복습 쓰기, 영어 워크북, 영어 북 리포트, 영어 단어 및 예습 쓰기, 영어 해석, MP3 듣기, 수학 학원 숙제, 다달학습, ○○국어, 기적의 독서법, 알림장 적기, 가방 챙기기, 준비물 챙기기, 일기 쓰기, 한자, 영어 공부, 10시 전에 모든 일 끝냄, 야채를 골고루 먹음, 제 시간에 잠.'

아이는 이를 어떻게 실천하고 부모는 또 이를 어떻게 점검할 수 있는지 궁금합니다.

이렇게 성향이 충돌해도 학교와 달리 가정은 다른 측면에서 인정도 하고 사랑도 줍니다. 아이는 헷갈립니다. 아이 생각에는 같은 행동에 대해 어떤 때에는 인정받는 것 같고 어떤 때에는 혼나는 것 같은데, 그 기준을 알기 어렵습니다. 부모가 일관성이 없어서 그렇기도 하지만 더 큰 맥락을 이해하지 못하기 때문에 그렇기도 합니다. 즉 똑같은 행동도 친구가 있을 때와 없을 때 다르고, 시험 전후가 다릅니다. 마찬가지로 엉뚱한 행동이 어떤 때에는 창의적이라고 칭찬받고 어떤 때는 정신 사납다고 혼이 납니다.

공부를 예로 들어보지요. 초등 6학년 때 사회 과목을 열심히 시험공부 했는데 점수가 안 나왔다고 혼이 납니다. 그런데 중학교 1학년 때 수학 과목을 열심히 시험공부 했는데 점수가 안 나와도 혼이 나지 않습니다. 6학년 사회 과목은 시험공부만으로도 점수가 나올 수 있는데 안 나왔으니 공부하는 시늉만 했다고 혼내는 것이지요. 반면 중1 수학은 시험공부만으로는 점수가 나오지 않는 걸 부모도 아니까 혼을 내지 않은 것입니다. 그런데 이런 맥락을 아이는 이해하지 못합니다.

따라서 성향 차이를 인정하지 못하면 아이는 자신이 옳다는 입장과 자신이 잘못했다는 자책 사이를 왔다갔다하면서 성적도 들쑥날쑥하게 됩니다. 자신이 부모한테 지지받는다고 느끼면 열심히 공부하고 자신감이 생기다가도, 지지받지 못한다고 느끼면 공부를 하면서도 '멍' 때리게 되고 불안해합니다.

흔히 MBTI나 애니어그램 등의 성격 검사를 많이 하는데, 대부분 일반적인 설명을 듣습니다. 아이가 속한 유형의 특징은 어떠하고, 무엇에 장점이고, 어떻게 대처하고, 진로는 무엇을 선택하고 등등. 세계적인 검사 기준이라면 거기에 맞춰서 설명합니다. 학교에서 아이들을 파악할 때 비교적 유리할 것입니다.

그런데 아이 입장에서 집안에 3~4명 중심으로 산다면 그런 일반적인 분석은 중요하지 않습니다. 아이가 정리하지 않는 성향이어도 엄마나 아빠도 그런 성향이라면 문제되지 않습니다. 식구들이 모두 비현실성이 강하다면 아빠가 퇴근하자마자 목적지 없이 여행가자고 할 때 다른 식구들은 모두 좋아합니다. 친척들이 이 가족을 '철없다'고 비판한다지만 아이는 이를 느끼지 못합니다.

아이를 중심으로 보면 식구끼리 함께 성격 검사를 하고, 한 아이를 기준으로 다른 식구들과 가장 차이가 나는 점이 무엇인지 파악하는 것이 더 필요합니다. 특히 아이와 엄마의 차이가 중요하지요.

너무 어리거나 해서 검사가 어려울 경우라면 이렇게 판단하면 됩니다. 아이가 지금 잘하고 있더라도 미래가 불안한 경우가 있고, 반대로 지금 못하고 있더라도 미래가 불안하지 않은 경우가 있습니다. 불안하지 않은 경우는 아이가 자신과 성향이 닮았기 때문입니다. 자신이 사는 것처럼 아이도 살 것이라고 생각합니다. 심지어 엄마가 비현실적인 성향이라 가사노동 같은 반복적인 일상생활을 힘들어서 살림을 제대로 꾸리지 못한다고 해도, 아이는 아빠 같은 사람을 만나서 조화롭게 살면 된다고 하지요. 반면 아이의 미래가 불안한 경우는 자신과 성향이 크게 차이나는 아이입니다. 아이의 미래를 상상하기가 힘듭니다.

사람들은 누구나 자신을 기준으로 생각합니다. 자신의 행동이 기본이고 정상이라고 생각합니다. 그리고 비슷한 사람끼리 어울려 지냅니다. 그래서 자신과 다른 성향의 아이를 이해하지 못합니다. 이를 인식하지 못하고 부모가 자신이 입증한, 성적을 올리는 최적의 단기 코스를 제시하고 강요하면 아이는 감당하지 못합니다. 그런 계획을 실천해도 효과가 없을뿐더러 실천하지도 못합니다. 어쩌면 계획도 세우지 못합니다. 뭐 하나 마음에 드는 것이 없겠지요.

공부뿐 아니라 집안일에서도 문제를 인식하고 해결하는 데 다양한 접근 경로가 있음을 인정할 필요가 있습니다. 아이가 둘 이상이면 그 차이에 주목합니다. "한 아이는 사사건건 마음에 안 들고, 다른 아이는 눈에 넣어도 아프지 않다"고 표현하는 부모를 봤는데, 이는 아이 문제도 아니고 부모 문제도 아닙니다. 차이를 인정하지 않는 것이 문제입니다.

아이를 이해하기 위해 상담을 하고 관련 책을 보는 것으로는 부족합니다. 나와 성향이 다른 사람을 만나려고 의식적으로 노력해야 합니다. 그들이 문제를 인식하는 방법부터 다르다는 것을 실감해야 합니다. 같이 여행을 가서 숙박을 정하고 음식을 준비할 때 자세히 살펴보세요. 정말 다르게 접근하고 해결합니다. 나름대로 장점을 인정할 만하지요. 아이가 그렇게 한다면 시작부터 말렸을 텐데,

어른이니까 기다리게 된 것이지요. 자신은 생각지도 못한 방법으로 일을 풀어가는 것이 놀랍기만 할 것입니다.

중상위권
: 경쟁 논리에 비틀거리다

(유형4) 중간과 상위권, 그 경계선에서 놀다 : 상승 요구에 저항 중

어릴 때 '영재' 소리를 들을 정도로 뛰어났다거나 영악할 정도로 잔머리를 많이 쓰는 아이들은 노력하는 것에 비해 성적이 잘 나옵니다. 이런 아이들은 중학교 때 성적 경쟁에 무척 힘들어하면서, 사춘기를 전후해 무기력에 빠지거나 친구나 컴퓨터에 빠지는 경우가 많습니다. 부모 생각에는 공부를 조금만 해도 성적이 상위권으로 진입할 것 같은데 기대만큼 열심히 하지 않지요.

부모는 아이가 상승 자체를 힘들어한다고는 조금도 생각하지 않습니다. 하지만 이런 아이들은 상승해도 버틸 만한 심리적 태도나 상승해도 문제가 없을 정도로 주변 정리가 되지 않은 것입니다. 우선은 친구 집단에서 차지하고 있는 '사회적 지위'가 바뀌는데 이를 감당할 자신이 없습니다. 집단은 소그룹이어도 지도자와 참모 등이 있습니다. 성적으로 상위권에 진입하는 것은 지도 그룹에 변화를 주게 됩니다. 이런 변화가 자연스럽지 않으면 본인은

그 그룹에서 따돌림을 당하거나 퇴출됩니다. 성적을 올리는 것도 쉽지 않은데 이런 부담을 감수하면서 올릴 필요가 있을까 고민하게 되지요.

책을 많이 읽어서 학습 능력이 올라감에 따라 성적도 올라갈 것이라고 예상하고 있는데 그렇지 않은 아이가 있었습니다. 그 아이는 공부가 중위권 대학에 갈 수준이었는데, 성적을 조금만 높이면 그 집단의 리더 격인 아이와도 경쟁이 될 수 있었습니다. 리더는 적극적인 성격이고 공부에 욕심이 많아 상위권 대학에 갈 실력인 반면, 그 아이는 그렇지 않았지요. 부모는 아이가 '욕심이 없어서'라고 생각하지만, 저는 그 아이가 리더와의 갈등을 피해서 성적을 안 올리지 않았나 추측해봅니다.

또 부모의 요구에 따라 성적을 올리는 것도 부모의 기대를 높이는 결과를 가져옵니다. 부모의 기대는 끝이 없다고 아이들은 생각하기 때문에, 부모의 기대에 맞춰 공부를 점점 더 열심히 하는 것은 불가능하다고 생각합니다. 중2 학생이 평균 89.9를 받았기에 "정말 아깝다"고 했더니 의아한 표정을 짓습니다. 농담처럼 "네 부모 소원인데, 조금 애써서 90점 넘으면 좋지 않냐?"고 했더니 아니라고 합니다. 그래도 92~93점 받으면 만족하지 않겠냐고 했더니 역시 아니라고 합니다. 95점? 98점? 그때서야 고개를 끄덕입니다. 부모의 기대치가 점차 높아질까 봐 두려워서 미리부터 성적을 올리려 하지 않습니다.

부모와 갈등 중에 있어도 마찬가지입니다. 성적을 높이라는 부모의 요구에 따르는 것은 부모와의 갈등에서 지는 것과 같은 차원이 됩니다. 부모와의 갈등에서 아이가 갖고 있는 유일한 힘은 기대만큼 성적이 나오지 않게 하는 것입니다. 따라서 부모와 갈등 중에는 성적을 높여서 부모의 자랑스러운 자식이 되려고 하지 않습니다.

부모의 교육관 차이도 영향을 미칩니다. 네덜란드의 경제·경영학 교수인 기어트 호프슈테더는 《세계의 문화와 조직》에서 여성성과 남성성을 나누고 있습니다. 여성성의 지배적인 가치는 돌보는 것, 약한 자에게 공감하고 평균 수준인 학생이 모범이 되는 것입니다. 남성성의 가치는 물질적 성공, 강한 자에게 공감하고 뛰어난 학생이 모범이 되는 것입니다. 우리는 흔히 사회성도 좋으면서 공부도 잘하는 아이를 바란다고 하는데, 어찌 보면 서로 모순되는 가치를 동시에 요구하고 있는 것입니다. 집안에서 공감과 배려를 강조하면서 상위권에 진입하라고 요구할 때 아이는 뭔가 모순된다는 느낌을 받습니다.

성적이 오르는 것과 상위권으로 진입하는 것은 크게 다릅니다. 친구들의 시기심부터 학교나 부모의 기대 등 모든 것을 이겨낼 만한 심리적인 자신감이 받쳐줘야 합니다. 또 친구 집단의 변화를 이겨내거나 변화를 이끌어낼 만한 다른 재주도 있어야 합니다. 그럴 준비가 되지 않았다고 느끼면 아이는 성적을 올릴 수 있는데도 올리지 않습니다. 의식적·무의식적으로 실수를 한다거나 한 과목을 크게 실패해서 상위권 턱걸이에 멈춥니다. 공부를 잘하는지 아닌지 애매한 상태로 남겨두고 주변의 반응을 살펴보는 것이지요.

이런 아이들은 지금 수준의 성적을 유지하는 것이 힘들지 않기 때문에 흔히 친구관계에 집착하는 모습을 보이기도 합니다. 부모는 사회성을 중시하고 또 친구관계를 잘 풀어야 공부도 할 것이라고 생각하기도 합니다. 그래서 또래 지향을 인정하는데, 이는 적절한 대응이 아닙니다. 친구에게 의존하면 자립성을 갖추기 힘듭니다. 친구 집단은 집단 내 리더의 영향을 강하게 받습니다. 또 또래 지향은 대체로 부모 권위에 저항하면서 대중매체에 의존하는 방향으로 바뀌기 때문입니다.

이보다는 성적을 덜 강조하고 집중이나 성취감을 중요시해야 합니다. 학년이 바뀌고 친구 집단이 바뀌면서 자신의 실력을 드러내도 된다고 판단할 때 성적을 올릴 수 있도록 기초를 탄탄히 다지는 것이지요.

(유형5) 상위권, 그런데 왠지 불안 : 경쟁에 회의를 느끼다

성적이 높은 아이는 공부에 자신이 있습니다. 아이는 칭찬을 많이 들었고, 주변에서 인정도 충분히 받습니다. 그런데 부모는 왠지 불안합니다. 우리 사회에는 공부 잘하는 아이들 중에서 자퇴나 우울증, 때로는 더 심한 형태로 '폭발'하는 아이들이 제법 있는데, 남

의 일처럼 생각되지 않기 때문이지요.

생각이 단순한 아이가 아니라면 대체로 공부 잘하는 아이들은 주변 환경에 관심이 많습니다. 학교의 경쟁이나 부모의 양육에 대해 고민도 하지요. 특히 부모의 가치관 모순은 아이들을 혼란스럽게 합니다. 부모들은 공부도 하고 토론도 하면서 일관성 있게 양육하려고 애를 씁니다. 부부 둘이 협의해서 양보도 하고 희생도 해서 모순을 줄이려고 하지요. 하지만 부모의 가치관 모순은 좀 더 근본적입니다. 의식적인 차원 이전의 문제이지요.

우선 부모가 어릴 때 받은 양육 방식과 현재 자녀를 양육하는 방식이 차이가 날 가능성이 많습니다. 또 부모의 가치와 부모가 속해 있는 가족이나 모임 등 공동체의 문화가 다를 때, 아이는 부모의 무의식적 '이중 메시지'를 받고 힘들어합니다.

미국의 인지언어학자인 조지 레이코프는 《프레임 전쟁》에서 '엄격한 아버지 모형'과 '자애로운 부모 모형'을 제시했습니다. 전자는 권위와 통제를 중시하고 위계와 소유권을 분명히 합니다. 또 자수성가를 중시합니다. 후자는 감정 이입과 책임감을 중요하게 보고 공정성과 평등, 공동체에 관심이 많습니다. 이런 두 유형은 부모의 과거와 현재 또는 현재와 미래에 각각 다르게 나타날 수 있습니다. 즉 많은 부모는 어릴 때 엄격하게 통제받고 자랐지만 지금은 자애롭게 키우고 싶어 합니다. "내 어릴 때는……" 하면서 통제하지 않는 것을 고마워하라고 합니다. 하지만 아이들은 그런 부모들의 말과 행동에서, 의식적인 요구와 무의식적인 요구 사이에서 모순되는 양육 태도를 느낍니다.

프랑스 역사학자 엠마뉘엘 토드는《유럽의 발견-인류학적 유럽사》에서 가족 유형을 네 가지로 나눕니다. 부모·자식 관계에서는 자유와 권위로, 형제 간의 관계는 평등과 불평등으로 나눕니다.

구분	부모·자식 관계	형제 관계	주요 국가
절대적 핵가족	자유	불평등	영국의 북해권역 등
평등적 핵가족	자유	평등	프랑스 북부 등
직계 가족	권위	불평등	독일 서부 등
공동체 가족	권위	평등	이탈리아 중부 등

엠마뉘엘 토드의 주장의 옳고 그름을 떠나서, 양육에서 벌어지는 많은 모순을 이해할 수 있게 해줍니다. 저는 우리나라의 가족 유형을 직계 가족 또는 공동체 가족으로 짐작합니다. 자유를 인정하지 않는 입장이 강하지요. 제 경우를 예로 들어보지요. 제가 어릴 때 우리 집안은 직계 가족 성향이 강했고, 저는 막내이기 때문에 형제 간 평등에 대한 욕구가 강합니다. 그런데 제가 커서 가족을 꾸릴 때엔, 이상적으로는 부모·자식 간의 자유로운 관계를 원하면서도 현실적으로는 권위를 포기하지 않았습니다. 뿐만 아니라 형과 동생의 구분을 엄격히 했지요. 그러면서도 바람직한 미래 사회를 위해

지향하는 것은 형제 간 평등인 공동체 구조입니다. 더구나 아이들이 대중매체를 통해 배우는 가치는 평등과 자유일 것입니다. 그래서 부모와 자식 세대 간의 갈등이 더 큽니다. 또 학교에서 아이들에게 주입하는 가치는 불평등과 권위일 것입니다. 기본적인 가치 충돌을 피할 수 없습니다.

공부를 잘하는 아이들, 특히 생각이 깊거나 예민한 아이들은 이런 모순에 민감하게 반응합니다. 부모의 말과 행동, 지향과 현실의 모순뿐만 아니라 우리 집안과 사회, 대중매체에서 강조하는 가치들이 모순을 일으킵니다. 특히 부모가 긍정적인 사고를 갖기보다는 세상을 비판하는 경우 더욱 그럴 것입니다.

이런 상황에서 겉으로 표현한 부모의 가치를 기준으로 현실에 빨리 적응하기를 요구하면 부모한테 위선을 느끼기 쉽습니다. 특히 기대가 높은 만큼 더 통합된 정체성이 필요한데, 여러 가치의 충돌로 인해 정체성을 잃어버리게 되면 부모가 예상치 못한 상황이 벌어지기도 합니다.

이런 문화 충돌, 가치 모순을 인정하는 것이 좋습니다. 이상과 현실이 다르고, 학교와 학교 밖이 다르고, 부모 시대와 자녀 시대가 다르다고 인정합니다. 아이가 아이 기준에서 그러한 문화 충격을 스스로 흡수할 수 있도록 기다려야겠지요.

[유형6] 대기만성형 : 경쟁에 무관심한 듯

높은 사고력과 강한 비현실적 성향을 지닌 아이, 장점과 약점이 너무 뚜렷한데 특히 사회성이 떨어지는 아이, 그릇이 커 보이고 집중력은 매우 높지만 생활에서는 엄청 게으른 모습을 보여주는 아이들은 대기만성형일 가능성이 높습니다.

이런 아이들은 많은 사람들이 고민하고 걱정하는 일상의 측면은 무시하고 문제를 크게, 깊게 바라봅니다. 그것도 논리적인 과정을 거쳐서 사고를 전개시키기보다는 자신의 생각을 툭 던지기 때문에 주변에서 그 생각을 인정받지 못합니다. 가끔 독특한 의견을 제시하기도 하지만 대체로 엉뚱한, 쓸데없는 생각에 잠겨 있지요. 자신이 표현하기도 힘든, 정리되지 않은 생각으로 어찌할 바를 모르고 있습니다.

이를테면 이들은 학교나 친구관계에 대한 고민이 있을 때 이를 곧바로 확대하거나 근원으로 회귀해서 물질 사회를 비판하거나 문명을 거부해야 한다고 합니다. 인간 중심적인 사고방식이 생명 존중과 맞지 않는다고 합니다. 그런데 이런 생각을 구체화시키지는 못합니다. 어른이라면 '성장에 반대'하는 자료를 읽거나 무정부주의 생각을 가진 사람을 만나면 되겠지만, 이들에게는 이런 기회를 갖기 힘듭니다. 결국 개인이 무엇을 해야 할지 몰라서 게으른 상태로 지내는 것이지요.

이런 아이들은 아마도 천성인 듯싶습니다. 내성적이고 비현실적인 성향이 강하겠지요. 이들은 가족 내의 모순을 지나치지 못합니다. 부모를 비판하는 것도 문제지만, 부모를 비판하지 않고 사회 전체로 확대하는 것도 큰 문제입니다. 또 개인이 노력하지 않는 것도 문제지만, 더 큰 문제는 부모나 학교에 대해 특별히 요구하는 것이 없다는 점입니다. 부모나 교사가 현실적으로 해결할 수 없는 문제들이기 때문입니다. 그래서 상대적으로 일상적인 문제로 주변과 갈등을 빚지는 않습니다. 더구나 한두 번 엄청난 집중력으로 성적을 올리기도 합니다. 겉보기에 '엄친아'로 보이기도 합니다.

그래서 부모들은 아이의 게으른 태도만 고친다면 성적을 높일 수 있다고 생각합니다. 공부 습관을 강조하거나 규칙적인 생활을 요구합니다. 또 현실의 경쟁을 피할 수 없다고 설득하고 경쟁 속으로 들어가도록 압박을 가합니다.

하지만 이 아이들은 경쟁이나 현실, 성적 등에 관심이 없습니다. 자신이 게으르다고 인정하지 않습니다. 뭔가 정리되지 않은 것이 있는데, 그 때문에 공부도 또는 어떤 일도 하고 있지 않은 것입니다. 심지어 게임 같은 것에 빠진 듯이 보이기도 합니다.

이들의 쓸데없어 보이는 고민을 천성으로 인정하는 것이 좋습니다. 마냥 기다려야 하니까요. 그리고 비슷한 성향의 어른, 이를테면 대기만성으로 알려진 사람을 모델링할 수 있도록 만날 수 있는 기회를 만들어주면 좋습니다.

chapter 13
대안을 위한 기본 시각

성적 유형에 따라 아이들이 공부할 때 힘들어하는 원인이 무엇인지 추론해봤습니다. 여기에는 아이들에 대한 다른 관점이 전제되어 있지요. 즉 아이들은 공부를 안 하는 것이 아니라 못 하는 것이라고, 시각을 바꿔서 생각해봅니다. 할 수 있는데 스마트폰에 빠져서, 친구와 노느라, 욕심이 없어서, 게을러서 공부를 안 하는 것이 아닙니다. 하고 싶은데 공부할 수 있는 환경이 뒷받침되지 않아서, 불리한 조건에 적응하거나 이를 해결하는 데 에너지를 다 써서 공부하지 못하는 것입니다.

아이들은 누구나 공부를 잘하고 싶을 것입니다. 열심히 하고 싶고, 부모나 교사에게 인정받고 싶고, 성취감을 느끼고 싶어 합니다.

중3 아이들한테 물어봅니다. "학교 시험에서 열심히 공부했을 때 기대만큼 성적이 올랐다고 생각하느냐?"고. 그런 적이 없다고 합니다. "아니, 그럼 열두 번 시험 중에서 두세 번은 열심히 공부했냐?"고 물으면 고개를 끄덕입니다. 열심히 한 적이 한 번도 없다고 답하는 아이는 없습니다. 부모의 기준에서는 열심히 하지 않았을지 몰라도, 아이의 기준에는 적어도 몇 번은 열심히 했다고 말합니다.

큰 방향에서 보면 학습 능력이 부족해서 공부한 만큼 성적이 나오지 않는 것이고, 작게 보면 공부 방법이 자신의 조건과 맞지 않아서 그럴 것입니다. 아이의 성향이나 학교의 특성, 부모의 성향이나 가치관에서 서로 충돌을 일으키면 아이는 열심히 공부하기도 힘들고, 공부를 하더라도 좋은 결과가 나오지 않습니다.

부모들은 누구나 아이들이 열심히 공부하게끔 도와주려고 합니다. 직접 가르치는 경우부터 집중할 수 있는 환경을 만들어주는 간접적인 방법까지. 저는 엄마표 공부 등 직접 가르치는 방법이 부작용이 많다고 생각합니다. 아이와 부모의 성향이나 가치관이 충돌하기 때문입니다.

간접적으로 아이를 지원하려면 학교나 사교육의 특성을 냉정하게 파악해야 합니다. 또 부모 자신, 부부 사이, 부모와 아이 사이의 격차는 대화 기술로 해결될 성질이 아니라고 인정해야 합니다. 아이는 가족관계보다는 친구관계 또는 선후배 관계 속에서 자신을 가장 잘 드러내기도 합니다. 여러 가족들이 여행을 다니면서 다양한 성향의 부모들이 친하게 지내는 가운데, 아이들이 선후배들과 어울려서 자신의 장단점을 인정하고 자신의 정체성을 찾는 과정이 필요합니다.

가족은 좁고 사회는 너무 넓습니다. 부모는 자기의 자녀인데도 그 성향이나 가치관을 받아주기 힘듭니다. 사회는 너무 익명성이 강하고, 대중매체는 아이들을 성장시키는 데 관심이 없습니다. 아이들에게는 서로 직접 관계를 맺을 수 있는 중범위의 사회가 필요한데, 학교는 성적 평가 중심이라 적절치 못합니다. 저는 아이들에게 가족 연합 모임 같은 중범위의 사회를 만들어준다면 대부분의 아이들이 열심히 공부할 것이라고 믿습니다.

학교는 국가기관일 뿐이다

학교에 대한 기본 입장이 중요합니다. 학교를 어떻게 바라봐야 할까요? 중간층 이하에게 학교를 떠나서 배우는 것은 거의 불가능합니다. 그리고 배우지 않고는 계층 상승도 힘들고, 삶에서 깨달음을 얻기도 힘듭니다.

이것은 학교가 교육에 가장 적합해서가 아니라 교육 영역, 아니 청소년기를 독점했기 때문입니다. 아이들은 청소년기에 학교를 떠나서 있을 곳이 없습니다. 일도, 놀이도 자유롭지 못합니다. 학교를 떠나서 정상적인 성장을 도모하는 것은 무척 어렵습니다.

그럼에도 학교를 교육과 동일시할 수는 없습니다. 학교는 기본적으로 국가기관입니다. 더구나 우리나라 학교는 상당수가 사립학교입니다. 무상교육이라고 해도, 영리를 목적으로 하지 않는다고 해도, 사학재단은 손해를 보면서 학교를 운영하지 않습니다. 특히 유명 대학은 대부분 사립학교입니다. 즉 학교는 국가기관이면서 동시에 영리를 도모하는 조직입니다.

따라서 학교를 통해 교육의 공공성을 확보하겠다는 목표는 무리라고 생각합니다. 더군다나 현대 사회는 공공 선(善)이 실종된 상태입니다. 지식인도 이를 방어하지 못합니다. 교육 영역은 경제나 정치 논리로 침해를 받아도 저항하지 못할 정도로 위축되고 있습니다. 교육을 통한 사회 민주화는 매우 어려운 일이지요.

부모 입장에서는 학교를 중심으로 자녀 교육을 설계해서는 안 됩니다. 학교의 제1 목표는 교육이 아니기 때문입니다. 설령 교육이 목표라고 해도 학교 교육은 문제가 많습니다. 흔히 지적하는 경쟁, 주입식 수업, 학생의 주도권 박탈 등 외에도 근본적인 문제가 많습니다. 학년별로 진도가 정해진 수업이나 국·영·수 중심의 공부, 또 국·영·수 수준이 비슷하게 성장한다는 전제, 예체능과 분리된 학습, 학년별 경쟁 등등.

왜냐하면 국가의 필요성에 더해서 영리 측면까지 고려해 교육 과정이나 학교 제도를 만들었기 때문입니다. 예를 들어 '인적 자원 관리'라는 차원에서 영재교육을 강조하는 것은 국가의 필요성이고, 명문 학교에 진학한 것을 홍보하는 것은 영리 측면입니다. 구체적으로 같은 학년을 대상으로 수학의 기초부터 심화까지 가르치는 것은 학년별 교육 과정 때문입니다. 또 기초나 기본을 무시하고 심화나 선행을 가르치는 것은 교사의 편리성을 우선 생각하기 때문입니다.

학교는 6년 또는 3년 단위이지만 교사들은 1년 단위로 가르치고 평가하기 때문에 기초를 닦는 것이 거의 불가능합니다. 중1학년에 진입했는데 초등 교육 과정을 잘 모른다고 해서, 지금의 교육 과정을 가르치지 않고 예전 것을 가르쳐서는 당장 성적이 나오지 않습니다. 가르치고 싶어도 가르칠 수가 없지요.

저는 교육적 차원에서 부모의 요구를 학교 숙제보다 중요시했습니다. 스스로 공부할 때 학년별 구분은 무시하고 심화문제는 풀지 말라고 했습니다. 국·영·수 성적이 같은 수준으로 성장하지 않는다고 보아서, 평균을 중시하지 않았습니다. 학교에서는 아이가 집중력이나 읽기 능력을 갖췄다고 간주하고 그 다음을 가르치지만, 저는 기초를 갖추지 못했다고 판단하면 그 다음 과정에는 신경조차 쓰지 않았습니다.

학교를 중심으로 교육을 개선하고자 운동하는 것은 공교육에 직업을 두고 있는 분들에게는 당연한 일이지만, 학교 밖에서 교육 운동을 펼치는 사람까지 그렇게 할 필요는 없다고 봅니다. 오히려 시민사회의 시각에서 학교를 견제해야 하는 것이 아닌가 생각합니다. 부모는 사교육을 비롯해 유사 교육기관—연구소, 문화센터, 도서관, 심리상담센터 등—까지 포함해서 포괄적으로 교육을 생각해야 합니다. 아이의 교육을 생각할 때 학교가 아니라 교육, 또는 아이가 중심입니다.

사교육은 교육보다 이윤이 먼저다

기본적으로 사교육은 부모들에게 죄책감을 불러일으킵니다. '자녀에게 잘못하고 있는 것은 아닌가' 하는 불안을 파고들지요. 실제로 많은 부모들이 공부뿐 아니라 일반적인 양육에서도 죄책감에 시달립니다. 또 사교육이 불안과 환상과 속도를 요구하면서 아이와 부모들을 붙잡고 있다는 점은 잘 알려져 있지요. '아직도 그 부분을 공부하지 않았습니까?' 하고 부모들을 이상한 사람으로 취급하면서 불안에 빠뜨립니다. 또 조금 가르친 다음에는 '아이가 잘한다고, 가능성이 있다고, 믿고 맡기시면 된다고' 과대 환상에 빠지게 합니다. 3개월이면 성적이 오른다거나, 빨리 성적을 올려야 자신감이 생긴다거나 하면서 급하게 결과를 확인하게 합니다. 어릴 때 몰아치면 성적이 오릅니다. 하지만 그럴수록 빨리 지치고 나중에 실력이 오르지 않습니다. 잘못하면 부작용이 심해서 회복되지 않습니다.

사교육을 운영하는 주체는 교육 기업입니다. 교육 기업은 교육 영역에서 이윤을 추구하는 법인입니다. 그중 어느 쪽 성격이 강한지 굳이 선택하라면 교육이 아니라 기업이라고 봐야지요. 기업은 물건을 팔고 이윤을 추구합니다. 소비자의 만족을 채워주기는 하지만 소비자의 가치를 높여주지는 않습니다. 정보를 사면서 세상에 대해 많이 안다고 생각하고, 환경 제품을 이용하면서 지구 환경을 살린다고 생각할 수도 있지만, 삶의 의미를 고민하려면 또 다른 노력을 기울여야 합니다.

서비스 산업이라고 생각하면 법률 서비스나 의료 서비스와 비교할 수 있습니다. 어느 영역에서나 어려운 사람을 위해 봉사를 하고 또 제도를 개선하기 위해 비판하는 주체도 있지만, 대다수는 필요한 사람에게 충실히 서비스를 제공하고 돈을 법니다. 교육 서비스도 마찬가지입니다. 교육을 삶의 근본으로 보는 전통적 시각은 현대에는 적용할 수 없습니다. 교육은 정치, 경제, 법률, 의료 등 사회의 다양한 영역 중 하나입니다. 교육 기업을 운영하는 사람들은 그렇게 생각합니다.

의료 서비스를 제공하는 기업은 사람들이 의료 능력을 배워서 스스로 자립하기를 원하지 않습니다. 마찬가지로 교육 서비스를 제공하는 기업도 아이들이 학습 능력을 배워서 스스로 공부할 수 있기를 원하지 않습니다. 자신들한테 계속, 필요할 때마다 지식을 배우기를 원합니다. 스스로 공부하는 방법이나 능력을 가르치지 않습니다. 구조적으로 그런 것들을 가르칠 줄 모릅니다.

교육 기업이 아이들의 학습 능력을 올릴 수 있다고 보는 것은 착각입니다. 우수한 아이들을 붙잡아 유지하는 것뿐이지요. 이는 비용이 적게 듭니다. 실력을 높이는 것보다 우수 학생을 유치하는 전략을 선호하는 것은 학원만이 아니라 중고등학교나 대학도 마찬가지입니다.

사교육이 이윤을 추구하고 학생을 붙잡는 것은 기업의 존립 기반이므로 그것 자체를 비난할 수는 없습니다. 다만, 이것이 교육을 왜곡시키는 것을 비판하거나 견제하지 않는 것이 더 문제입니다. 예를 들어 특정 학원에 다니는 동안에는 성적이 올라가는데 그곳을 떠나면 성적이 다시 떨어집니다. 그러면 그 학원이 잘 가르친 것이라고 학원을 칭찬합니다. 하지만 진짜 실력은 학원을 떠난 다음에도 유지되어야 합니다. 성적이 떨어진다는 것은 아이의 잠재 능력까지 다 고갈되었다는 얘기입니다.

일반적으로 사교육은 3개월 단위입니다. 3개월 만에 성적이 올라야 합니다. 기초를 쌓고 실력을 올리기에는 시간이 엄청 모자랍니다. 시간이나 분량을 늘리고 스파르타식으로 몰아치면 어느 정도 성적이 오릅니다. 성적이 오르는 것은 같은 능력을 최대로 활용했기 때문입니다. 최대로 활용하면 아이는 지치게 되고, 그래서 그만

두면 아이 탓으로 돌립니다. 부모도 그렇게 설득 당하지요.

또 사교육은 상위 10퍼센트, 많아야 30퍼센트의 아이들에게만 신경을 씁니다. 나머지는 들러리입니다. 경제 영역은 상위 20퍼센트와 하위 20퍼센트의 소득 격차 같은 자료가 있습니다. 그런데 교육에는 그런 자료가 없습니다. 심지어 학교도 명문대에 들어간 학생이 몇 명이라고 강조할 뿐, 하위 10~30퍼센트는 어떤 결과로 졸업했는지 알려주지 않습니다. 부모들도 여기에는 관심도 없습니다.

실제 아이들을 가르칠 때, 우수 학생보다 성적이 중간인 아이는 2배, 성적이 바닥인 아이는 3~5배의 힘이 듭니다. 그런데 우리 사회는 이상하게도 우수 학생을 가르치는 데 비용을 2~3배 더 지불합니다. 그렇기 때문에 우수 학생을 많이 받는 것이 돈이 됩니다. 기초가 부족하고 제도권 교육에 적응하지 못한 아이들은 개인별로 가르쳐야 하는데 돈을 더 받을 수 없습니다. 방치할 수밖에 없습니다. 학교 교육에서도 그러한데 사교육에서 이를 신경써준다고 생각하는 것은 착각입니다.

현실적으로 학원이나 과외를 다니지 않는 것은 거의 불가능합니다. 그러면 어떤 선택을 해야 할까요? 아이가 지쳤다거나 그것을 풀어줄 수단이 약하다면 사교육 횟수나 강도를 줄여야 합니다. 일주일에 1~2일 정도는 학원도 없고 숙제도 없는 요일이 있어야 합니다. 그리고 어릴 때부터 혼자서 공부하는 능력을 키워야 합니다. 영어·수학 중에서 한 과목은 사교육으로 배우고, 한 과목은 혼자서

하다가 힘들면 방학 때 특강만 활용합니다.

　유명 학원이나 우수 선생에게는 거기에 맞는 학생이 모입니다. 즉 실력도 있고, 의욕도 있고, 위기 때 지원해줄 부모도 있습니다. 한마디로 공부할 만한 조건이나 환경을 갖춘 아이입니다. 그렇지 않은 아이들, 즉 공부할 의욕도 없고, 실력이나 기초도 부족하고, 지원해줄 어른도 없는 아이들은 그런 학원이나 선생과 어울리지 않습니다. 심하게 단순화시키면, SKY 출신 교사는 중하위권 학생을 이해하지도, 가르치지도 못합니다. 혼자서 설명할 뿐이지요.

　자기 자녀보다 한두 단계 위의 교사여야 합니다. 심한 경우는 공부를 핑계로 멘토 역할을 해줄 사람이 필요합니다. 어른보다 대학생이 더 나을 수 있습니다. 또 같이 배우는 학생 수가 적어야 좋습니다. 그 안에서 성적이 상위 10~30퍼센트 안쪽에 들어가야 합니다. 성향이 까다로운 아이, 비현실적인 아이는 교사가 그런 성향이거나 그것을 이해하는 사람이어야 합니다. 그런 아이는 수학을 다르게 풉니다. 불행히도, 비현실적인 성향의 수학 선생은 찾기가 매우 어렵습니다만.

　사교육의 중심에는 이윤이 있다는 생각을 놓치면 안 됩니다. 학원 규모가 크고 돈을 잘 벌어서 교육대상을 탔다거나 신문에 많이 오르내리는 것은 우수 학생을 유치하는 능력이 크다는 것이지, 잘 가르쳐서 아이들 실력을 높였다는 것은 아닙니다. 아이에게는 규모가 작은 것이 좋습니다.

아이들은 선후배 모임에서
정체성을 탐구한다

요즘 아이들을 어떻게 봐야 할까요? 아이들이 파악되지 않으니 진로 탐색이나 성격 또는 학습 효율성 등을 측정합니다. 이런 검사들은 대체로 아이가 객관식 질문에 답하는 것으로 구성되어 있습니다. 그리고 보편적이라고 가정하지요. 즉 부모의 집안 배경이나 직업, 또는 아이가 속한 공동체의 특징은 이런 검사에서 고려하지 않습니다. 검사 결과를 해석할 때에도 마찬가지입니다.

아이들을 개개인 각자의 모습에서 제대로 파악할 수 있다고 가정하는 것은 개인 심리를 강조하는 현대 사회의 특징입니다. 지역이나 학교, 혈연 공동체가 사라지고, 심지어는 부모의 손에서도 벗어난 개인을 당연하게 받아들입니다. 그래서 또래와 협의하는지 경쟁하는지, 선후배와 경쟁하는지 협의하는지, 그리고 그런 것들과 의존성이 어떻게 다른지 구별하지 못합니다. 아이가 비판하고 저항하는 대상이 강자인지 약자인지, 사람인지 제도인지를 구별하지 않습니다. 또 아이가 배려나 돌봄 성향이 강해서 교사나 복지사의 직업이 적합하다고 판정할 때, 부모가 그런 직업을 경험했는지 또는 선호하는지를 고려하지 않습니다.

아이들 스스로 정체성을 찾으려고 할 때에도 마찬가지입니다. 사춘기를 거치면서 아이는 고민을 합니다.

"내가 나중에 어떤 일을 하면서 살아갈지, 그리고 내가 무엇을 할 때 정말 행복할지, 지금까지 생각했던 장래 희망이 왜 하고 싶고 그 직업을 갖고 어떤 일을 할 것인지 고민이다."(중2, 양○○)

"내가 정말 하고 싶은 일이 무엇인지 알 수가 없어서 과 선택이 힘들다. 적당하게 취업해서 살고 싶지 않고 내가 정말 하고 싶은 일을 찾아서 하려면 어떤 기준으로 과를 선택해야 할까?"(고2, 정○○)

아이들의 경험이 다양하지 않고, 또 그 경험조차도 학교나 공부로만 이루어진 치우친 경험인데, 이것으로 어떻게 자신이 하고 싶은 일을 찾을 수 있을까요? 어른의 도움 없이는 처음부터 가능한 일이 아닙니다. 그렇지만 정체성 추구는 청소년기의 본능적인 활동이라는데, 주변에서 공부만 하라고 권하는 어른들 속에서 어떻게 참 자신을 찾을 수 있을까요?

개인의 내면 속으로 들어가서 자신의 성격도 찾고 정체성도 추구하는 것은 거의 불가능합니다. 개인을 한 단위로 간주하고 또 내면의 '자아'가 주변 환경과 분리되어 있다는 전제 자체가 잘못되었기 때문입니다. 여기에 역사적·사회적 관점을 중첩시켜야 합니다. 덧붙여서 미래를 포함시켜야지요.

따라서 개인이 속한 가족이나 공동체의 역사, 사회, 미래를 같이 고려해야 합니다. 현재 아이들의 역사 공부는 이런 정체성 추구와 연결되지 못합니다. 역사에 관심이 많다는 아이들 가운데 부모의 과거에 관심이 있다는 아이는 만나지 못했습니다. 부모의 과거에 관심 없으면서 민족의 역사에 관심이 많다는 것은 착각입니다. 우리 사회의 특징과 고유성을 찾으려면 반만년 역사를 알아야 하고 다른 사회와의 차이를 검토해야 합니다.

한 아이의 성향을 알기 위해서는 아이의 내면으로 들어갈 것이 아니라, 외부로 나가야 합니다. 더구나 아이들의 정체성은 숨어 있는 것을 찾는 것이 아니라 새롭게 만들어가는 것입니다. 그렇다면 한 아이의 과거와 미래는 선후배와 만나는 현장에서 재구성할 수 있습니다. 또 아이의 다양한 성향은 다양한 계층의 아이들과 만나면서 다듬어질 것입니다.

우리는 사회성을 발달시킨다고 하면서도 또래의 범주를 좀처럼 벗어나지 못합니다. 학교 사회가 또래 중심으로 활동하기 때문입니다. 부모가 아이의 성향을 파악하거나 정체성 탐구를 도와줄 때, 아이가 선후배와 어울릴 수 있는 비공식 모임을 만들어주고, 가능하면 다르게 사는 사람들과 접할 수 있는 기회를 만들어줘야 합니다. 가장 쉬운 형태가 봉사인데, 형식적으로 시간을 채우기보다는 아이들의 삶과 충돌하고 자신을 돌아볼 수 있도록 다른 계층의 사람들과 만나는 기회로 삼는 것이 좋습니다.

사람과의 만남은 스마트폰 등 매체를 통한 스트레스 해소와 다른 결과를 낳습니다. 매체를 통해서는 눈과 손만 움직입니다. 또 친구와 전면적인 관계를 맺지 않습니다. 또 다른 스트레스가 생기지요. 사람은 직접 만나야 합니다. 만나서 놀고, 웃고, 싸우고, 화해하면서 긴장도 풀고 관계 맺는 법도 배웁니다. 아이들이 공부하다 휴식을 취하거나 재충전을 하려고 매체에 몰입하는 것은 적합하지 않습니다. 선후배와 만나면서 전면적인 관계를 맺어야 합니다. 가상현실이 아니라 진짜 현실에서 정체성을 찾아야 합니다.

전문가·국가·시장이 아닌, 시민사회의 시각으로 보라

많은 부모들이, 자녀를 올바르게 양육하지 못하고 있다고 생각합니다. 심지어는 죄책감까지 느낀다고 말합니다. 아이가 성적이 좋지 않아서 그렇기도 하지만, 전문가들이 워낙 모범적인 사례를 제시하기 때문에 주눅 들어서 그렇기도 합니다.

하지만 전문가 중심의 의도적인 양육은 우리 시대의 반영입니다. 과거에는 부모의 직관적인 양육이 선호되었지요(데이비드 엘킨드, 《변화하는 가족》 참조). 전문가는 다양합니다. 국가의 입장에서 말하는 사람이 있는가 하면, 시장의 입장에서 말하는 사람도 있습니다. 말하는 내용만으로는 구분하기가 쉽지 않습니다. 그 사람의 출신, 현재 차지하고 있는 위치 등으로 판단할 수밖에 없습니다. 교사 출신이나 현재 교수인 사람은 학교나 국가의 입장을 우선시합니다. 사교육에 속한 사람은 시장을 우선시할 것입니다.

국가나 시장도 학부모만큼 사정이 여의치 않습니다. 국가 간 경쟁이 치열하고, 국가 내의 지배층 경쟁도 치열합니다. 이런 위기 속에서 국가가 인적 자원을 확보하기 위해 영재교육을 강조하는 것은 불가피합니다. 영재교육 때문에 일반 학생들이 피해를 본다고 해도 이를 감싸 안을 여유가 없습니다.

기업 환경은 더욱 열악합니다. 수많은 기업들이 파산하고, 미래를 예측하지 못합니다. 장기 전망을 한다고 해도 단기간 안정하다고 보장받지 못합니다. 그래서 기업은 취직 후 바로 '써먹을 수 있도록' 학생들을 가르치기를 학교에 요구합니다. 인문학 과정이나 학습 능력 등은 관심이 없을 뿐만 아니라 그런 입장 자체를 배척합니다. 대학의 그런 학과를 없애고 그런 교수를 탈락시킵니다.

시민사회에 속한 사람들도 한계는 분명합니다. 우리 시민사회가 정치·경제에 치우쳤기 때문에 교육이나 문화 영역을 고유한 영역으로 살리지 못합니다. 안타까운 일이지요. 그럼에도 시민사회의 측면에서 바라보는 시각을 받아들이는 것이 부모들의 입장에서는 바람직할 것입니다. 시민사회는 많은 사람들이 어울려서 함께 성장할 수 있는 개인의 자립 능력을 중요하게 생각하기 때문입니다.

시민사회 성격의 모임을 만드는 것이 좋습니다. 부모들 개개인이 시민사회 전문가를 통해 공부하고 실천하는 것은 쉽지 않습니다. 흔히 아이 유치원 때 알게 된 부모들이 같이 여행도 가고 정보도 교환하면서 서로 친해지고 도움도 받지만, 비슷한 또래이기 때문에 긴장도 큽니다. 이보다는 취미 모임이나 느슨한 공부 모임에서 만난 부모 모임이 확대돼서 가족 모임으로 발전하는 모양이 좋습니다. 자녀들의 나이 차이가 클 가능성이 더 많기 때문입니다.

아이들은 학교나 학원에서 만난 친구와 친구관계를 길게 유지하지 못합니다. 심지어 배신과 왕따가 횡행하지요. 주변에서 그 관계를 받쳐주지 못하기 때문입니다. 이와 달리, 같이 모인 부모들이 친한 상황에서는 친구들이 서로 양보하고 더 속을 드러낼 가능성이 높습니다. 그곳에서는 뒤통수를 맞거나 배신당할 가능성이 적다는 것을 아이들도 본능적으로 알고 있지요. 그런 모임에서는 부모 자신도 미처 몰랐던 아이의 성향이나 장단점이 드러나게 되고, 이를 다른 부모들이 다르게 평가하는 것을 받아들이게 됩니다.

이왕이면 부모가 주도적인 모임도 있고 덜 활동적인 모임도 있으면 좋겠지요. 또는 부모 나이가 다른 사람에 비해 많거나 적은 모임이 각각 있으면 좋을 것입니다. 아이는 자기 부모가 나설 때와 그렇지 않을 때의 모습을 다 보는 것이지요. 부모가 나이가 많을 때 또는 적을 때 어떻게 행동하는지 살펴보면서, 집단에서 지도자와 일꾼의 역할을 생각하는 기회가 됩니다. 아이는 그런 공동체에서 부모의 모습을 보면서 자신의 정체성을 탐구할 것입니다.

부모의 성향이나 가치관을 일관되게 유지하는 것은 매우 어렵습니다. 이보다는 솔직하게 한계를 드러내는 것이 좋습니다. 그리고 그 차이를 인정하고, 부모와 다른 아이의 성향과 가치관을 인정하려고 노력해야 합니다. 이런 환경 속에서 아이는 덜 혼란스러워 하고, 집중해서 공부할 수 있습니다. 집중은 안심할 수 있는 상황, 비교나 평가를 받지 않고 신뢰받고 인정받는 상황에서만 가능합니다.

부모가 비정상이 아니라 사회가 비정상이다

우리는 사회에 문제가 많다고 비판하면서도 전반적으로는 긍정적으로 받아들입니다. 대신 부모 자신이 문제가 많다고 생각하고 괴로워합니다. 아이한테 미안하고, 죄책감까지 느낍니다. 그렇기 때문에 최소한 '기본'이라고 하는 것들을 채우려고 애를 씁니다. 직장 다니느라 아이와 시간을 많이 보내지 못하면 용돈이라도 더 줘서 채우려고 하고, 아이 성적이 부족하면 부모가 직접 공부를 해서라도 가르쳐주려고 합니다.

강연 중 한 학부모가 질문합니다. "아이가 학교에서 요구하는, 또는 공부에 필요한 기본은 해야 하는 것 아니냐?"고. 그때 저는 "그 요구, 그 기본이 문제라고 생각해본 적은 없냐"고 되묻습니다. 기본이라는 것이 무척 많습니다. 읽기 능력을 갖춰야 하고, 예습·복습을 해야 하고, 숙제는 먼저 해야 합니다. 사회성도 길러야 하고,

악기도 하나쯤 다룰 수 있어야 하고, 운동도 해야 합니다. 영어는 듣기 또는 회화를 해야 하고, 필요하면 한자 같은 것도 해야 합니다. 수학의 연산, 욕심이 있으면 사고력 수학도 해야 합니다. 답사나 실험 등 역사나 과학의 기초, 또는 호기심을 길러야 하고, 명작이나 위인전도 읽어야 합니다. 물론 학교를 다니면서 말입니다.

이것을 누가 기본이라고 했을까요? 학교는 읽기 능력과 예습·복습을 기본이라고 하고, 학교와 학원은 숙제를 기본이라고 합니다. 영어 교사는 영어를, 수학 교사는 수학을 기본이라고 말합니다. 피아노 선생은 최소한 피아노 정도는 칠 수 있어야 한다고 말하고, 축구 선생은 남자아이들 사회에서 축구는 기본이라고 강조합니다. 한자 선생은 한자를 몰라서 독해를 못한다고 하고, 탐구 선생은 배경지식이 부족해서 이해를 못한다고 합니다. 전집 판매원은 위인전을 읽어야 목표를 빨리 잡고 학습 동기를 유발할 수 있다고 합니다. 저마다 자신의 입장에서 무엇이 기본인지 부모들을 설득합니다. 모두 적절한 사례가 있고, 그렇게 성공한 아이들이 있습니다.

하지만 학교도, 학원도, 심지어 전문가도 전체를 바라보는 사람은 없습니다. 학교는 가르치기보다는 평가하는 데만 신경 쓰고, 학원은 우수한 아이를 유치하는 데만 신경 씁니다. 그러면서 자신들의 요구에 미흡한 아이를 비난합니다. 학부모도 같이 비난하지요. 부모들이 간절히 원하는 것을 언급하는 사람이 없습니다. 12년 학교생활을 하나의 과정으로 보고 계획을 잡는 사람도 없지만, 한 아이의 공부 전체, 아니 아이의 삶을 통째로 놓고 방향을 잡는 사람도 없습니다. 결국 그런 틀은 온전히 부모들의 몫입니다.

하지만 학교를 포함해서 사회가 매우 비정상입니다. 1980년대 이후 크게 달라졌습니다. 예를 들어보지요. 미국의 법학 교수인 조엘 바칸이 쓴 《기업에 포위된 아이들》에 나오는 대목입니다.

"'단짝을 때려눕혀라'는 어린이 인터넷 사이트에서 흔히 볼 수 있는 인기 '캐주얼 게임'으로, 게임을 하는 사람이 '내 단짝이 어떤 최후를 맞을지'를 결정하는 게임이다. 게임은 간단하다. 마우스를 클릭해 여러 각본 중 하나를 고르면, 움직이는 두 '단짝'이 그 각본대로 상대를 잔혹하게 살해한다. 한 각본에서는 여자가 남자의 얼굴에 주먹을 날리고 뒤통수를 팔꿈치로 내려친 다음, 바닥에 고꾸라져 피를 흘리며 죽은 남자의 얼굴에 대변을 본다."

"'어딕팅게임스닷컴'은 위와 같은 게임을 올려놓은 대표적인 캐주얼 게임 사이트다. 매월 1,000만 명이 접속해 게임을 하는데 그중 다수가 어린아이와 십대들이다. (…) 이 사이트는 그 운영사이자 상까지 받은 어린이 전문 네트워크 니켈로디언의 대표적인 사이트가 되었다."

니켈로디언은 미국의 어린이 채널 전문 방송입니다. 이것을 허용하는 사회를 정상이라고 볼 수 있나요? 미국 학교가 상업화된 모습은 많이 알려져 있지요. 채널원 방송과 계약을 맺어 10분 뉴스와 토론을 보여주면서 2분짜리 광고를 허용합니다. 학생들은 교실에

갇혀 있기 때문에 광고를 듣지 않을 수 없습니다. 또 교육 콘텐츠에 기업들이 후원하면서 교과 자료에 기업 광고를 노골적으로 합니다.

"켈로그의 아침식사 커리큘럼은 아침식사를 할 때 우려할 유일한 성분은 지방이라고 가르친다. 켈로그 시리얼에 함유되어 있는 설탕과 소금에 대해서는 전혀 언급하지 않는다. 초등학교 1학년 읽기 커리큘럼은 어린이들이 케이마트, 피자헛 등의 로고를 인식하는 일부터 시작된다. 또 다른 1학년 커리큘럼은 아이들에게 맥도날드 레스토랑을 디자인하고 그것이 어떤 식으로 효과가 있을지 설명하도록 요구한다."(줄리엣 B. 쇼어, 《쇼핑하기 위해 태어났다》)

우리나라는 얼마나 다를까요? 우리도 방과후수업을 기업에 맡기면서 상업화 흐름을 타고 있습니다.

대학 역시 정상이 아닙니다. "미국 명문 대학 입학생의 최소 3분의 1, 그리고 명문 교양대학 입학생의 절반 이상이 입학 과정에서 우대 대상이라는 꼬리표를 달고 합격했다. 일반적으로 전체의 15퍼센트 정도를 소수인종 출신 학생들이 차지하는 데 비해 부유한 백인들이 체육특기생(10~25퍼센트), 동문 자녀(10~25퍼센트), 기부입학자(2~5퍼센트), 유명인사나 정치가의 자녀(1~2퍼센트), 교수 자녀(1~3퍼센트) 등 특혜 그룹에서 차지하는 비율은 압도적이다."(대니얼 골든, 《왜 학벌은 세습되는가?》) 우리나라의 입시사정관 제도를 믿기 어려운 이유입니다.

학자들 역시 마찬가지입니다. "미국 심리학회는 군사시설과

CIA에서 하는 포로 심문에 건강관리 차원에서 공개적으로 참여하는 유일한 집단이다. (…) 관타나모 같은 악명 높은 고문 장소에 참여하는 것까지도 방관하고 있다."(크리스 헤지스, 《미국의 굴욕》) 대부분의 긍정심리학자들이 소속되어 있는 미국 심리학회의 심리학자들은 포로 심문뿐 아니라 어린이 마케팅을 통해 아이들의 심리를 조작하는 데 매우 큰 공헌을 할 것입니다.

나치에 협조한 의사 또는 기술자들도 생각나네요. "한 기술 전문가는 특별학살부대를 이용한 살인 이동차량의 개선에 대해 이렇게 설명했다. (…) 연결 파이프가 '액체'(즉 피, 토사물, 오줌, 물똥)에 닿으면 금방 녹슬어버리므로 가스는 아래가 아니라 위에서 주입되어야 한다. (…) 바닥은 약간 경사져 있어야 하고 마개에는 작은 거름망이 달려 있어야 한다고 했다. 그러면 모든 '액체'가 가운데로 흘러갈 것이고, '묽은 액체'는 작동 중에 빠져 나가고 '걸쭉한 오물'은 나중에 호스를 이용해 치울 수 있다. 시체 처리는 매우 중대한 기술적인 문제였다. 그래서 돈이 되는 그 시장을 둘러싸고 많은 회사들이 경쟁을 벌였다."(데릭 젠슨, 《거짓된 진실》)

현대 사회는 나치나 나치에 협력한 관료, 기술자, 전문가들을 어떤 이유에서건 인정하지 않을 것입니다. 하지만 요즘 어린이들을 둘러싼 학교, 관료, 전문가, 기업, 사회의 행태를 보면 오히려 더 심한 것이 아닌가 하는 생각이 들 정도입니다. 광고, 기업, 이윤, '몰랐다', '시킨 일이다' 등의 이유로 큰 고민 없이 아이들을 조작합니다.

"바비걸 MP3 플레이어 팬클럽 사이트를 만들고 친구들을 회원으로 가입시키는 것도 세라의 임무다. 세라는 좋아하는 홈페이지에 들어가서 바비걸에 대한 글을 열심히 올리고 친구들에게는 바비걸 홈페이지에 놀러 오라고 초대해야 한다. 대화할 때도 제품 홍보를 빼먹으면 안 된다. (…) 세라는 이제 겨우 일곱 살이다."(에드 메이오·애그니스 네언, 《컨슈머 키드》) 우정을 이용한 상술은 이제 놀랍지도 않습니다.

그래도 사회를 긍정적으로 봐야 한다고 주장하는 긍정심리학 자체가 기업 논리로 넘어갔습니다. "우생학이 나치에 봉사한 것처럼 긍정심리학은 법인형 국가에 봉사한다. (…) 긍정심리학의 진정한 목적은 사람들을 원하는 대로 조작하는 것"이라고 크리스 헤지스는 주장합니다.

아이나 부모, 가정을 둘러싼 모든 환경이 위험합니다. 부족한 아이를 긍정적으로 볼 수는 있어도 학교, 사회, 대중매체, 기업 등을 긍정적으로 보려는 것 자체가 문제입니다. 아이를 둘러싼 세상이 비정상임을 직시해야 합니다. 이런 세상이 요구하는 욕망, 행복, 기본, 교육 등이 비정상적이라고 거부할 수 있어야 합니다. 이런 세상에서 미치지 않고 살 수 있는 것은 '디지털 매체' 없이 만나서 고민을 나눌 수 있는 사람 덕분일 것입니다. 믿을 수 있고 정상이라고 기대할 수 있는 것은 오히려 부모이고, 학교나 사회가 비정상입니다.

chapter 14
계층별 학습 전략

    사실 계층별로 학습 전략을 다르게 세워야 한다는 시각은 다소 무리한 시도로 보일 것입니다. 공부 환경에서 드러나는 계층별 차이도 인정하기 힘든데 계층에 따라 다르게 공부해야 한다고 주장하는 것은 비참한 현실을 더 드러내는 것 같아 불편하기만 합니다. 그럼에도 제가 계층별 전략을 고민하는 것은, 많은 부모들이 상위 계층에게 적합한 전략을 맹목적으로 모방하는 것 같아 안타깝기 때문입니다.

    미국의 사회학자 제임스 콜맨은 집안 배경이 학교나 교사의 특성보다 아이들의 지적 성취에 더 큰 영향을 미친다는 연구 결과를 발표했습니다. 또 우리나라 39명의 교육 전문가가 핀란드 교육을 보고 펴낸 책《핀란드 교육혁명》을 보면, 독일의 경우 학교나 학생의 사회·경제적 배경이 바로 PISA(학업성취도) 결과에 영향을 미친다고 합니다. 반면 핀란드의 경우에는 각 학교가 비슷한 성적을 낸다고 합니다. 왜냐하면 핀란드 학교는 학습 능력이 부족한 아이들에게 보조교사를 더 배정하기 때문입니다.

"핀란드에서는 초등 단계에서 학생당 5,000유로 정도의 경비가 드는데, 독일에서는 그보다 1,500유로 정도 적게 든다. 하지만 핀란드에서는 상급 학년 단계에서 경비가 덜 드는데, 학생들이 자발적으로 공부하고 교사도 적게 배정되기 때문이다."

우리나라는 1인당 교육비로 볼 때 초등학교보다 대학교에 더 투자하고, 공부 못하는 아이보다 잘하는 아이에게 더 투자합니다. 따라서 집안 배경으로 인해 차이가 나는 학력 격차를 핀란드처럼 학교가 완화시키지 못합니다.

그러면 집안 배경이 빈약하면 아이의 공부를 포기해야 할까요? 그렇기 때문에 오히려 더더욱 전략이 필요합니다. 자신이 처해 있는 현실과 자신이 활용할 수 있는 자원을 냉정하게 인정하는 것이 우선입니다.

공부하는 데 투입되는 자원은 계층별로 크게 차이가 납니다. 아이가 지닌 의지나 능력이 중요한 것만큼 부모가 갖고 있는 돈과 정보도 매우 중요합니다. 부모가 아무리 자신을 희생한다고 해도 대부분의 부모가 교육에 사용할 수 있는 돈에는 한계가 있습니다. 사교육은 말할 것도 없고 자사고, 특목고 등 돈에 따라 교육의 질이 달라지는 우리의 현실을 인정하고 싶지 않지만 어쩔 수 없습니다. 중간층이나 하위계층은 적은 돈과 부족한 정보로 상위계층을 한 단계 낮춰서 모방하기보다는, 자신의 형편에 맞는 전략을 세워서 공부하는 것이 더 효율적일 것입니다.

예를 들어 학교를 무시하고 과외를 중시하는 전략은 중상층에 적합합니다. 심지어 족집게 과외라고 해서, 시험 지식만 엄청 잘 가르치는 교사도 있다고 합니다. 또 부모의 지향이나 아이들의 성향에 맞춤으로, 그러면서 스스로 할 수 있는 능력까지 가르치는 교사도 있을 것입니다. 모두 고액이겠지요.

많은 사람들이 공부 잘하는 아이들이 선택한 전략을 모방합니다. 물론 열심히 노력해서 그렇게 공부를 잘하게 되었겠지만, 그 배경에 숨어 있는 조건들이 어느 정도 영향을 미쳤는지는 구분하기 어렵습니다. 높은 IQ, 자연스럽게 형성된 독서 습관과 집중력, 존경하고 인정할 만한 부모의 사회적 지위, 과외나 스트레스 해소에 돈을 충분히 쓸 수 있는 경제력, 적절한 인간관계를 시도할 수 있는 넓은 사회적 지지망 등등.

그래도 공부에 가장 중요한 것은 본인의 강한 의지와 노력, 부모의 진정한 관심이라는 주장에 반대할 생각은 없습니다. 하지만 이런 의지와 노력도 계층별로 차이가 날 것입니다. 실상 세상의 모든 부모의 관심은 비슷할 것입니다. 어쩌면 중하층 부모가 더 진정성이 있을 것입니다. 그렇지만 아이들이 받아들이는 것은 다릅니다. 계층이 내려갈수록, 부모가 관심이 없다고 불평할 것입니다.

아이들 입장에서 보면, 자신의 가정을 경제적으로 비교할 뿐만 아니라 대중매체에서 얘기하는 성공한 사람과 자신의 부모를 비교하는 것은 너무나도 당연합니다. 솔직히 말해서 중간층 아이들이 자신의 부모를 존경하고 있을까요? 물론 상류층 아이들도 꼭 부모를 존경하지는 않을 것입니다. 그래도 인정할 수밖에 없는 부분은 있지요. 상류층 삶을 누릴 수 있게 해주는 권력과 부.

중간층이나 하위계층 아이들은 자신의 부모를 어떻게 바라볼까요? 예를 들어 중하층 부모가 자식들에게 사회에서 성공하라고 말할 때 어떤 전제를 가져야 합니까? 부모를 본받아서? 아니면 부모를 타산지석으로 삼아? 위인전을 통해 어려운 환경에서도 훌륭한 사람이 나올 수 있다는 점을 배운다고는 하지만, 우리 아이들은 그들의 노력보다는 그 뒤에 헌신적인 부모가 있다는 점을 더 주목하지 않을까 걱정됩니다.

중상계층의 통제와 돌봄

상류층은 비교적 숫자가 적어 비교하기가 곤란하지만, 중상계층은 10퍼센트가 넘기 때문에 중하층과 비교할 수 있습니다. 전문직이나 대기업 간부 등 중상계층은 아이들을 통제하는 것이 가능합니다. 그럴 만한 돈과 권력 또는 사회적 권위가 존재하기 때문이지요. 이 아이들은 부모가 혼을 내거나 허용을 하거나 간에 한계선이 존재한다는 것을 몸으로 압니다.

그래서 이들은 자녀를 무한정 믿는다거나 관심이 없다는 듯한 태도를 취해도 아이들이 받아들이는 내용은 중하층의 경우와 다릅니다. 아이들이 볼 때, 권위가 있는 사람이 자신을 인정한다면 그 사실은 상당히 오래 갑니다. 아이들이 원하는 것을 적어도 돈으로 들어줄 수 있는 상황과 그렇지 않은 상황에서, 아이를 믿는다고 말하는 것은 아이 입장에서는 다른 뉘앙스로 다가옵니다. 어른들이 볼 때는 집에 돈이 부족한 상황을 아이도 이해할 것 같지만 실제 아이들은 그 상황을 잘 이해하지 못하기 때문입니다.

중상층 아이들은 기대보다 성적이 안 좋거나 '나쁜' 친구들과 어울리거나 PC방에 쏘다니거나 심지어 나쁜 짓을 해서 외부에서 벌을 받더라도 어느 선까지는 허용됩니다. 그러다가 어느 순간 갑자기 유학을 가게 되거나 기숙학교로 보내집니다. 아이를 혼내기보다는 환경 자체를 바꾸는 것입니다. 그리고 아이들은 여기에 저항하지 않습니다.

그런데 사교육 일번지인 강남구 대치동에는 약을 먹는 아이들이 많다는 소문이 있습니다. 높은 수준의 교육과 강한 통제로 뛰어난 아이들을 길러내지만, 여기에 적응하지 못하는 아이들은 탈락하면서 정신과 약을 먹는가 봅니다. 하지만 이렇게 통제와 경쟁에 적응하지 못하는 중상층 아이들은 오히려 돌봄과 연대에 익숙할지도 모릅니다. 리더십이나 경쟁 논리에 약한 아이는 뒤에서 저항하거나 중간에서 게으름을 피우거나 엉뚱한 생각을 하는 아이가 눈에 들어옵니다. 그런 아이들은 돌봄 가치에 끌리는 아이와 통하는 면이 있습니다.

중상층 부모들은 자신의 권력과 부를 유지하기 위해 자식들을 강하게 또는 뛰어나게 키워야 한다고 생각하고, 부작용을 감수하면서도 많은 학습을 빠르게 훈련시키고 있습니다. 하지만 천성적으로 그렇지 못한 아이나, 형제 경쟁에서 초기에 밀린 아이들, 또는 부모와 성향이 크게 달라서 어릴 때부터 기대에 못 미친 아이들은 기대에 부응하는 결과를 낳지 못할 것입니다.

오히려 이런 아이들의 경쟁을 거부하는 특성을 활용해서 돌봄이나 연대 쪽으로 방향을 틀어주는 것이 어떨까 생각해봅니다. 경쟁 논리 하나로 아이들을 승자와 패자로 가르지 않고 경쟁과 정반대되는 논리를 받아들인다면, 많은 아이들이 집안에 피해를 끼치지 않으면서도 돌봄의 가치를 여러 분야에서 실현할 수 있을 것입니다.

하위계층의
신뢰와 저항

중상계층은 아이들을 통제할 만한 자원—권력이나 부 또는 모델링—을 갖고 있기 때문에 아이를 혼내는 것만으로도 상당한 위협이 될 수 있습니다. 이와 반대로 중간층이나 하위계층은 직접적인 폭력 외에는 아이들을 겁먹게 할 만한 수단이 거의 없습니다. 또 부모가 사회적으로 인정을 받을 때에만 모델링이 가능한데, 그렇지 않은 경우에는 아이가 부모를 어떻게 바라보는지를 다시 생각해봐야 합니다. 부모들이 퇴근 후 집에서 끊임없이 '피곤하다', '남들이 나를 인정해주지 않는다', '저 (유명한) 사람이 내 친구인데, 내 동창인데' 등등 얘기하는 것들이 아이들한테 어떤 느낌을 줄 것인지 우리는 쉽게 짐작하지 못합니다.

이 때문에 하위계층의 부모들이 아이들 삶에 무관심한 듯 보이는 전략은 불가피합니다. 없는 형편에 비싼 사교육을 시키면 아이에게 감동을 줄 수는 있어도 과도하게 기대를 하는 것 같아 부담스러워합니다. 형제를 차별하면서 투자하는 경우라면 더욱 그러하겠지요. 따라서 이들이 중간층 전략을 모방하려고 시간과 돈을 투자하는 것은 한계가 분명합니다. 모양만 비슷할 뿐 시간과 돈을 적게 투자하기 때문에 효과가 떨어질 수밖에 없습니다. 이보다는 아이들이 스스로 선택하고 빨리 독립적인 모습을 띄하도록 유도하는 것이 좋습니다. 이는 어떻게 보면 아이의 현재 모습을 그대로 수용하면서 아이를 통째로 믿는다는 것을 보여주는 것이기 때문에 아이가 나름대로 노력할 가능성이 많습니다.

기본적으로 하위계층의 삶은 상층 중심으로 움직이는 사회에 저항하는 삶입니다. 하층 문화에 익숙한 사람들은 문화의 속성상 상층으로 올라가기 힘든 부분이 있습니다. 개인보다 공동체를 위하고, 자존심을 죽여서라도 권력을 붙잡기보다는 자존심을 세워서 그 기회를 놓치고, 어려운 이웃의 요청을 거절하지 못해 기초 자본을 만들지 못합니다. 그렇기 때문에 이들은 이웃의 어려운 상황을 모른 체하지 않았다고, 그래서 사회적 지위가 낮은 것이라고 자존심을 내세울 수 있습니다.

예전에는 하층 나름대로 자존심이 강한 하층 문화가 존재했지만, 지금은 중간층 못지않게 서로를 불신하고 자신을 비하하는 편입니다. 부모가 아이들에게 자신을 본받으라고 말하기도 어려울 것입니다. 또 아이들도 상층이나 중간층이 정상의 규범으로 나오는 대중매체에 과도하게 노출되었기 때문에 자신의 장점을 인정하기가 매우 어려울 것입니다.

하층 부모들은 사회 규칙을 따르지 않아서 불이익을 받은 경험 때문에 아이들에게 규칙을 따르라고 강요합니다. 미국의 흑인 작가인 리처드 라이트는 《깜둥이 소년》이라는 소설에서 그런 사례를 실감나게 묘사합니다. 삼촌이 "너보다 더 건방진 깜둥이 녀석은 본적이 없다"면서 매질을 하려고 하는데 조카가 강하게 반항하자 이렇게 말합니다. "너는 자신이 사내라고 생각하는구나. 하지만 너는 알게 될 것이다. 네가 힘든 길을 걸어가고 있다는 것을."

이렇게 자존심을 포기하도록 강요하는 것은 그런 문화가 내면화되었기 때문입니다. 어쩌면 잘못하다가는 한 사람의 행동 때문에 한 집안의 그나마의 지위마저 빼앗길지 모른다는 두려움, 사회적 압력이 더 클지 모릅니다. 하지만 현대에 들어와서 개인주의 성향으로, 상층은 가문을 유지하지만 하층은 뿔뿔이 흩어졌습니다. 그러니 하층에 속한 아이가 설령 실패한다고 해서 집안에 불이익을 줄 가능성도 적습니다. 그렇다면 아이들에게 자존심을 포기하라고 강요할 필요가 없을 것입니다.

아이들이 학교에 저항하는 것은 자신의 관점에서 볼 때에는 자신의 문화나 자존심을 지키는 것입니다. 영국의 문화인류학자인 폴 윌리스는 《학교와 계급 재생산》에서, 영국의 노동자 아이들이 부모를 따라 노동자 직업을 선택하는 까닭은 학교 문화에 저항한 경험 때문이라고 말합니다. 사회에서의 노동자 문화는 학교에서의 '사나이 문화'와 비슷하다고 합니다.

그렇기 때문에 저항하는 아이들을 강하게 통제하는 것도 좋은 방안은 아닐 것입니다. 부모는 자기 자녀가 학교 규칙을 따르지 않고 저항하면서 문제아로 찍혔다고 해도 다르게 대응할 필요가 있습니다. 폭력으로 그들을 억누르기보다는, 사회에 나가 무엇에 저항하고 그러기 위해서는 무엇을 준비해야 하는지 고민하라고 요구하는 것이 좋습니다. 교사 개인이나 학교의 규칙에 저항하기보다는 학교 제도나 사회 전체에 대한 비판 쪽으로 방향을 바꿔주는 것이 필요합니다.

또 학교 규칙을 잘 따르고 모범적인 아이한테는 그렇지 않은 아이들과 연대할 것을 요구하는 것이 좋습니다. 그런 아이들을 '범생이'라고 비난하면 그들은 세속적인 성공을 추구하면서 하층의 토대를 비난하고 자신의 뿌리를 부정하게 됩니다. 자신의 과거와 현재, 지향하는 가치와 몸에 익은 가치 사이에서 적합한 자리를 차지하지 못하고 정체성이 흔들리게 됩니다.

상층의 '통제' 전략을 모방하다가는 폭력을 사용하는 형태로 귀결되고, 중간층의 '투자' 전략을 모방하는 것도 돈과 시간이 부족하므로 항상 죄책감까지 갖게 됩니다. 상대적으로 하층의 아이들은 자립심이 강합니다. 부모의 현재 모습을 보고 느끼는 점이 많습니다. 부모는 아이와 함께 자신의 사회적 지위를 인정하고, 아이가 어떤 방향을 택하건 아이의 선택을 믿고 신뢰하면서 있는 그대로를 인정하는 것이 좋습니다.

아이의 모습을 있는 그대로 수용하면서 아이가 스스로 깨치기를 기다리는 것은 양육의 가장 기본적인 태도인데, 하층은 다른 자원이 없기 때문에 자녀에게 부모의 현재 모습을 솔직하게 드러내는 것이 적합한 전략이 아닐까요?

중간층의
선택 집중과 장기 전망

중상계층의 '통제'와 하위계층의 '신뢰'에 비해 중간층의 전략은 매우 애매모호합니다. 물론 이들을 모방해서는 안 될 것이므로 나름대로 자신에게 맞는 전략을 짜야겠지요. 기본적으로 중상계층처럼 통제할 만한, 그래서 아이들이 겁먹을 만한 자원이 없다는 것부터 인정해야 합니다. 그리고 하위계층 아이들처럼 자립하는 힘이 약하다는 것도 인정해야 합니다. 그냥 신뢰하는 경우 중간층 아이들은, 집안에서 지원할 만한 여력이 있는데도 이를 자신한테 투자하지 않았다고 부모를 비난합니다. 그래서 중간층 부모들은 아이들에게 많은 격려와 지지를 사용합니다.

그럼에도 아이들은 매우 불안해합니다. 초등 고학년부터 수능 때까지 한순간도 마음을 놓을 수가 없습니다. 전교 1등 하는 아이가 자살을 합니다. 공부나 생활 태도가 너무나 좋아서 주변에서 그 가정을 부러워하는데, 아이가 갑자기 등교를 거부합니다. 대학에 입학해서 6월까지 학교에 잘 다니다가 부모의 반대를 무릅쓰고 반수를 하면서 7~8월에 열심히 공부하더니 9월부터 공부가 안 된다고 난리를 피웁니다. 이해하기 어려운 현상입니다.

중간층은 자원이 한정되어 있는 만큼 힘을 집중해야 합니다. 중간층 부모들은 특정 영역에 모든 자원을 집중해서 그것부터 아이들이 자신감을 얻고 가능성을 믿기를 바랄 뿐입니다. 실제로 그렇게 하는 부모들이 많이 있습니다. 영어에 초점을 둔다거나, 체험학습을 열심히 다닌다거나, 책을 무제한으로 읽게끔 환경을 조성한다거나, 심지어 비디오 학습을 강조한다든가. 그렇다면 어느 곳에 집중할지를 잘 골라야 합니다.

중간층 부모들이 선택과 집중을 잘하는데, 여기에 두 가지 문제가 있습니다. 먼저 분야를 축소한 것만큼 집중하는 시간도 축소해야 합니다. 하루에 1~2시간, 일주일에 1~2일은 쉴 수 있게끔 허용해야 합니다. 그 시간은 숙제도 하지 않아도 됩니다. 상층은 총체적으로 압박을 주다가도 아이가 저항하면 유럽에 일주일 여행을 보내줄 수 있습니다. 중간층은 그런 방법을 사용할 수 없습니다.

두 번째로, 부모가 사용하는 양육 기술은 아이가 학교에 다니면서 문제가 발생할 때 의도적으로 구사하는 것인데, 아이들은 더 어릴 때 이미 부모의 가치가 내재화되어 있기 때문에 상충할 가능성이 높습니다. 이를테면 부모가 책읽기를 좋아하거나 관련 체험을 즐기면서 아이들을 데리고 다니지 않았다면, 학교에 다닌 다음에 이런 의식적인 노력은 간섭이나 통제로 보일 것입니다.

중간층은 상층으로 올라가고픈 욕망과 하층으로 떨어질지 모른다는 불안을 갖고 있습니다. 그리고 이를 아이들에게 투사하지요. 아이를 격려하고 통제하는 것이 아이의 미래와 행복을 위한 것이라고 말하더라도, 아이들은 본능적으로 부모의 욕망과 불안을 읽어냅니다. 그래서 조금만 통제 수위가 높아지면 대뜸 "부모 자신을 위해서 우리에게 공부를 강요하는 것 아니냐"고 대꾸하곤 합니다.

중간층 부모들은 한정된 자원을 집중해야 하는데 이미 방향이나 한계가 드러난 상태라고 봐야 합니다. 아이들을 제대로 키우겠다고 마음먹기 전에 어떤 방향이 정해진 것입니다. 그렇다면 부모 자신이 아이들을 위해서가 아니라 자신에게 중요한 것, 자신이 지금 애쓰고 있는 것과 관련해서 아이들에게 지지와 격려를 해야 합니다. 아이한테 영어를 중시한다면 부모 자신이 아이 어릴 때부터 지금까지 계속 영어 공부를 한 경우 효과가 나타날 것입니다.

그렇다고 부모가 과거에 책을 좋아하지 않았다고 아이들에게 책을 권하는 것이 효과가 없다는 말은 아닙니다. 현재 책을 읽고 독서모임을 하면서, 독서를 소홀히 한 과거를 반성하면 됩니다. 과거에나 현재에나 책을 중시하지 않으면서 아이들한테 책을 읽으라고 강요하는 것은 효과도 없고 부작용만 클 것입니다.

상층은 강하게 양육하면서 부작용이 일어나면 역시 강하게 통제합니다. 외국으로 유학을 보내든지, 여행을 보내든지, 크게 환경을 바꿉니다. 하층은 강하게 통제하기 어렵기 때문에 양육의 부작용은 주로 부모 밖에서 나타날 것입니다. 부모가 손을 쓰기 힘든 영역에서 말입니다.

반면 중간층의 부작용은 간섭의 집요함 때문에 일어납니다. 부모가 아이의 삶에 모든 시간과 노력을 기울이는 것은 위험합니다.

또 이를 감추지 않고 드러낸다면 더욱 위험합니다. 대표적인 사례가 아이 교육을 위해 엄마가 외국에 같이 가는 '기러기 아빠' 현상입니다. 돈과 시간이 부족한 상태로 외국에 보내는 것은 부모의 강한 희생을 전제합니다. 저는 아이 교육을 위해 부모가 크게 희생하면 안 된다고 생각합니다. 아이가 성장하면서 부모도 같이 성장하는 것이므로, 부모가 희생한다면 아이는 제대로 성장하지 못합니다.

고등학생은 부모와 적당히 떨어져 있는 것이 좋습니다. 매일 얼굴을 보는 것도 충돌 위험이 크지만 원할 때는 언제든지 만날 수 있어야 합니다. 기숙학교에 보낸다고 해도 아이가 원한다면 한 달에 한 번 이상 집에 올 수 있는 지역으로 보내야 합니다. 상층은 집안이나 재력으로, 하층은 공동체나 아이의 자립심으로 아이는 부모와 연결을 느낄 수 있습니다. 그러나 중간층은 재력이나 가풍만으로 아이를 붙잡을 수 없습니다. 아이와 물리적으로 오래 떨어져 있으면 부모와 갈라지게 됩니다. 부모 역시 헛된 희생을 하는 것이지요.

부모 역할 훈련이 의도하는 것은?

중간층이 활용하는 양육법 중 대표적인 것이 대화 기술입니다. 이런 대화 기술을 대중화시킨 미국의 심리학자 토머스 고든은 《부모 역할 훈련》에서 '반영적 경청'●과 '나-전달법'●●을 제안하고, 이를 통해 부모 자녀 갈등을 해결하라고 권하고 있습니다. 그는 이 대화법이 부모와 자녀의 관계를 개선했다고 확신하고, 이를 교사와 학생, 상사와 부하, 판매자와 구매자의 관계에 확대 적용하고 있습니다.

하지만 가족과 직장은 같은 조직이라고 해도 목적이 다르고 배경이 다릅니다. 아무리 바람직한 인간관계라 해도 부모와 자녀의 관계는 판매자와 구매자의 관계와 같은 수 없습니다. 아무리 갈등이 크다고 해도 부모는 자식을 버릴 수 없지만, 상사는 부하를 해고할 수 있습니다. 부모는 자식을 위해 자신을 희생할 수 있지만, 교사가 학생을 위해 손해를 감수하기는 쉽지 않습니다. 문제 상황에 대처하는 방법으로 먼저 경청을 하고, 비난하지 않고 내 느낌을 전달한다고 해도, 자식과 부하 또는 학생과 구마자는 서로 다르게 받아들일 것입니다.

상담심리가 다 그러하듯이 여기에는 권위 문제가 숨어 있습니다. 반영적 경청이나 나-전달법은 윗사람이 아랫사람한테 적용하

● 자녀가 보낸 메시지의 의미를 새로운 표현으로 되돌려 보냄으로써 적극적으로 경청했음을 확인시키는 대화 기술입니다. "자녀: 나는 산수를 배우기에는 너무 멍청해요. 전 아마 결코 산수를 배우지 못할 거예요. 부모: 산수를 배울 만큼 영리하지 못하다고 느껴서, 네가 그걸 정말로 해낼 수 있을지 의심이 가는 모양이구나. 자녀: 네." (고든,《부모 역할 훈련》)

●● 아이에게 명령하거나 판단, 비난하지 않고 부모의 감정을 전달하는 대화법입니다. 예를 들어 부모는 휴식을 취하고 싶은데 아이가 계속 놀기를 원할 경우 "나는 피곤하다"고 하는 경우와 "너는 골칫거리야" 하고 말하는 경우는 다릅니다. 전자의 경우 자녀는 "아빠는 피곤하시구나" 하고 해석하지만 후자라면 자녀는 "나는 나쁜 아이다"라고 해석한다고 합니다. (고든,《부모 격할 훈련》)

는 대화 기술입니다. 그런데 반대로 자녀가 부모에게, 학생이 교사에게, 부하가 상사에게 '아, 그러세요' 하고 반영적 경청을 하거나 '내가 짜증이 나는데' 하면서 나-전달법을 쓰면 매우 위험합니다. 건방지다는 말만 듣기 십상이죠. 다시 말하면 이 기술은 대등한 관계에서 일어나는 대화법이 아니라, 윗사람이 아랫사람한테 내리는 명령을 부드럽게 표현하는 기술일 뿐입니다.

더구나 문제 상황보다는 감정에 초점을 둔다는 점에서 윗사람에게 유리한 방법입니다. 토머스 고든과 같은 입장을 취하고 있는 심리학자인 하임 기너트의 《교사와 학생 사이》를 보면, 학교 숙제가 많다고 불평하는 아이의 사례가 나옵니다. 부모가 이를 잘 들어주면 아이는 참고 숙제를 해낸다고 하지요. 그래도 학교 숙제가 많다는 상황은 바뀐 것이 없습니다. 결국 문제 상황에 순응하기만을 요구하는 것입니다.

이렇게 보면 이런 대화 기법은 가족보다는 학교, 학교보다는 직장에 더 적합한 것으로 보입니다. "상담은 문제에 대한 태도를 다루는 것이지, 문제 자체를 다뤄서는 안 된다"(오자와 마키코, 《심리학은 아이들 편인가》)고 하는데, 이런 방법은 부하직원 상담에 적용할 때 비교적 유효한 방법이지 학생이나 특히 자녀를 대상으로 활용하는 것은 잘못하면 부작용이 더 클 것입니다.

자녀의 불평은, 대충 무마하면서 부모의 권위에 순응하기를 요구하면서 끝낼 일이 아닙니다. 이런 불평은 갈등을 어떻게 해결하는지 가르치고 결국 사회에서 자립할 수 있는 능력을 갖출 수 있는 기회로 삼아야 합니다. 가족은 다른 조직처럼 확대재생산이 중요 목표는 아닙니다. 그러니 적어도 가족이 완전한 공동체의 원형을 체험하는 공간이길 바랍니다.

교육의 목표는 자립할 수 있는 능력을 키우는 것

요즘 아이들은 아무 생각 없이 공부하지요. 그저 문제집 풀고 교사한테 설명 듣고, 공부 방법에 대해 생각하지 않습니다. 성적이 좋은 아이들도 마찬가지입니다.

부모들한테 기초가 중요하다고 말하면 모두 동의합니다. 그래서 영어와 수학을 선행 학습하고, 배경지식을 쌓기 위해 역사나 과학 책을 읽힌다고 합니다. 하지만 기초라는 것은 지식 자체가 아니라 학습할 수 있는 능력이고, 이것이 더 중요합니다.

대체로 부모들도 장기 계획이 있습니다. 초등 저학년 때 예체능을 하고, 고학년부터 영어·수학 등 기초 지식을 쌓게 합니다. 중학교 때 성적에 따라 특목고를 준비하고, 그렇지 않으면 특기를 찾아봅니다. 여유가 되면 교육특구로 이사 가려고 하고, 가능하면 해외 연수나 유학도 고려합니다. 아이가 적응을 못하거나 저항이 심하면 대안학교나 혁신학교에 보낼까를 고민하고, 공부를 잘하면 봉사 등 '스펙' 쌓는 방법을 고려합니다. 사춘기는 무사히 지나길 기도하고, 수능 전에는 백일기도 등을 합니다. 그러면서 명문 대학에 진학해서 대기업에 취직하는 것을 목표로 합니다.

하지만 기본적인 공부 환경으로 아이, 부모, 학교 및 교사의 현실을 직시하고 그 한계를 냉정하게 분석해야 합니다. 부모가 낳은 자식인데 어찌된 일인지 부모와 전혀 다른 성향, 심지어는 다른 가치관을 갖는 경우도 있습니다. 그중 어떤 성향은 현재의 학교 및 교사의 특성과 부딪힐 가능성이 높을 수 있습니다. 부모 역시 자신과 크게 다른 성향의 아이를 수용하기가 어렵습니다. 또 부모의 가치관 역시 일관되게 유지하기가 거의 힘듭니다. 부모의 사회·경제적 지위에 따라 자신이 가용할 수 있는 자원이 남들과 크게 차이가 날 수 있다는 것을 인정해야 합니다.

이처럼 아이를 둘러싼 환경을 객관적으로 분석한 다음에 장기 전략을 세웁니다. 초기에는 학습 능력을 높이는 것을 가장 중요한 목표로 삼고, 능력에 따라 다음 단계인 공부 방법으로 목표를 이동합니다. 학습 능력은 부모가 방향을 잡아줄 수 있지만 공부 방법은 아이가 주도적으로 자신에게 맞는 방법을 찾아야 하므로 중학생이 되어야 합니다. 그러면서 학년별 특성을 고려해 압력과 허용의 범위를 조절합니다.

핵심은 아이가 노력했을 때 노력한 만큼 성적이 오를 수 있도록 환경을 만들어주고 능력을 갖추도록 미리 준비하는 것입니다. 그렇게 해서 아이가 성적이 오르면, 자신이 열심히 해서 성적이 올랐다고 하겠지요. 그러면서 자신감도 생기고 자립 능력도 갖추는 것입니다.

핀란드에서는 초등학교 입학할 때 집중력을 점검하고, 부족하면 학교에서 보충교육을 통해 집중력을 다시 기르도록 지도한다고 합니다. 또 수면 일기를 쓰고, 잠자는 법을 배우는 '잠자는 학교'에 상담을 요청하기도 합니다. 잠자기 직전 텔레비전을 보거나 컴퓨터 게임을 하는 것은 깊은 잠을 방해하므로, 저는 잠들기 직전 책을 읽어주는 것은 피하라고 합니다.

우리 교육의 목표는 흔히 '인간을 널리 이롭게 한다'는 홍익인간의 이념이라고 하지만, 저는 이 개념이 너무 막연하다고 생각합니다. 핀란드 등 북유럽은 대체로 교육의 목표를 '사회에서 자립할 수 있는 능력'을 키우는 것으로 잡고 있습니다. 저도 우리 교육의 큰 목표는 사회에서 자립할 수 있는 능력이 적합하다고 생각하고, 독서 교육의 목표로 학습 능력 향상을 삼고 있습니다.

지식을 직접 가르치는 것은 자립 능력에 오히려 해가 됩니다. 주어진 조건에서 공부 환경을 잘 꾸미고, 현실과 한계를 인정하면서 이에 맞는 최적의 전략을 세워 아이가 스스로 공부하게끔 한다면, 아이는 어느 대학을 가든(혹은 가지 않든) 사회에서 남에게 폐를 끼치지 않고 서로 어울려 살 수 있는 자립 능력을 갖출 수 있을 것입니다.

12년 공부 계획의 12계명 Tip!

1. **학습 능력을 높여라.** 학교 수업만으로 중상위권에 도달할 수 있다.
2. **학습 능력의 기초는 독서다!** 매일 일정한 시간에 책을 읽을 수 있는 독서 환경을 만들어라.
3. **장기 기억력을 강화하라.** 읽은 내용을 기억하는지 스스로 점검하도록 발표를 시킨다.
4. 어려운 지식책을 대충 읽는 것보다, **쉬운 동화책을 집중해서 여러 번** 읽는 게 좋다.
5. **집중력은 공부의 시작과 끝!** 디지털 영상 매체를 강하게 통제하라.
6. 선행 학습을 하기보다 **지난 학년의 심화문제를 복습**해서 기초를 튼튼히 한다.
7. 공부의 왕도는 없다. **자기에게 맞는 방법을 스스로 찾아내도록** 다양하게 지원하라.
8. 성적은 시험공부보다 평소 공부에 영향을 받는다. **시험공부 기간을 최대한 줄여라.**
9. **아이의 공부 유형을 분석하라.** 공부 시간이나 성적의 추세를 도표로 작성한다.
10. 아이들의 미래는 예측하기 어렵다. **불확실함에 대비하라.**
11. **가족 연합 독서모임을 만들어라.** 아이에게는 학교 외의 다른 공동체가 필요하다.
12. 교육의 목표는 **사회에서 자립할 수 있는 능력**을 키우는 것이다.